PININFARINA

settant'anni
pininfarina

PININFARINA

Antoine Prunet

Kunst und Industrie
von 1930 bis heute

HEEL

HEEL Verlag GmbH
Gut Pottscheidt
53639 Königswinter
Telefon 0 22 23 / 92 30-0
Telefax 0 22 23 / 92 30 26

e-Mail: info@heel-verlag.de
Internet: www.heel-verlag.de

Interviews:
Luca Ciferri

Bildunterschriften:
Marco Makaus

Bildrecherche:
Ufficio Storico Pininfarina

Redaktionelle Koordination:
Progetto Media, Milano

Gestaltung und Layout
Isabella Gianazza

Deutsche Übersetzung
Dorko M. Rybiczka

Redaktion:
Claudia Vassallo

© 2000 für die deutsche Ausgabe:
HEEL Verlag GmbH, Königswinter

© 2000 für die italienische Originalausgabe:
Giorgio Nada Editore, Vimodrone (MI)

*Alle Rechte, auch die des Nachdrucks,
der Wiedergabe in jeder Form und der
Übersetzung in andere Sprachen, behält sich
der Herausgeber vor. Es ist ohne schriftliche
Genehmigung des Verlages nicht erlaubt,
das Buch und Teile daraus auf foto-
mechanischem Weg zu vervielfältigen
oder unter Verwendung elektronischer
bzw. mechanischer Systeme zu speichern,
systematisch auszuwerten oder zu
verbreiten.*

Pininfarina. Kunst und Industrie
von 1930 bis heute
ISBN 3-89365-896-3
Printed in Italy

Auf dem Titel:
Prototyp Rossa, 2000

Seite 9:
Ein Pinin-Entwurf

6 Anmerkung des Herausgebers
Giorgio Nada

7 Präsentation
Sergio Pininfarina

9 Kunst und Industrie
Antoine Prunet

50 1930-1945
Von den Anfängen
bis zum Zweiten Weltkrieg

84 1946-1954
Italienisches Stilempfinden
erobert die Welt

134 1955-1966
Vom Handwerk zur Massenproduktion

206 1967-1986
Vom Karosseriebauer zum Konzern

286 1987-2000
Der Zukunft entgegen

380 Anhang

Die Bemühungen des Historikers und Schriftstellers Antoine Prunet und ebenso der überaus enthusiastische Beitrag Lorenza Pininfarinas, die im Herzen des Familienunternehmens die Kommunikation betreut, der Beitrag Francesco Pagnis, Chef des Archivs, und Pino Bardis von Progetto Media, der das graphische Gewand besorgte, haben diese überreichen Seiten ermöglicht, an denen sich die spannende und faszinierende Geschichte einer Werkstatt, die mit der Zeit Fabrik und dann Werk wurde, ablesen lässt: die Geschichte Pininfarinas.

Es ist eine Geschichte von genialen und erleuchteten Menschen, von mutigen Entscheidungen, von günstigen Ereignissen und widrigen Umständen, von rauschenden Erfolgen. Ein lebhafter und eindringlicher Bericht von siebzig Jahren im Zeichen technischen Fortschritts und der unabänderlichen Pflege des guten Geschmacks.

Dieses Werk zeigt sich in einer ungewöhnlichen Struktur, die drei großen Bereichen Rechnung zollt und entsprechend in drei Teile zerfällt:
- eine genaue Chronologie, die in Text und Bild Pininfarinas Aktivitäten inner- und außerhalb des Automobilsektors belegt und ebenso die durchgängig dem Neuen und der Zukunft zugewandte Firmenphilosophie illustriert;
- eine Bilderfolge, die bündig die Abfolge der Ereignisse dokumentiert, durch welche Pininfarina die führende Rolle auf seinem Gebiet erlangte;
- eine Reihe von Begegnungen und Gesprächen - von dem Journalisten Luca Ciferri besorgt - mit wichtigen Persönlichkeiten aus der Welt des Automobils und mit einigen der 2600 Menschen, die bei Pininfarina gearbeitet haben oder noch arbeiten.

Daraus ergibt sich ein offenherziger, unangepasster, sogar kritischer Kommentar aus dem Munde von Menschen, die zum Teil direkt mit dieser Firma zu tun hatten, ein unerwartetes und einzigartiges Bild.

Das Buch soll keine Festschrift sein, auch wenn es sich stark historisch-dokumentarisch orientiert zeigt: im Text, der die siebzig Jahre beschreibt, und in der illustrierten Chronik, die mit über 1000, häufig unveröffentlichten Photos uns nicht nur die Entwicklung Pininfarinas vor Augen führt, sondern auch die Entwicklung der Kultur, der Kunst, der Kommunikation, der Gesellschaft.

Giorgio Nada

Pininfarina geht 2000 ins siebzigste Jahr und fast die Hälfte dieser Zeitspanne hatte ich das Privileg, Präsident der Firma zu sein.

Diese Monographie wurde uns vom Verlag Giorgio Nada gewidmet und bietet, wie ich finde, einen ungewöhnlichen Blick auf die Pininfarina-Geschichte und den Beitrag, den wir in siebzig Jahren zum Fortschritt des Automobils, im größeren Umfeld der Kultur und der Geschichte unseres Landes, geleistet haben.

1966 übernahm ich eine blühende Firma, aber auch eine schwere Aufgabe, nämlich die Erfolge im kreativen Bereich fortzusetzen und uns zugleich im Hinblick auf Technologie und Produktion voran zu bringen.

Ich kann mit Stolz sagen, dass ich bei meiner Arbeit stets drei großen Idealen folgte: der Liebe zum Automobil und dem Streben nach seiner ästhetischen und technischen Vervollkommnung; der Wertschätzung der menschlichen Ressourcen; dem Willen, „Stil" nicht nur als qualitativen Wert, der dem Design innewohnt, zu verstehen, sondern auch als durchgängige Richtschnur meines Verhaltens.

Dieses Buch beschränkt sich nicht auf die Vergangenheit, es ist keine Festschrift: es betrachtet im Gegenteil unsere Geschichte und die Kraft unserer Tradition als Sprungbrett für die Zukunft; wir sind eine junge Firma in einem tief greifenden und positiven Prozess der Umwandlung und Diversifizierung, eine Firma, die sich die ständige Verbesserung in allen Bereichen zum Ziel gesetzt hat.

Sergio Pininfarina

„Die Präsidenten", Gemälde von Ottavio Mazzonis. Öl auf Leinwand. 90x105 cm, 2000.

Kunst und Industrie

Wie viele Italiener von bescheidener Herkunft, hätten die Pininfarinas nach Amerika auswandern können. Wie viele andere Piemonteser aus der Region um Asti hätten sie auch Weinbauern werden können. Doch das Ingenium eines von ihnen, von Pinin, hat die Sache anders ausgehen lassen. Im Jahre 1930 entschied er sich für einen anderen Weg und brachte damit seiner Familie Erfolg, einen Erfolg, der auch 70 Jahre später noch anhält.

Am Anfang dieser schönen Geschichte steht Battista, zehntes von elf Farina-Kindern; daher stammt auch sein Spitzname Pinin, was im Piemontesischen soviel wie „der Kleine" bedeutet. Er kam im letzten Jahrzehnt des ausgehenden 19. Jahrhunderts zur Welt, war also genau so alt wie das Automobil, was er gerne unterstrich und auch im Titel seiner Autobiographie zum Ausdruck brachte: *Nato con l'automobile*, zu Deutsch: Mit dem Auto geboren. Eltern und Großeltern lebten in Cortanze d´Asti, einer Gegend des Piemont, die einen kräftigen, bekannten Rotwein, den Barbera, hervorbringt, wo aber auch die Arbeit im Weinberg eine viele Häupter zählende Familie nur mühsam ernähren kann. Pinin war fünf, als die Familie vom Land wegzog und beschloss, ihr Glück in einem Vorort der Piemontesischen Hauptstadt zu versuchen. Mit seiner Kindheit verband Pinin später vor allem zwei Erinnerungen: die an seine Mutter, „die Galionsfigur unserer Familie", und die besondere Anziehungskraft, welche die glänzenden Kupferkessel der Küche auf ihn ausübten: „Die Grills meiner Autos, selbst die allermodernsten, erinnern mich manchmal mit ihrem Strahlen an die bescheidenen Geräte unserer alten Küche."
Bereits als Schüler bewies er sein starkes Temperament und die Neigung, sich in die

Die Farinas vor der Werkstatt in der Via Serrano.

Das Werk am Corso Trapani in den dreißiger Jahren.

erste Reihe zu stellen, eine Reaktion, wie er selbst dachte, auf seine geringe Körpergröße: „Ein Dutzend Zentimeter kleiner als die anderen."

In Turin, der Stadt der Savoyischen Könige, hatte es schon seit den Zeiten der Kutsche eine spezialisierte Gilde von Handwerkern gegeben, die Vehikel entwarf, baute und unterhielt, einstmals Pferdefuhrwerke, jetzt – dank der Anwesenheit der Marken Lancia und Fiat – Automobile. Dass sein Bruder Giovanni als Lehrling in der Karosseriewerkstatt des Marcello Alessio arbeitete, weckte Pinins Interesse am Auto. Oft holte er den Bruder von der Arbeit ab und ergötzte sich an den Automobilen, „jenen Monumenten (...), die mir besser gefielen als die in Turin so zahlreichen Reiterstandbilder." Battista Farina war gerade zwölf, als sein Bruder Giovanni sich selbstständig machte und in der Via Canova eine eigene Werkstatt für Karosseriereparaturen eröffnete. Heimlich fertigte er Hunderte von Bleistiftskizzen an, die Kühlergrills, Verdecke und andere Entwürfe zeigten, immer auf der Suche nach neuen Ideen, doch seine älteren Brüder verbannten Pinin in die Polsterei. Die Werkstatt in der Via Canova besaß bald einen guten Ruf und Fiat schickte den Farinas Kundschaft zu. So lernte der junge Pinin Leute kennen, die in der Autoszene zählten, etwa Felice Nazzaro, Vincenzo Lancia, den Franzosen Louis Wagner und andere Fiat-Werksrennfahrer. 1910 fügte Giovanni seinem Geschäft eine Werkstatt am Corso Tortona hinzu, wo bereits die Brüder Carlo und Battista, inzwischen 17 Jahre alt, arbeiteten. Im folgenden Jahr wurden die „Stabilimenti Industriali Giovanni Farina" sozusagen geadelt, als sie von Fiat den Auftrag erhielten, eine Torpedo-Version des Zero zu entwerfen, vorbehaltlich der Billigung durch den Fiat-Präsidenten. Der Entwurf, den Agnelli erhielt, stammte von Pinin. Die Stabilimenti erhielten den Auftrag, und Pinin bekam zum persönlichen Gebrauch ein rotviolettes Exemplar, gleichsam als Orden nach der Schlacht, wie er selbst sagte. Bald auch träumte Pinin von der Rennfahrerei. Zwar gelang es ihm, seine Eltern davon zu überzeugen, dass hier sein Weg lag, doch seine Pläne wurden durchkreuzt, als er mit zwanzig Jahren zum Militär musste. Gleichwohl gelang es ihm dort, seiner automobilen Leidenschaft treu zu bleiben und eine Fahrerlaubnis zu erlangen, was

Das 1966 eröffnete Forschungs- und Entwicklungszentrum.

Das Werk Grugliasco in den sechziger Jahren.

ihm eine Stellung als Chauffeur eines Obersten einbrachte; dieser bewunderte die Art, wie der junge Pinin seinen Itala in Schuss hielt. Pinin ging aber weiter. Er hatte den Motor des Wagens präpariert, um einige feurige Runden durch Turin zu drehen... Italien trat im Mai 1915 in den Ersten Weltkrieg ein und das sollte Pinins Rennfahrerplänen bis auf Weiteres ein Ende setzen. Es brachte auch die Geschäfte des Farina-Werkes durcheinander. Die Autos wurden requiriert. Farina widmete sich nun der Herstellung von Lastwagen, Ambulanzen und anderen, den Notwendigkeiten der Zeit entsprechenden Vehikeln. Fiat hatte seine Belegschaft für die neuen Abteilungen Waffen, Schiffsmotoren und Flugzeugbau verdoppelt. Senator Agnelli schlug den Farinas 1917 vor, an den Flugzeugen mitzuarbeiten. Pinin, von Kindheit an flugbegeistert, sagte sofort zu, während die Brüder sich bedeckt hielten. Am Ende ging die Firma jedoch darauf ein und fertigte unter Lizenz nicht weniger als dreihundert Aviatic-Flugzeuge mit Gnome & Rhône-Motoren in den völlig unzureichenden Werkstätten der jungen Firma. Als 1918 Waffenstillstand herrschte, mag Pinin das Ende dieses kurzen Abenteuers fast mit Bedauern zur Kenntnis genommen haben. Die Rückkehr des Friedens offenbarte sich in Turin in einer Woge nie dagewesener Streiks und revolutionärer Umtriebe. Dennoch kehrten die Stabilimenti Farina nach und nach zum Autobau zurück. Pinin gewann die Überzeugung, dass die reine Handarbeit sich den neuen wirtschaftlichen Herausforderungen nicht würde stellen können. Mit anderen Worten, die Einheitskarosserie würde unausweichlich zu einer Serienfertigung führen: „Das Diktat der Kosten und der Konkurrenzdruck nehmen auf den Künstler keine Rücksicht." Das Werk im „Borg d´l fum" – Dialekt für das „Rauchviertel", was wir heute Industriegebiet nennen würden – schaffte sich also eine erste Blechpresse an, die im Vergleich zum Hämmern von Hand die Prozesse sehr beschleunigte. Das sollte Schule machen. Für Pinin war das aber erst ein Anfang. Er stand im Begriff, sich mit Rosa Copasso zu verloben, doch zuvor wollte er eine Studienreise zu den „Propheten" in Amerika unternehmen. In Detroit wollte er sich mit Henry Ford treffen, der Giovanni Agnellis Vorbild beim Aufbau des Fiat-Imperiums gewesen war. Ford ließ den jungen Italiener tatsächlich zu sich vor und erklärte ihm im Laufe des Gespräches, dass Karosseriebauer, die sich nicht weiterentwickeln würden, schon bald dem Untergang geweiht seien. Das bestärkte Pinin in seinen eigenen Ansichten. Pinins

Luftaufnahmen des neuen Forschungs- und Entwicklungszentrum, 1980-82 in Cambiano errichtet, und des Werks Giorgio Canavese, Sitz der Industrie Pininfarina und Ende der 80er Jahre gebaut.

Nebenstehende Seite:
Die Serienproduktion: Lancia Astura Bocca, 1937, und Lancia Aprilia Bilux, 1946.

Persönlichkeit und der Karton mit Entwurfsskizzen, den er mit sich führte, weckten Fords Interesse und ließen ihn dem Italiener eine Anstellung in seiner Firma anbieten, doch Pinin lehnte ab, er wolle „lieber der Schwanz des eigenen Fisches als der Kopf des Fisches eines anderen sein". Aus den Staaten kehrte er mit einigen Eimern Nitrozellulose-Lack und Hemden mit integriertem Kragen zurück, beides Aufsehen erregende Neuheiten; vor allem aber mit einem Kopf voller Ideen, die ihn auf einen guten Weg bringen sollten. „Es war, als hätte ich eine Fremdsprache erlernt", sagte er später. Die weite Verbreitung des Ford T in Amerika überzeugte ihn von dem ungeheuren Potenzial, das im Automobil steckte, und davon, dass der Markt dafür ein weltweiter sei. Am 12. März 1921 heiratete Giovanni Battista Farina seine Rosa Copasso, und sein stetig wachsender Arbeitsanteil am Geschäft der Brüder hinderte ihn nicht daran, sich einen Traum zu erfüllen. Am Steuer eines Itala nahm er am 28. August an der zweiten Fahrt Aosta - Großer St. Bernhard teil. Er kehrte als Sieger in der Tourenwagenklasse und mit der Genugtuung heim, viele der großen Piloten dort als seine Freunde angetroffen zu haben, darunter Conelli und Minoia, der vor Nazzaro den Gesamtsieg errungen hatte. Nicht zuletzt hatte er auch einen Bekannten, dem er bereits im Vorjahr begegnet war, wiedergetroffen: Enzo Ferrari, von dem an anderer Stelle noch die Rede sein wird. Wegen seiner Pflichten als Ehemann und bald auch als Vater – Gianna kam 1922 zur Welt, Sergio vier Jahre später – war es Pinin nicht möglich, sich weiterhin im Rennsport zu betätigen. Wenigstens nicht als Fahrer. Zu den zahlreichen Herstellern, die ihre Chassis den Farinas anvertrauten (Lancia, Fiat, Itala, Chiribiri, Isotta-Fraschini oder auch Alfa Romeo), zählte auch der von Pinin sehr bewunderte Vincenzo Lancia, der ihm davon abriet, den Autorennen allzu viel Zeit zu widmen. Pinin folgte diesem Rat und befasste sich von da an nur mehr mit dem Umfeld des Sports, um mit seinen Freunden und Kunden Kontakt zu halten, und nicht länger mit dem Sport selbst.

Fiat war damals erst ein Vierteljahrhundert alt, besaß aber dennoch bereits eine vorherrschende Position in Turin. Davon war das 1920 eröffnete Werk Lingotto, einen halben Kilometer lang und mit der eigenen Teststrecke auf dem Dach, nur der sichtbare Ausdruck. Es hieß noch nicht, wie es die Mailänder später scherzhaft ausdrückten: Turin liegt links, wenn man

bei Fiat rauskommt. Dennoch arbeitete mindestens ein Mitglied jeder Turiner Familie direkt oder indirekt für Fiat. 1925 erwarb Fiat-Gründer Giovanni Agnelli, der im selben Jahr Präsident geworden war, die lokale Tageszeitung *La Stampa*; 1927 schuf er das Institut für Industriefinanzen. Man könnte fragen: War es möglich in Turin zu arbeiten, ohne dem Fiat-Imperium untertan zu sein? Pinin bejahte das und machte sich 1930 selbstständig. Um sein Rezept der industriellen Karosseriefertigung mit einem Sahnehäubchen von Handwerkskunst nach Piemonteser Art durchsetzen und zugleich das schöpferische Element stärken zu können, war es seine Absicht, ein für allemal mit der Tradition des Autos als „pferdelosem Wagen" zu brechen, die bei den Karossiers immer noch im Schwange war. Dabei war er sich bewusst, dass er sein Metier völlig neu zu definieren hatte, und erkannte: „Ich musste mich vollständig auf diese Sache konzentrieren und hatte keinen Rückhalt als mich selbst." Er zog sich also aus den Stabilimenti Farina zurück, die von seinen Brüdern Giovanni und Carlo geleitet wurden, und gründete am Corso Trapani 107 die S.A. Carrozzeria Pinin Farina. Seinen Beinamen Pinin hatte er zur besseren Unterscheidbarkeit von der Firma der Brüder eingefügt. Gründungsdatum war der 22. Mai 1930. Pinin legte großen Wert auf die Feststellung, dass diese Trennung auf die Zustimmung der Familie stieß und durch die Großzügigkeit seiner (väterlicherseits eingeheirateten) Tante Olimpia de Bernardi erst möglich wurde. Er berichtete auch von „dem guten Rat und der direkten Hilfe des mir wohlgesinnten Vincenzo Lancia: Wenn du dich selbstständig machst, schicke ich dir Arbeit."

Die erste Arbeit, die das neue „Pinin Farina"-Markenzeichen trug – ein „P" und ein „F" ohne jede äußerliche Ähnlichkeit zum roten „F" der Stabilimenti Farina – war ein „d'Orsay" genanntes Chauffeur-Coupé Trasformabile auf dem vornehmen Chassis des Lancia Dilambda. Eine Werbeanzeige aus dem Gründungsjahr zeigt ein Cabriolet von etwas anderer Form und dem Hinweis „Salon de Paris". Viele Karossiers hatten sich am Dilambda bereits versucht, in England James Young, Mulliner, Vanden Plas und Gurney Nutting, in Italien Viotti, Castagna und die Stabilimenti Farina, in Deutschland Voll & Ruhrbeck, in den USA Murphy, in Belgien d'Ieteren, ferner in Frankreich

Alfa Romeo Giulietta Spider, 1954, und Fiat 124, 1966.

Kellner, Labourdette und de Vizcaya. Doch Pinin Farina holte rasch auf. Seine ersten Kreationen auf Dilambda-Basis entstanden für Prominente wie den Prinzen Drago, die Königin von Rumänien, den König des Irak oder auch Madame Edoardo Agnelli, die Schwiegertochter des allmächtigen Agnelli, und waren allesamt konventionell, aber superb ausgeführt, wie auch ein Isotta-Fraschini 8A Coupé für Carlo Felice Trossi oder diverse Cabriolets und Spider auf Fiat- und Alfa Romeo-Basis.

1931 erreichte die Jahresproduktion des Werkes, das sein Personal bereits aufgestockt hatte, knapp 100 Autos. Das dritte Jahr der Carrozzeria Pinin Farina brachte auf dem Gebiet der Sonderkarosserien erstmals geneigte Kühlermasken und Frontscheiben auf Basis von Lancia-, Fiat-, Alfa Romeo-, Hispano-Suiza-, Mercedes-Benz- und sogar Cadillac-Chassis. 1933 zeigte stärker geneigte Windschutzscheiben und Kühlermasken, und zwar nicht nur an Coupés und Cabriolets, sondern auch an Limousinen. Der Lancia Asturia Aerodinamica, ein im April 1934 auf dem Mailänder Autosalon gezeigtes Coupé mit Schrägheck und verkleideten Hinterrädern, war ein voller Erfolg und fand noch am Eröffnungstag der Ausstellung einen Käufer in Gestalt des Champions Achille Varzi.

Parallel zu den Kundenaufträgen, bei denen er seine Kreativität nicht gänzlich ausleben konnte, intensivierte Pinin seine aerodynamischen Studien und zeigte 1935 eine große Fließhecklimousine auf einem Fiat 527-Chassis mit einem abgesetzten und windschlüpfig gestalteten Gepäckabteil. Ein mindestens originelles Auto, das die Besitzerin, Madame Jeannine Triaca, auf diversen Schönheitskonkurrenzen zeigte. Im gleichen Jahr entstanden mehrere Alfa Romeo 6C 2300 Pescara und Lancia Astura Coupés, die alle ein Fließheck und verkleidete Hinterräder besaßen.

1936 brachte als jüngste Frucht der aerodynamischen Bemühungen die verblüffende kleine Lancia Aprilia Aerodinamica-Limousine, voll verkleidet und bereits mit Ponton-Kotflügeln. Drei bis vier leicht überarbeitete Versionen folgten 1938, ebenso ein Sport-Cabrio der selben Art. Doch 1937 war auch das Jahr, in dem Vincenzo Lancia unerwartet starb, ein schwerer Schlag für Pinin. „Ihre Freundschaft war eine Quelle regen technischen Austausches", erinnerte sich Sergio später.

Aus der unmittelbaren Vorkriegszeit sticht vor allem das feine Alfa Romeo 8C 2900 Aerodinamica-Cabriolet hervor, das 1939 für den Grafen Salvi del Pero entstand. Dieses Traumcabrio auf einem

Alfa Romeo 33 Giardinetta, 1984, und Peugeot 406 Coupé, 1997.

Rennsportwagenchassis stellte das Flaggschiff des Schönheitskonkurrenz zu Nizza am 27. Mai. Der Kühlergrill lehnte sich formal an denjenigen des Alfetta-Grand-Prix-Wagens an. Zudem verfügte der Wagen über Klappscheinwerfer – das hatte man bislang nur am amerikanischen Cord 810 gesehen. Doch wichtiger war die Ausführung in Ganzmetall unter Verzicht auf jegliches Holz – ein beträchtlicher Fortschritt. Im Pininfarina-Archiv nicht mehr auffindbar sind Unterlagen über ein weiteres Alfa Romeo 8C 2900 Cabriolet aus jenen Tagen, auf einem Chassis, mit dem Piero Dusio 1937/38 Rennen bestritten hatte. Es ähnelte dem Pero-Wagen, verfügte jedoch über eine konventionellere Frontpartie mit exponierten Scheinwerfern. Dieses Fahrzeug verschwand im Verlaufe des Krieges und tauchte 1989 wieder auf, als es für über vier Mio. Dollar nach Kalifornien verkauft wurde.

1939 besaß das „Pinin Farina"-Werk am Corso Trapani eine Ausdehnung von 9250 qm. Das war kaum größer als 1930, doch arbeiteten jetzt über 500 Menschen dort und die Jahresproduktion erreichte 800 Einheiten. Der Krieg, in den Italien am 10. Juni 1940 eintrat, brachte tiefe Einschnitte. Das Werk am Corso Trapani musste sich auf die Herstellung von Lastwagen und Krankenwagen umstellen. Später wurden auch Sitze für Flugzeuge produziert. Pinin gelang die Umstellung. Die ständigen Bombardierungen der piemontesischen Kapitale zwangen ihn schließlich, die Produktion zu verlegen. Pinin wählte Cortanze d´Asti, Stammsitz der Familie. Dort wurden auch Holzöfen und andere Gegenstände gefertigt, die mit dem Automobil herzlich wenig zu tun haben. Als die Deutschen die Herstellung von Booten für Kriegszwecke verlangten, verlangsamten Pinin und die Seinen ihr Arbeitstempo in einer Art Dienst nach Vorschrift, nicht ohne Risiko. Zur gleichen Zeit wurde für Marschall Kesselring eine sauber gezeichnete Alfa Romeo 6C 2500-Limousine fertiggestellt, die nicht ohne Nachfolger bleiben sollte.

Nach Ende des Krieges lag Italien darnieder. Es fehlte an Rohstoffen und die Lage der Menschen war erbärmlich. Bei Pinin Farina wurde ganz langsam der Automobilbau wieder aufgenommen, und zwar mit einer

Cadillac Brougham, 1959, und Mitsubishi Pajero Pinin, 1999.

Kleinserie des Bilux, einer kleinen, eleganten Limousine auf dem Fahrgestell der Lancia Aprilia in Langversion. Die Form ähnelte der Kesselring-Limousine. Die Lancia Bilux-Fertigung war das Hauptgeschäft, Sonderaufträge waren noch spärlich. Dennoch wurden auf Basis der Aprilia auch einige Cabriolets gefertigt. Der letzte italienische Automobilsalon vor dem Kriege hatte im November 1938 in Mailand stattgefunden. Der erste der Nachkriegszeit öffnete in Turin die Pforten, allerdings erst im September 1948. Pinin war einer der Ersten, der wieder in die Gänge kam und nutzte die Schönheitskonkurrenzen von Turin und San Remo, um 1946 seine ersten Neuheiten zu zeigen. In Paris wurde im Oktober 1946 der große Autosalon eröffnet, doch wurden die Italiener von der Teilnahme ausgeschlossen – eine späte Reaktion auf die Politik Mussolinis. Das sollte Pinin jedoch keineswegs entmutigen: „Ich hatte es mir vorgenommen und hätte zu keinem Preis der Welt darauf verzichtet." Zwei Autos wurden rechtzeitig fertig, die Pinin ins Geschäft bringen sollten. Er selbst setzte sich ans Steuer des Lancia Aprilia Cabriolets und sein Sohn Sergio – gerade zwanzig Jahre alt – lenkte das Alfa Romeo 2500S Cabriolet. Pinin gestand, dass er sich, als sie sich Paris näherten, wie Rastignac, eine Balzac'sche Romanfigur, gefühlt und gemurmelt habe: „Und jetzt, wir zwei in Paris." Da ihnen der Eintritt in die große Messehalle verwehrt wurde, stellten sie die Wagen in der Nähe des Eingangs nahe den Champs-Elysées ab. Das war mehr als ein Antichambrieren, es war ein veritabler Gegensalon. Die Presse widmete diesem „Happening" des Turiner Karossiers breiten Raum, der gekommen war, um von der neuen italienischen Designschule zu künden. Auf diese Weise erhielt er vielleicht noch mehr Publicity denn als gewöhnlicher Teilnehmer am Salon.

Im Dezember 1946, kurz vor Weihnachten, wurde Pinin von einem weniger fröhlichen Ereignis betroffen: Nachts brach im Werk Corso Trapani ein Feuer aus und wütete mehrere Stunden lang. Unglück oder Sabotage? Pinin verbrachte nicht allzu viel Zeit mit Wehklagen. Sofort machte er sich daran, Behelfsräume zu planen. Das Unterfangen war nicht leicht: In einer stark zerstörten Stadt war Zement Mangelware und „für Eisen musste man noch Schwarzmarktpreise zahlen", stellte Pinin fest und beschloss: „Wir machen die Halle aus Holz, und dann sehen wir weiter." Zwei Monate später konnte die Produktion wieder anlaufen, in Doppelschichten, um die verlorene Zeit wieder einzufahren.

Die Testabteilung (dreißiger bis fünfziger Jahre) und das Forschungs- und Entwicklungszentrum (sechziger/siebziger Jahre).

Pinin schloss mit Bindo Maserati und Omer Orsi, dem neuen Maserati-Eigentümer, der einen ersten Serien-Maserati herausbringen wollte, einen Vertrag. Der auf dem Genfer Salon im März 1947 gezeigte Maserati Sport A6 1500 bewies Pinin Farinas wiedergewonnene Schlagkraft. Das originelle graue Coupé wartete mit voll integrierten Kotflügeln, weit nach hinten gezogener und in drei Dimensionen gebogener Heckscheibe, transparentem Schiebedach, Klappscheinwerfern und einer sehr aufgeräumten Frontpartie auf. Dem interessanten Prototyp folgte eine Version mit exponierten Scheinwerfern und weniger extremer Heckscheibe. Nach dem Turiner Salon 1948 lief eine Kleinserie von gut 60 Exemplaren an, darunter wenige Cabriolets, in der Hauptsache aber Fließheckcoupés von noch schlankeren Proportionen als sie der Prototyp aufwies. Die Produktion lief bis ins Jahr 1951 hinein. Prinz Bira, der burmesische Maserati-Werksfahrer, war einer der ersten VIP-Kunden.

Das nächste Projekt, beim Concours in Villa d´Este vorgestellt, machte noch größeren Eindruck. Den Cisitalia 202 hatten Pinin und sein Freund Piero Dusio – Gründer der Marke Cisitalia und eben der, für den Pinin 1939 den Aufsehen erregenden Alfa Romeo 2900 karossiert hatte – in den düstersten Kriegsjahren heimlich ausgeheckt. Mit seinem ausnehmend schlanken Design begeisterte diese Berlinetta alle Welt, Laien wie Fachleute, die von einem ganz neuen Stil sprachen, dem „New Look"-Auto.

Italienisches Design übernahm die Führungsrolle, was durch die Aufnahme des Cisitalia in das New Yorker Museum of Modern Art als Musterbeispiel für eine „Skulptur in Bewegung" unterstrichen wurde. Pinin Farina hatte dem Automobil Zugang in die Welt der Kunst verschafft. Kreativität und industrielle Fertigung waren ein Gegensatzpaar, das Pinin virtuos kultiviert hatte. Sein Rezept bestand darin, die scheinbar untrennbaren Aspekte des Gestalterischen und der industriellen Herstellung voneinander zu trennen. Die Barriere dazwischen ist dünn, aber fest. Schon am Corso Trapani waren die Designbüros von den Werkstätten getrennt, mit eigener Anschrift und eigenem Eingang über die Via Serrano. Und dieses Rezept, wie sich im Laufe der Zeit noch oft zeigen sollte,

musste niemals überdacht werden.

Mit der Ausführung von privaten Aufträgen, sei es als Einzelstück oder in Kleinserie, auf Chassis verschiedener Marken, die auch oft als Stilstudien dienten, schaffte es Pinin, seine Produktionslinien zu beschäftigen. 1949 entwarf er für Jean Daninos, einen Citroën-Veteranen, der in den fünfziger Jahren die Marke Facel gründete, auf einem Bentley Mark VI-Chassis ein Coupé, das am Corso Trapani in kleiner Serie hergestellt wurde und ein Emblem mit zwei „F" trug, die für Farina und Facel standen.

Die Lancia Aurelia B20 war ein Glücksfall. Dabei handelte es sich um ein Fließheck-Coupé, das verschiedene Ideen Pinins aus den letzten Jahren harmonisch vereinte. Die ersten Spuren der späteren B20 finden sich wohl an einer Lancia Aprilia vom Turiner Salon 1948, danach folgten ähnliche Entwürfe auf Basis von Fiat-, Alfa Romeo- und selbst Bentley-Modellen. Das Lancia-Coupé war vom Moment seiner Vorstellung an, im Rahmen der Mille Miglia 1951, ein großer Erfolg, auch dank seiner technischen Qualitäten. Vier B20 nahmen auch gleich an dem italienischen Straßenklassiker teil, um ihre Klasse zu demonstrieren. Zwischen 1951 und 1957 wurden in sechs Serien über 3000 Exemplare des Coupés gebaut. Die Güte des Designs verlangte in dieser Zeit nur sehr geringfügige optische Retuschen.

Es kamen nun immer mehr Verträge mit großen Marken zustande. Ebenfalls 1951 wurde auf den Salons in Paris und dann in London der Nash-Healey Spider mit „Pinin Farina"-Karosserie enthüllt. Dieser erste Auftrag eines amerikanischen Herstellers an einen europäischen Karossier erregte Aufsehen. Er war die Frucht eines Treffens zwischen Pinin und George Romney, dem Präsidenten von Nash-Kelvinator, der sich 1949 eigens nach Turin begeben hatte. Der Nash-Roadster mit dem amerikanischen Motor und der Karosserie aus Turin verkaufte sich, samt dem nachgeschobenen Coupé, nur mäßig – das beste Jahr war 1952 mit 150 Stück –, doch Romneys eigentliches Ziel war ein anderes: die Sportmodelle sollten den Verkauf der Limousinen Statesman und Ambassador ankurbeln. Das Motto von Nashs Anzeigenkampagne lautete: Pinin Farina, Karossier der Könige. Pinin wurde persönlich für einen Werbefeldzug der amerikanischen Art eingespannt. Nashs hauseigene Designabteilung nahm sich an den von Farina gelieferten Entwürfen große Freiheiten heraus, fuhr damit aber nicht schlecht und profitierte von Pinin Farina, dessen Bekanntheitsgrad sich im Gegenzug stark erhöhte.

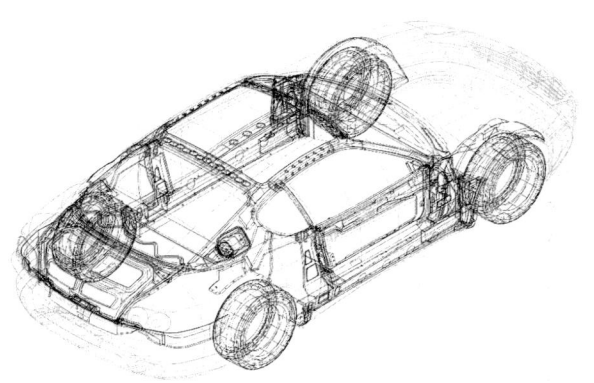

Diese und die nebenstehende Seite: **Die seit den achtziger Jahren errichteten Technik-Abteilungen.**

In diese Zeit fiel auch das berühmte Treffen zwischen Pinin und Enzo Ferrari – keine flüchtige Begegnung wie seinerzeit beim Aosta-Rennen, sondern eine Zusammenkunft, die eine der fruchtbarsten Beziehungen in der Geschichte des Automobils und des Designs stiften sollte. Enzo Ferrari hat seine Sicht der Dinge so dargestellt: „Meine Ehe mit der Firma Pinin Farina wird noch lange halten. Sie dauert jetzt schon 15 Jahre. Ich erinnere mich daran, wie Pinin staunte, als ich mich ihm öffnete, und wie ich staunte, als er sich mir öffnete. Schlagartig war klar, dass der eine eine schöne und berühmte Frau suchte, um sie einzukleiden, und der andere einen Schneider der Weltklasse, um sich Gewänder anfertigen zu lassen."

Pinin Farina gab weitere Details über die Vorbereitung dieser „Hochzeit" preis: „Das war 1951, als Ferrari über seinen Getreuen Carraroli mich wissen ließ, er wünsche sich mit mir in Modena zu treffen. Ich zögerte nicht eine Sekunde und antwortete: Ich würde mich gerne mit ihm treffen, zöge es aber vor, wenn er zu mir nach Turin käme. Es wäre mir nicht unrecht gewesen, wenn er meine Firma besichtigt hätte. Man informierte mich, dass Ferrari niemals Maranello verlasse und dass er daher nicht kommen könne, was er bedauere, da es sich um eine Sache von großer Wichtigkeit handele. Ich bitte Sie, beharrte ich, Turin ist doch nicht so weit entfernt und nächstes oder übernächstes Mal komme ich dann zu Ihnen. Wiederum trat ein Patt ein – das alles lief, so schien es mir, nach den alten Regeln der Diplomatie ab. Wir einigten uns dann auf ein Treffen auf neutralem Boden, in Tortona, mit nur wenigen Zeugen. Da wir beide nicht vom hohen Ross absteigen wollten, haben wir uns halt sozusagen zu Pferde unterhalten. Und dennoch legte keiner geringeren Wert als wir auf das Protokoll, auf politische Spielchen und Machtkämpfe. Wir liebten beide eine gewisse Bodenständigkeit ohne halbe Sachen, die Sprache der Werkstatt und als Musik das Brüllen der Motoren auf den Prüfbänken."

In Ermangelung weiterer Kenntnisse über diese Zusammenkunft mag man immerhin bemerken, dass der Weg nach Tortona für den Sportwagenbauer aus Maranello etwas weiter war als für den Turiner Karossier.

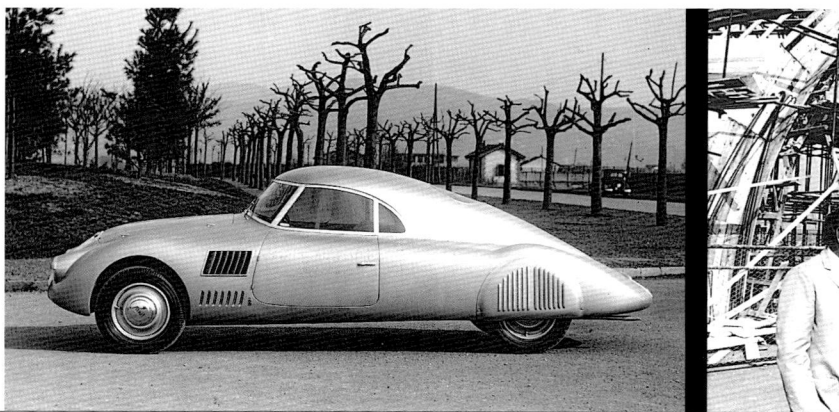

Die aerodynamischen Linien der Lancia Aprilia, 1936, und der 1972 eingeweihte Windkanal. Renzo Carli und Sergio Pininfarina.

Doch das einzige Restaurant am Orte heißt, laut dem Guide Michelin, „Cavallino San Marziano". Darin muss Ferrari wohl eine willkommene Wiedergutmachung gesehen haben... Wie auch immer, diese Begegnung führte rasch zu Ergebnissen in Gestalt des ersten Ferrari mit „Pinin Farina"-Kleid, eines 212 Inter Cabriolets, das kaum ein Jahr danach vorgestellt wurde, in Paris im Oktober 1952. Das entsprechende Coupé wurde im Januar 1953 auf dem Salon in Brüssel präsentiert. Dieser Wagen entstand in 17, leicht voneinander abweichenden Exemplaren. Ferrari und Pinin Farina waren eine spektakuläre und langlebige Liaison eingegangen, die bis heute gehalten hat. Noch diskreter und noch folgenreicher fand Mitte der fünfziger Jahre ein Treffen zwischen Pinin und Jean-Pierre Peugeot statt. Das allererste Projekt mit dem „Pinin Farina"-Zeichen war ein Entwurf für die 403 Limousine aus dem Jahre 1951. Ein weiterer Prototyp, insgeheim auf einem Fiat 1900-Chassis aufgebaut, datierte aus dem Jahr 1953. Zwei Jahre später erschien die Serienausführung des 403, die über 1,2 Millionen Mal in Sochaux vom Band lief. Doch das ist eine vergleichsweise kleine Zahl, wenn man bedenkt, wie viele Peugeots insgesamt in den letzten knapp 50 Jahren ein Pininfarina-Kleid trugen oder gar in Turin hergestellt wurden, wie heute das 306 Cabriolet und das 406 Coupé!

Natürlich gab es auch Verbindungen, denen nur eine kürzere Lebensdauer beschieden war. Dazu zählt etwa die Kooperation zwischen Volkswagen und den Turinern im Jahre 1952. Farinas Vorschlag für ein geräumigeres Auto als den schon berühmten, aber wenig kompakten Käfer wurde nicht gut aufgenommen. Mehrere Entwürfe für luxuriöse Coupés und Cabriolets auf Basis des Rolls-Royce Silver Dawn oder dessen Geschwister Bentley Mark VI und Continental R haben wohl manchem nach Originalität Strebenden gefallen, zu Serien kam es jedoch nicht. Zwei Interpretationen auf Basis des Rover P 4 hoben sich scharf von der barocken Serienlimousine ab, nämlich als Cabriolet und als Coupé , überzeugten aber auch diesen britischen Hersteller nicht. Das gleiche Schicksal widerfuhr Coupés auf Basis des Jaguar XK 120 und Mark VII. Die britischen Autos jener Zeit schuldeten ihren Erfolg nicht zuletzt ihrem typischen Karosseriedesign. Daher ist es verständlich, dass die mediterranen Vorschläge auf die Briten eher deplatziert wirkten. Pinin indessen bewahrte ein Andenken an einen

Der Windkanal und seine Nutzung: vom Turiner Polytechnikum durchgeführte Tests; Pininfarina und das CNR; das aero-akustische Forschungszentrum.

ganz besonderen Kunden auf: „Monsieur Perry Embiricos aus Monte Carlo brachte mir ein Jaguar-Chassis und sagte: Ich will mit einem von Pinin Farina karossierten Jaguar durch Italien promenieren. Später schrieb er mir: Ich bin mit dem Jaguar nach Florenz, Siena und Parma gefahren. Was für ein Komfort! Welche Schönheit! Was für ein Wunderauto! In seinem Jaguar fühlte er sich wie ein Halbgott und vergaß völlig, die Schönheit und die Wunder von Florenz, Siena und Parma zu erwähnen."

In ganz anderem Maßstab gelang es Farina, bei der BMC-Gruppe zu reüssieren, die nach seinen Entwürfen eine ganze Reihe von Limousinen als Austin, Morris, Riley und Wolseley auf den Markt brachte. Das meistverkaufte BMC-Modell mit Farina-Kleid war wohl der kleine Austin A40, der bei seinem Debüt auf dem Pariser Salon 1958 mit einem Steilheck samt Heckklappe überraschte.

Die Alfa Romeo Giulietta Spider brachte schon vor ihrer offiziellen Vorstellung am Turiner Salon im April 1956 die Leidenschaften der Fans in Wallung. Die Produktion war bereits zuvor angelaufen, doch die ersten 600 Exemplare waren für den US-Importeur Max Hoffmann reserviert, der maßgeblich daran mitgewirkt hatte, dass Alfa Romeo eine Cabrio-Version der Giulietta entwickelt hatte. Hoffmann hatte sogar dafür gesorgt, dass zwei Karossiers sich um den Auftrag balgten und Protoypen entwickelten. An dem Wettbewerb nahmen Bertone, der Schöpfer des im Vorjahr präsentierten Coupés, und Pinin Farina teil, dessen Entwurf die Oberhand behielt und am Corso Trapani in Serie ging. Der Spider war derart erfolgreich, dass Farina beschloss, ein neues Werk in Grugliasco zu errichten. Bis dahin verließen die Hallen am Corso Trapani die Alfa Romeo Giulietta und Lancia Aurelia B24 Spider, Kleinserien von Straßen- und Sport-Ferraris, Einzelstücke für betuchte Kunden und Protoypen, die Serienmodelle vorwegnahmen. Dazu zählten etwa die beiden Lancia Aurelia Florida aus dem Jahre 1955, deren kantige, gestreckte Linien einen scharfen Kontrast zu den abgerundeten Formen der Zeit bildeten. Die Serienausführung der Lancia Flaminia Limousine wurde dann auf dem Turiner Salon 1956 vorgestellt und ging ein Jahr später in Serie. Das Florida-Experiment ging weiter – aus der Florida II (1957) entwickelte sich das viersitzige Flaminia Coupé, das 1959 in Serie ging.

„Bei mir wird zu Lebzeiten vererbt, nicht nach dem Tod"

1955 lief das Werk am Corso Trapani mit der Produktion der Giulietta Spider, der Lancia

Sicherheitsforschung: Pininfarina Sigma, 1963; Technologieforschung: Peugette, 1976.

Aurelia B24 und einer limitierten Serie von Ferrari Super America auf Hochtouren. Daher sah sich Pinin, der ein weiteres Ferrari-Coupé, den 250 GT, entworfen hatte, außer Stande, die Montage dieses Autos zu übernehmen. Der Auftrag ging in der Folge an Mario Boano, einen Veteranen der Stabilimenti Farina, der später auch bei Pinin Farina und Ghia gearbeitet hatte, bevor er sich 1953 selbstständig machte. Der Verlust dieses Auftrages führte mit dazu, dass Pinin den Entschluss fasste, das zu klein gewordene Werk am Corso Trapani durch ein neues, größeres zu ersetzen. Sergio Pinin Farina und sein Schwager Renzo Carli – Pinin nannte sie „meine Söhne" – spielten dabei eine wichtige Rolle. Es wurde an der Via Lesna in Grugliasco im Südosten Turins ein dreieinhalb Hektar großes Grundstück gekauft und auf einer Fläche von 28.000 qm Gebäude errichtet – das war dreimal so viel wie am Corso Trapani. Die offizielle Einweihung fand im Juni 1958 statt und nach einem Jahr waren im neuen Werk 5700 Karosserien entstanden. Pinin Farina war vom Handwerksbetrieb zum industriellen Produzenten aufgestiegen. Den Gratulanten entgegnete Pinin: „Meine Söhne haben dieses neue Werk beschlossen, gewollt und geplant. Sie werden es jetzt auch leiten."

Die neue Fabrik teilte sich in fünf Abteilungen: Karosseriebau, Presswerk, Lackiererei, Finish und Abnahme sowie Studien und Experimente. Man beachte, dass der Fahrzeugentwurf von der Produktion getrennt ist: das alte Prinzip greift immer noch.

Zu den ersten Montagelinien in Grugliasco gehörte diejenige für den am 25. Juni in Mailand vorgestellten Ferrari 250 GT. Ferrari setzte auf dieses Modell große Hoffnungen, das beweist sein Auftrag über nicht weniger als 200 Exemplare. Zuvor waren bereits, noch am Corso Trapani, mehrere Prototypen fertiggestellt und auf Herz und Nieren erprobt worden. Für Ferrari-Verhältnisse waren das Rekordzahlen, auch wenn sie verschwindend gering erscheinen gegenüber den 27.000 Exemplaren, die von der Giulietta (und Giulia) Spider hergestellt wurden. Dieses Modell allein hätte den Umzug nach Grugliasco gerechtfertigt. Die Zusammenarbeit mit Ferrari intensivierte sich: in jenem Jahr beruhte die gesamte Modellpalette auf Farina-Entwürfen, einschließlich des Weltmeisterautos Testa Rossa, auch wenn nur die Spitzenmodelle bei Farina gebaut wurden, nämlich das 250 GT Coupé und der sehr exklusive 410 Super America in seiner dritten Serie, auf dem Pariser Salon 1958 präsentiert; dieser allerdings in nur 12 Exemplaren. 1959 begann auch die Produktion des von der

Audi Quartz, 1981: innovative Technologie und neue Werkstoffe.

Florida II abgeleiteten Lancia Flaminia Coupé, das mit seinen gestreckten Linien und den weit herumgezogenen Heckstoßstangen Schule machen sollte. In einem Rhythmus von drei Stück pro Tag (dreimal mehr als zuletzt vom Aurelia Spider B24) liefen bis 1967 knapp 5300 Coupés von den Bändern. Im zweiten vollen Jahr, 1960, verdoppelte sich der Ausstoß des neuen Werkes auf 11.000 Einheiten.

Die Firma hatte in mehr als einem Sinne ein neues Gesicht erhalten. Nicht nur durch die neue Fabrik in Grugliasco, sondern auch dadurch, dass nun die „Söhne", Sergio Farina und Renzo Carli, an die Stelle des Gründervaters traten – zwei Ingenieure anstelle eines Autodidakten. Wurde nun alles anders? Drei Beispiele aus der Reihe der Kreationen des Jahres 1960 mögen diese Frage beantworten. Der X, eine Berlina Aerodinamica mit über-Kreuz angeordneten Rädern und ausgefeilter Aerodynamik, setzte Pinin Farinas Tradition der Prototypen fort, die weniger auf den Salons glänzen als Lösungsansätze für die Zukunft aufzeigen sollten. Im Mai 1960 wurde der Peugeot 404 lanciert; einmal mehr hatte der Löwe von Sochaux sich der typischen „Pinin Farina"-Handschrift bedient. Der 404 ist eines der bekanntesten Beispiele für die erfolgreiche Zusammenarbeit zwischen einem Karossier und einem Massenhersteller. Daneben illustriert das Fiat 1500 Cabriolet sehr schön Pinin Farinas Fähigkeit, für die Großserie wenig geeignete Autos kleinserienfähig zu machen und auch herzustellen. Auf der anderen Seite zeigte das bizarre Ferrari 400SA-Spezialcoupé, das auf einen Kundenwunsch hin – und zwar handelte es sich dabei um Avvocato Gianni Agnelli höchstselbst – angefertigt wurde, deutlich die Probleme, die einem solchen Auftrag innewohnen konnten.

Auf ganz andere Weise wies der Alfa Romeo 3500 Spider Super Sport auf dem Genfer Salon 1959 in die Zukunft. Im Jahr darauf hatte er sich anlässlich der selben Ausstellung zum Super Sport Speciale gewandelt – und verschwand in der Versenkung. Von dieser Studie wäre vielleicht nur der spektakuläre, voll transparente Dachaufbau in Erinnerung geblieben, wenn nicht 1962, wiederum in Genf, als direkter Abkömmling das Coupé Speciale Aerodinamico auf Basis der Giulietta SS gestanden hätte. Sehr deutlich war auch die Familienähnlichkeit mit dem 1600 Spider Duetto, präsentiert 1966, natürlich in Genf. Der Duetto blieb, mit Rund-, später mit Abrissheck, bis 1981 in Produktion und entstand in gut 30.000 Exemplaren.

Umweltschutz: Projekt Ethos, 1992-1995; neue, umweltverträgliche urbane Mobilität: Metrocubo, 1999.

1961 erlaubte es ein Dekret des Staatspräsidenten Pinin, seinen Nachnamen offiziell von Farina in Pininfarina zu ändern. Daher hieß von da an das Unternehmen Carrozzeria Pininfarina. Im Angesicht dieser semantischen Neuerungen wuchs die Firma stetig weiter. 1962 wurde die überbaute Fläche in Grugliasco auf 75.000 qm vergrößert und die Produktion stieg auf 14.000 Einheiten. 1963 brachte neue Rekorde mit 1683 Angestellten und 19.844 produzierten Autos; die Palette umfasste Fiat 1600 Cabriolet, Lancia Flavia und Flaminia Coupé, Alfa Romeo Giulia Spider, Ferrari 250 GT Coupé und 400 Superamerica.

1963 brachte auch ein weiteres Ferrari-Modell mit der „disegno di Pininfarina"-Plakette, dem neuen Gütesiegel für anspruchsvolles Design. Dabei handelte es sich um den 250 Le Mans, der bei der Carrozzeria Scaglietti gebaut wurde. Diese Firma kümmerte sich schon seit Jahren in Modena und unter strenger Kontrolle Ferraris um den Aufbau der Sportmodelle. Auf dem Turiner Salon wurde der PF Sigma ausgestellt, eine Limousine mit Schiebetüren und 14 wegweisenden Innovationen auf dem Gebiet der Sicherheit. Acht davon sind heute noch Stand der Technik. Das Jahr 1963 brachte darüber hinaus Battista Pininfarina den Architektur-Doktor ehrenhalber, verliehen vom Turiner Polytechnikum „an den bekanntesten und weltweit meistgeschätzten italienischen Karosserie-Schöpfer". 1965 bekam er dazu noch von General de Gaulle die Medaille der Ehrenlegion überreicht.

Am 7. März 1966 eröffnete der italienische Staatspräsident Saragat feierlich das Centro Studi e Ricerche, das Forschungs- und Entwicklungszentrum, welches die alte Experimentalabteilung ersetzte und in einem neuen, 17.000 qm großen Komplex 160 Personen beschäftigte. Der Komplex war räumlich von den Produktionshallen getrennt; einmal mehr wurde Pinins Leitsatz der Trennung zwischen Entwicklung und Produktion befolgt.

Battista Pininfarina starb ein knappes Jahr später in Lausanne. Robert Lutz, damals Chrysler-Manager, der Pinin zu den zehn größten Persönlichkeiten der Automobilgeschichte rechnet, beschrieb ihn so: „Battista Pininfarina war nicht nur ein Original, sondern einer der größten Designer der Welt. Man beachte, dass er mehr mit dem Auge als mit der Hand schöpferisch

Dino Berlinetta Speciale, 1965, und BMC 1100 Fließheck, 1968.

tätig war, denn er fertigte niemals Skizzen an: seine Mitarbeiter empfingen seine Anweisungen und setzten, was er sah, in die schönsten Autos der Vorkriegszeit um, besonders in die großartigen Alfa Romeos und Lancias. Diese Autos zeigen auch, dass Pininfarina einer der Ersten war, die den Charakter eines Autos nicht über die Ornamentik, sondern über die funktionelle Form definierten. Sein Lancia Aprilia von 1937 zeugt noch heute von seinen fortgeschrittenen aerodynamischen Forschungen. Vom Karossier zum Künstler – zum Einzigen, von dem das Museum of Modern Art in New York ein vierrädriges Werk ausstellt – Pininfarina hat es geschafft."

Sergio Pininfarina übernahm die Präsidentschaft der Firma, Renzo Carli wurde Vize. Die Bänder waren mit dem neuen Fiat 124 Sport Spider ausgelastet, einem sehr gelungenen Entwurf, der den sieben Jahre alten 1200/1500/1600 Spider ablöste. Das Auto erwies sich umgehend als Erfolg. Ebenfalls 1966 kam der Alfa Romeo Duetto heraus, im gleichen Segment wie der Fiat angesiedelt, aber von ganz anderem Aussehen. Auch dieses Auto wurde zum Dauerbrenner und spielte in dem Film „Die Reifeprüfung" neben Dustin Hoffman eine Hauptrolle. Neben den Ferrari 330 GT 2+2, GTC und GTS stand das elegante Lancia Flavia Coupé im vierten Produktionsjahr. 1966 kam auch der Peugeot 204 auf den Markt, nach dem 403 und 404 das dritte Produkt der Zusammenarbeit mit dem französischen Hersteller. Schließlich setzten der erstaunliche Ferrari 365 P mit drei nebeneinander liegenden Sitzen und Mittellenkung, im Oktober in Paris vorgestellt, sowie der Dino Berlinetta GT auf dem Turiner Salon die Reihe von Stilstudien fort und wiesen zugleich auf den Dino 206 GT voraus, mit dem sich Ferrari in den Folgejahren neue Marktschichten erschloss. Fiat benutzte bereits den Namen Dino für sein Sportmodell mit Ferrari-V6, dessen Cabriovariante in Grugliasco hergestellt wurde. Es folgten mehrere Pininfarina-Vorschläge auf Dino-Basis, doch der Markt nahm teure Fiats nur widerwillig auf und es gingen keine weiteren Versionen in Serie. Nach der Eröffnung des Forschungs- und Entwicklungszentrums machte Grugliasco einen ersten Schritt hin zur automatisierten Karosserie-Entwicklung und beschaffte sich Computer zur dreidimensionalen Vermessung.

Ferrari Mythos, 1989, und Fiat Sing und Song, 1996.

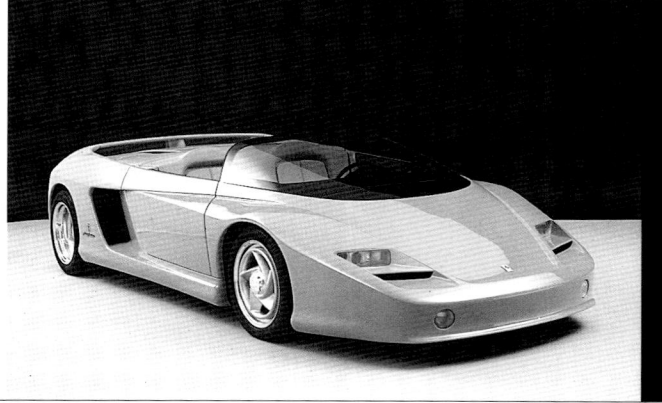

Der Ferrari 365 GT 2+2 wurde auf dem Pariser Salon 1967 präsentiert und ersetzte den 330 GT als Viersitzer im Modellprogramm, der mittlerweile zur meistverkauften Version aufgestiegen war. Mit seinem völlig neuen Design verdrängte der 2+2 den 330 auch von den Montagebändern in Grugliasco. Wenige Wochen darauf erschien in Turin der Dino 206 GT in seiner definitiven Gestalt mit etwas verlängertem Radstand und entsprechend geräumigerem Innenraum. Obwohl das Design durch die verschiedenen Prototypen-Vorläufer schon bekannt war, stieß es beim Publikum auf große Gegenliebe. Der kleine Ferrari sollte 1968 in Maranello (mit bei Scaglietti gebauter Karosserie) in Serie gehen. Auf dem gleichen Salon stand eine aerodynamisch ausgefeilte Fließhecklimousine mit BMC-Technik, die jedoch von dem britischen Hersteller nicht in Serie gebracht wurde. Dafür interessierten sich andere Firmen für den Entwurf, vor allem Citroën. Bald darauf wurde das Designkonzept für den GS und 1974 für den CX übernommen.

Zwei Autos ließen den Turiner Karossier in den Mittelpunkt des Pariser Salons 1968 rücken. Zunächst die Vorstellung des Peugeot 504, der von Designern und Technikern beider Firmen gemeinsam entwickelt worden war. Der 504 wurde nicht nur zum „Auto des Jahres", sondern mit mehr als drei Millionen Exemplaren eines der erfolgreichsten Modelle der Firmengeschichte. Die zweite Neuheit bestand in einem ganz neuen Ferrari, dem 365 GTB/4 „Daytona", der ebenfalls zum Hit wurde. Gut 1400 Daytona wurden in vier Jahren hergestellt, damals ein absoluter Rekord im Hause Ferrari.

In Genf, im März 1969, wurde der Sigma Grand Prix ausgestellt, eine weitere Sicherheitsstudie, diesmal auf dem Gebiet der Formel 1. Auf einem ganz anderen Gebiet zogen zwei Peugeots die Blicke der Besucher auf sich. Auf Basis des 504 hatte man ein Coupé und ein Cabriolet entwickelt, die in Grugliasco bis 1981 in Produktion blieben, ohne der optischen Auffrischung zu bedürfen.

Bei den reinen Experimentalfahrzeugen erwies sich 1969 als äußerst kreatives Jahr im Hause Pininfarina. Zwei Sportcoupés, beide spektakulär, aber auf ganz verschiedene Weise, wurden gezeigt. Zum einen eine Berlinetta auf Basis des Alfa Romeo 33 mit beeindruckenden Rundungen und Flügeltüren, zum anderen ein extrem niedriges Coupé mit einer riesigen

Peugeot Nautilus, 1997.

Windschutzscheibe, dessen Name, 512 S Berlinetta Speciale, scheinbar auf das neue Ferrari-Sportmodell 512 S verwies, von dem für die Saison 1970 25 Stück aufgebaut wurden; in Wahrheit aber hatten die beiden Modelle nichts miteinander gemein. Hingegen war der am Genfer Salon 1970 gezeigte Modulo eng mit dem 512 S verwandt, aber eine reine Stilstudie mit einem auf das absolut Wesentliche reduzierten Design, wie etwa auch die Citroën DS oder Mies van der Rohes Stuhl „Barcelona". Darauf weist ein anderer Architekt, Gio Ponti, in seinem Vorwort zur Broschüre hin, die das automobile Objekt vorstellt; der Modulo wurde im gleichen Jahr übrigens ausgewählt, Italien auf einer Ausstellung in Osaka zu repräsentieren. Im Juni 1970 erfährt der Alfa Romeo Duetto, der seit 1966 in 14.500 Exemplaren die Hallen von Grugliasco verlassen hatte, eine einschneidende Änderung. Das ausladende Rundheck wird brutal gekappt, aus dem „osso di sepia" wird der „coda tronca". Dieses Facelift, das den Spider eigentlich nur dem Rest des Alfa-Programms stilistisch hätte anpassen sollen, war der Ausgangspunkt für einen lang anhaltenden Markterfolg – doch dazu später mehr.

Das erste Ereignis des Jahres 1971 bestand in der Eröffnung eines Rechenzentrums für automatisiertes Design in Grugliasco, das die 1967 eingeweihten Einrichtungen ergänzte. In Genf zeigte man nicht weniger als drei Weltpremieren mit dem Pininfarina-Emblem - den Ferrari 365 GTC/4, das Fiat 130 Coupé und das Lancia 2000 Coupé. So kurz war der Weg von der Studie zum Montageband bereits geworden. Leider blieb der ansehnliche Peugeot 504 Break Riviera vom Pariser Salon ein Einzelstück und endete im Peugeot-Museum in Sochaux. Anders erging es zum Glück der Ferrari 365 Berlinetta, die ebenfalls in Paris stand, und immerhin erst zwei Jahre später als erster Ferrari mit Zwölfzylinder-Mittelmotor auf den Markt kam. Man beachte die rundum laufende Sicke im Karosseriekörper, die den Eindruck von zwei übereinander liegenden Hälften erweckte – ein Stilmittel, das von Daytona und Modulo stammte und in den nächsten Jahren ein Pininfarina-Markenzeichen sein sollte.

Das Jahr 1972 war nicht weniger reich an Neuheiten. In Genf, nunmehr der Auftakt der europäischen Autosaison, wurde eine Sportversion des Pininfarina-Bestsellers, des Fiat 124 Sport Spider zur Schau gestellt. Leichtere Karosserie, vereinfachte Inneneinrichtung, Überrollbügel, Hardtop und Leichtmetallfelgen mit Breitreifen unter

Shell-Tankwagen, 1937.

primitiven Kotflügelverbreiterungen waren die Hauptmerkmale. Auf dem selben Salon wurde der 246 GTS präsentiert, die Targa-Variante des Dino, mit abnehmbarem Stahldach, welches hinter den Sitzen Platz fand. In Paris dann enthüllte Peugeot den 104, den kleinsten europäischen Viertürer, der in Zusammenarbeit mit Pininfarina entstanden war. Ebendort zeigte Ferrari seinen Viersitzer der vierten Generation, den 365 GT4. Kürzer, niedriger, geräumiger und mit größerem Kofferraum als der Vorgänger 365 GT, wurde auch er zum Bestseller und blieb, mehrmals leicht modifiziert, über 15 Jahre lang im Produktionsprogramm von Grugliasco.
Letztes Ereignis im Jahre 1972 war die Vollendung des Windkanals im November. Die kühne Entscheidung, dem Werk Grugliasco einen Windkanal anzugliedern, ging auf das Jahr 1965 zurück. Nach einem langen Auswahlprozess wurde eine Variante gewählt, deren Bau drei Jahre in Anspruch nahm. Die Innereien des Windkanals zu installieren, eines der ersten weltweit und des allerersten in Italien, der Modelle und Fahrzeuge in Originalgröße aufnehmen konnte, verschlang 10 weitere Monate, doch die aufziehende Energiekrise bestätigte die Richtigkeit der Entscheidung, die Anlage zu bauen. Eines der ersten Fahrzeuge, das von der neuen Anlage profitierte, war der Abarth 2000 SE 027, ein Spider, der in der Zweiliterklasse der Europäischen Markenmeisterschaft fahren sollte und auf dem Genfer Salon 1974 erstmals gezeigt wurde. Der Windkanal gestattete es, die Luftwiderstands- und Auftriebswerte zu verbessern, aber auch, die Kühlluftströme zu Bremsen, Wasser- und Ölkühler und die Strömung im Motorraum zu optimieren. Nach 16 Monaten lief der Windkanal auf Hochtouren. Es wurden nicht nur fertige und im Planungsstadium befindliche Fahrzeuge untersucht, wie etwa der Formel 1-Ferrari, der Lancia Stratos oder die siegreichen MV-Motorräder, sondern auch manches andere, zum Beispiel die Ausrüstung der italienischen Skimannschaft oder die ideale Position für die Ski-Abfahrt. Ein Autoprojekt, das naturgemäß sehr vom Windkanal profitierte, war der CR 25, eine Studie der idealen Form für ein großes Hochleistungsfahrzeug. Sie wurde mit Ferrari-Schriftzügen versehen auf dem Turiner Salon ausgestellt und verdankte ihre Bezeichnung dem bemerkenswert niedrigen Cw-Wert von nur 0,256. Zwei

BMC-LKW, 1996.

Hochgeschwindigkeitszug ETR 500, 1987.

realitätsnähere Studien aus dem Vorjahr, der Kombi Maremma, in Genf zur Schau gestellt, und die Limousine Opera, in Paris vorgestellt, beide auf dem Fiat 130 Coupé basierend, das seit 1971 in Grugliasco gebaut wurde, fielen zweifellos der Ölkrise zum Opfer.

Vier wichtige Pininfarina-Neuheiten brachte das Jahr 1975, drei davon standen im März in Genf. Einmal der Peugeot 604, das erste Oberklasseprojekt der inzwischen zwanzig Jahre andauernden Zusammenarbeit der beiden Firmen. Dann der Rolls-Royce Camargue, eine freie Pininfarina-Interpretation eines viersitzigen Coupés auf Basis des Silver Shadow. Der Wagen wurde zwar in England gebaut, war aber dennoch das erste Rolls-Royce-Modell, dessen Design einem nichtbritischen Karossier anvertraut worden war. Schließlich war Genf auch Schauplatz der Premiere von Lancia Beta Coupé und Spider. Diese Autos waren für Pininfarina sehr wichtig, wurde ihm doch in diesem Falle zum ersten Mal die komplette Produktion, inklusive Plattform, anvertraut. Welche Ausmaße die Fertigung mittlerweile angenommen hatte, unterstrich auch das Jubiläum des einhunderttausendsten Fiat Spider im Mai. Der Wagen lief in 75-80 Einheiten täglich vom Band.

Der letzte Coup des Jahres bestand im Ferrari 308 GTB, der seine Weltpremiere auf dem Pariser Salon feierte. Dieser Zweisitzer mit V8-Mittelmotor hob sich vom zuvor präsentierten 2+2 einerseits durch den um 21 Zentimeter verkürzten Radstand, in der Hauptsache aber durch sein aufregendes und sinnliches Pininfarina-Design ab; den 308 GT4 hatte Bertone entworfen. Beide Autos wurden bei Scaglietti in Serie produziert; auf dem Stahlrohrrahmen ruhte keine Metall-, sondern eine Kunststoffkarosserie, für einen Straßen-Ferrari eine absolute Neuheit.

Im März 1976 wurden in Genf zwei weitere neue, von Pininfarina entworfene Lancia vorgestellt, nämlich der Gamma als Coupé und Limousine. Erstere Version wurde bei Pininfarina produziert, während die Limousine bei Lancia selbst entstand. Der Fließheck-Viertürer erinnerte durchaus an die BMC-Studie des Jahres 1967 und profitierte von dem seit zwei Jahren in Betrieb befindlichen Windkanal. Im Juli erhielt das Entwicklungszentrum ein 300 qm großes Gebäude mit elektronisch

Motorboot G50, 1968, und die Bénéteau First 45 F5, 1989.

gesteuerten Fräsen, ein wichtiger technischer Fortschritt. Das Jahr 1976 endete mit einem Doppelschlag in Paris, wo zwei neue Pininfarina-Ferrari gezeigt wurden: ein Zweisitzer und ein 2+2. Der BB 512 war eine Weiterentwicklung des seit 1973 produzierten Berlinetta Boxer mit Fünfliter- anstelle des 4,4-Liter-Flachmotors. Die Linie des als Prototyp seit 1971 bekannten Wagens wurde nur in Details revidiert, Herstellung und Montage erfolgten bei Scaglietti. Der Ferrari 400 hingegen stellte die Evolution des seit 1972 gebauten 365 GT4 2+2 dar. Die Karosserie zeigte leichte Retuschen, Hauptneuheit war aber die Lieferbarkeit einer Automatikversion (400 Automatic) neben der Fünfgangausführung (400 GT). Das stellte für Ferrari eine Revolution dar, die aber vom Markt sehr gut aufgenommen wurde.

Auch in Frankfurt, im September 1977, stand ein Ferrari im Mittelpunkt: der 308 GTS, die Targaversion des zwei Jahre zuvor eingeführten GTB, bot ein abnehmbares Dachteil, das sich hinter den Sitzen verstauen ließ. Auch der GTS wurde bei Scaglietti hergestellt; Ferrari hatte die Firma mittlerweile erworben.

1977 fiel der jetzt nur mehr alle zwei Jahre stattfindende Pariser Salon zwar aus, dennoch stellte Peugeot seinen neuen 305 mit Pininfarina-Karosse vor, von dem insgesamt über 1,3 Millionen Stück verkauft wurden.

Als der Turiner Salon im April 1978 seine Pforten öffnete, befand sich die Autowelt in einem Zustand der Verwirrung. Die Nachwehen der Energiekrise und ein neu erwachtes Umwelt- und Sicherheitsgewissen schufen ein dem Automobil nachteiliges Klima. In Italien kamen soziale Spannungen hinzu, welche die Lohnkosten der Industrie weiter in die Höhe trieben. Pininfarina hatte eine solche Krise vorausgesehen, wie die zwei „Concept Cars" bewiesen, die er in Turin zeigte, der CNR und der Ecos. Ersterer entstand auf Anregung des Nationalen Forschungsrates (Consiglio Nazionale di Ricerche – daher die Initialen CNR) und war ein Versuch, den Verbrauch von Mittelklasselimousinen durch eine aerodynamische Formgebung zu optimieren. Der Cw-Wert des CNR lag bei 0,201 verglichen mit dem damaligen Durchschnittswert von 0,46. Der CNR brachte Pininfarina die begehrte Auszeichnung des „Compasso d'Oro", des Goldenen Kompasses, ein. Der Ecos war ein kleines Stadtfahrzeug mit Elektroantrieb, das vier Personen Platz bot, und entstand in enger Zusammenarbeit mit dem Fiat-Entwicklungszentrum.

Pegasus von Fincantieri, 1996.

In diese Zeit, mitten in die schwerste Krise, in die Pininfarina jemals geraten war, fiel auch der Entschluss, das Forschungs- und Entwicklungszentrum von Grugliasco auszugliedern und nach Cambiano zu verlegen. Diese Entscheidung unterstrich nicht nur Pinins altes Prinzip der strikten Trennung von Entwicklung und Produktion, es war auch, angesichts der widrigen Umstände, äußerst mutig, sich auf Expansion statt auf Erhaltung des Status quo zu verlegen.

Auf dem Britischen Automobilsalon, der in jenem Jahr erstmals in Birmingham, der Hauptstadt der englischen Autoindustrie, stattfand, zeigte der Turiner Pininfarina, gleichsam um die Verbundenheit der beiden Autozentren zu illustrieren, den Jaguar XJ Spider. Dieser fußte auf dem Serien-XJ-S und hätte sich durchaus für eine Kleinserienproduktion geeignet. Seine runden Formen evozierten die D- und E-Types der fünfziger und sechziger Jahre, eine Ähnlichkeit, die durch das Fehlen von Stoßstangen noch unterstrichen wurde. An deren Stelle fanden sich integrierte Prallflächen, vorne wie hinten. Diese Pininfarina-Idee wurde von den Engländern erst mit dem Jaguar XK8 im Jahre 1996 aufgegriffen...

Am 19. Januar 1979 verließ der einhundertfünfzigtausendste Fiat Sport Spider die Hallen der Industrie Pininfarina SpA, wie der Name der Produktionssparte jetzt lautete. Der Spider, 1966 mit Anderthalblitermotor vorgestellt und 1969 auf 1600 ccm gebracht, war von 1970 bis 1975 Fiats Speerspitze im Rallyesport. Ab 1974 wurde er nur noch für den amerikanischen Markt hergestellt, der zuvor schon fast die Hälfte der Gesamtproduktion aufgenommen hatte. Und der Wagen war noch nicht am Ende.

Im Mai wandten sich die Augen der Autowelt dem 505 zu, dem jüngsten erfolgreichen Pininfarina-Peugeot. Ebenso wandte sich Lancia an Pininfarina, um das Facelift der Beta-Limousine durchzuführen; das Auto erschien zur IAA in Frankfurt. Auch Autobianchi ließ seinen A112 gleichzeitig durch Pininfarina auffrischen.

Im März 1980 fand der fünfzigste Genfer Salon statt, nur wenige Wochen vor dem fünfzigjährigen Jubiläum der Carrozzeria Pininfarina. Als treue Teilnehmer zeigten die Turiner auf dem Salon zwei Neuheiten. Einmal den überarbeiteten Lancia Montecarlo und dann den Ferrari Mondial 8,

Die Aviatic von 1915.

ein 2+2-sitziges Mittelmotorcoupé, das den von Bertone entworfenen 308 GT4 ablöste. „Das Thema, das uns Ferrari vorgab, ein 2+2-Sitzer mit Mittelmotor, war sehr faszinierend, stellte uns aber im Bereich der Karosserie vor umfangreiche Probleme. Die Hauptschwierigkeiten waren: die Platzverhältnisse im Innenraum, die Übersichtlichkeit nach hinten, genügend Gepäckraum, ohne die empfindliche Gewichtsverteilung zu stören, die Seitenwindempfindlichkeit, die thermische und akustische Abschottung des Innenraumes und die Crashsicherheit, vor allem vorne", und dabei sollte auch das typische Ferrari-Flair erhalten bleiben, wie uns die Pressemappe darlegt. Pininfarina entledigte sich aller dieser Aufgaben in hervorragender Weise.

Die eigentliche Fünfzigjahrfeier fand auf dem Turiner Salon statt, der nur vier Wochen vor der Wiederkehr jenes 22. Mai stattfand. Die Überraschung des Salons hieß Pinin und war der erste viertürige Ferrari, der den Komfort betonte, ohne die Sportlichkeit zu vernachlässigen, die alle Pininfarina-Ferrari seit jeher ausgezeichnet hatte. Von dieser unerwarteten Initiative seines alten Turiner Partners überrascht, hielt sich Ferrari zunächst bedeckt, ehe er entschied, das Projekt fallen zu lassen, da ein Viertürer nicht in seine Strategie passe. Der Lancia Beta Montecarlo Turbo, dessen Karosserie Pininfarina entwickelt hatte, sicherte sich 1981 und im Jahr darauf die Langstrecken-Weltmeisterschaft.

Im November wurde ein Abkommen zwischen Nuova Agudio und Pininfarina publik gemacht, das die Entwicklung und Herstellung einer Serie von Seilbahnkabinen zum Inhalt hatte. Das hatte zwar nichts mit Autos zu tun, stellte für Pininfarina aber einen wichtigen Schritt hin zu einer Diversifikation dar. Andere Produkte sollten folgen, etwa Skistiefel und Flugzeug-Inneneinrichtungen. 1986 schließlich wurde die Pininfarina Extra gegründet, die sich mit Produktdesign beschäftigt.

Im Rahmen seiner Studien zur Zukunft des Automobils und insbesondere im Hinblick auf die Verbrauchssenkungen, die durch neue Karosseriekonzepte möglich sein sollten, zeigte Pininfarina im März 1981 in Genf den Quartz. Dieses Coupé auf Basis des Audi Quattro verfügte über eine Leichtbaukarosserie, an der viele neue Materialien zum Einsatz kamen: Kevlar, Aluminium, Stahl-Polyurethan-Sandwich, Kunststoffe, Karbonfiber usw. Auf dem selben Salon stand die jüngste, für Europa bestimmte Version des Fiat Spider, der 2000 I.E. mit elektronischer Bosch L-Jetronic.

Innenraum der Piaggio PD 808, 1968.

Diese neueste Variante des seit 1966 in 186.000 Exemplaren gebauten Klassikers markierte die Rückkehr des Spider auf die europäischen Märkte.

Der Brüsseler Salon im Januar 1982 erlebte die Vorstellung des Talbot Samba Cabriolet, das fünfzehnte Produkt der Zusammenarbeit mit Peugeot in 27 Jahren. Für dieses von Peugeot als Talbot lancierte Fahrzeug hatte Pininfarina von Anfang an die Entwicklung in die Hand genommen, von den Prototypen bis zur Serienfertigung in Grugliasco.

Der Pininfarina-Stand am Genfer Salon zeigte die Turiner in einer ganz neuen Rolle, nämlich als Hersteller auf eigene Rechnung und unter eigenem Markennamen. Dabei ging es um den Pininfarina Spider Europa. Man hatte mit Fiat, die als Großserienhersteller unrationelle Kleinfertigungen loswerden wollten, eine Übereinkunft geschlossen, der zufolge der Spider komplett, also einschließlich der Technik, in Grugliasco gefertigt und als Pininfarina vermarktet werden sollte. Der Vertrieb erfolgte in den USA über Fiat Motors of North America und in Europa über eine mit Fiat assoziierte Firma. Etwa gleichzeitig ging bei Peugeot der 505 Break in Serie und wurde zu Zwecken der Sporthomologierung eine Kleinserie von speziellen Lancia Beta Montecarlo, Lancia Rally genannt, hergestellt. „Auf der Straße des Erfolges" lautete Pininfarinas Motto für den Rally. Der Erfolg stellte sich auch mit anderen Produkten ein, etwa einer Sonnenbrillen-Kollektion, die der italienische Marktführer in diesem Segment lancierte und die das Pininfarina-Emblem trug.

Am Vorabend der Eröffnung des Turiner Salons fand die offizielle Einweihung des neuen Forschungs- und Entwicklungszentrums statt, an dem seit August 1980 gebaut worden war. Es befand sich in Cambiano, 20 Minuten südwestlich von Grugliasco und war sichtbarer Ausdruck des alten Pinin-Grundsatzes, die Entwicklung von der Produktion zu trennen, um die Distanz zwischen dem schöpferischen Akt und der Fertigung zu wahren. Das Zentrum bestand aus einer überbauten Fläche von 13.780 qm auf einem Areal von 51.000 qm Größe. Die räumliche Trennung wurde ergänzt durch eine juristische, denn das Unternehmen teilte sich jetzt in die Pininfarina Studi e Ricerche SpA und die Industrie Pininfarina SpA. Der Windkanal stand natürlich weiterhin in Grugliasco und wurde um eine Werkstatt ergänzt, um

Militärküchen des zweiten Weltkrieges und Ola Snaidero, 1992.

Änderungen an den getesteten Prototypen gleich vor Ort vornehmen zu können. Die Architektur des Hauptgebäudes des neuen Forschungszentrums, das sogleich auf die kurze Bezeichnung Cambiano getauft wurde, spiegelt die dortige Arbeitsweise wider. Die Fahrzeugentwicklung zerfällt in zwei Teile mit voneinander getrennten Arbeitsabläufen: einmal die Anfertigung von Maßstabszeichnungen und -modellen, zum anderen die Herstellung von Prototypen in Originalgröße. Dementsprechend verfügen beide Bereiche über eigene Räumlichkeiten, eigene Konferenzzimmer und eigene Präsentationssäle, die alle durch einen zentralen Gebäudeteil getrennt sind, der die Empfangshalle und ein Museum beherbergt. Fast die Hälfte des gesamten Grundstücks ist grün bepflanzt. Daneben gibt es einen Teich (der auch als Wasserspeicher für den Brandfall dient) und ein altes Gehöft, das Besucher aufnimmt.

Star der Salons in Paris und Birmingham im Oktober war der Lancia Gamma Olgiata, ein eleganter zweitüriger Sportkombi auf der Basis des frontangetriebenen Gamma Coupé, das seit 1976 in Grugliasco gefertigt wurde. Auf beiden Shows zeigte man auch die Vorgänger des Olgiata, den Spider mit T-Roof aus dem Jahre 1978 und die erstmals 1980 vorgestellte Stufenhecklimousine Scala, beides reine Prototypen. Den Rest des Standes teilten sich der Spider Europa und das kleine Samba Cabriolet.

Vom 1. Mai bis 31. Oktober fand in Knoxville/USA die Internationale Energie-Ausstellung statt, die über 12 Millionen Besucher fand. Italien hatte dort einen eigenen Pavillon, um den Beitrag des Landes zum Thema Energie zu illustrieren, von Galvani bis Fermi. Am Eingang dieses Pavillons stand der CNR, der ja 1978 gemeinsam von Pininfarina und dem italienischen Nationalen Forschungsrat (C.N.R.) entwickelt worden war.

Das Jahr schloss mit der Miami Boat Show, wo ein weiterer Beweis für Pininfarinas Vielseitigkeit zu bewundern war, die Magnum Marine Pininfarina, ein schnittiges 20-Meter-Boot, 45 Knoten schnell und

Orfina Modulo, 1983, und das Modell G. Shock von Casio, 1999.

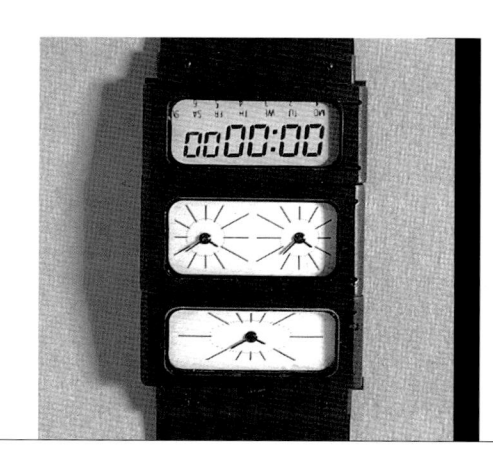

angetrieben von zwei je 1300 PS starken Detroit Diesel Allison-V16-Maschinen.
Das Automobiljahr 1983 begann mit der Vorstellung des Peugeot 205, eines Peugeot-Pininfarina-Projektes, das 1977 begonnen worden war. Der 205 sollte eine geräumige Kompaktlimousine darstellen, sparsam und zugleich mit einer breiten Auswahl an Motoren lieferbar. Sein Erfolg, der nicht zuletzt auf der außerordentlich gelungenen Linienführung beruhte, übertraf alle Erwartungen.
Im März in Genf flankierte der 205 zwei weitere Weltpremieren auf dem Pininfarina-Stand. Zum einen die jüngste Version des Alfa Romeo coda tronca Spider, von dem seit 1970 über 50.000 Stück in Grugliasco hergestellt worden waren. Das Facelift umfasste kräftigere Stoßstangen an Front und Heck, Spoiler vorne und hinten sowie ein neues Armaturenbrett. Diese dritte, aerodynamisch verfeinerte Generation des Alfa Spider sollte dessen Erfolgsgeschichte fortsetzen. Ein Coupé-Projekt auf Basis des Fiat Ritmo Abarth 125 TC war die andere Neuheit. Das kompakte, viersitzige Coupé, das das Pininfarina-Markenzeichen trug, war als Ergänzung des Fiat-Programms gedacht und hätte, wie schon der Fiat Spider, in Grugliasco vom Band laufen können. Fiat ging darauf jedoch nicht ein und so blieb es bei einem Prototyp.
Ende Juni wurde in Grugliasco der zweihunderttausendste Fiat Spider seit 1966 gebaut. Aus diesem Anlass präsentierte man eine Sonderserie des Spider namens Pininfarina Spidereuropa Volumex. Ein volumetrischer Kompressor brachte die Leistung des Zweiliters von 105 auf 135 PS, die Bremsen waren verstärkt, die Aufhängungen überarbeitet und die breiteren Alufelgen trugen Pirelli P7-Reifen. Im Grunde genommen war der Volumex der Spider Europa Abarth, den Pininfarina auf dem Turiner Salon des Vorjahres angekündigt hatte.
Seit einigen Jahren schon artikulierte Sergio Pininfarina in Italien seine politischen und die Wirtschaft betreffenden Ansichten. Im Juni 1981 hielt er in Aspen, Colorado, auf einer Design-Konferenz einen Vortrag mit dem Titel: „Als Industrieller im Lande Machiavellis: ein harter Job". Im Juni 1983 wurde er zum Präsidenten der Piemontesischen Industriellenvereinigung Federpiemonte gewählt, ein erster Schritt hin zu einer noch höheren Position. In der Zwischenzeit zeichnete ihn die britische Royal Society of Arts mit dem Titel „Honorary Royal Designer for Industry" aus, wie schon dreißig Jahre zuvor seinen Vater – in den Annalen der Academy ein einmaliger Vorgang.
Auf der IAA in Frankfurt stellte Pininfarina den Alfa 33 4x4 vor, Nachfolger einer

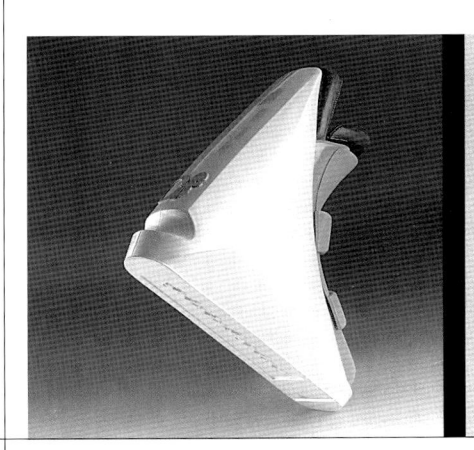

Studie vom Turiner Salon 1982 auf Alfasud-Basis. Der Gewinn der Rallyeweltmeisterschaft durch die von Pininfarina gezeichneten Lancia Beta Montecarlo ließ das Jahr 1983 freudig ausklingen.

In jedem zweiten Jahr eröffnet der Salon von Brüssel im Januar die jährliche Tour. 1984 diente der Pininfarina-Stand im Heysel-Palais der Europa-Premiere des Ferrari Mondial Cabriolet, das bereits im September bei den Ferrari Days in Modena präsentiert worden und auch bereits in den USA, seinem Hauptmarkt, lieferbar war. Wortgenau hatte Pininfarina die Angaben im Lastenheft befolgt, die Silhouette des Mondial bewahrt und den Innenraum nicht kleiner ausfallen lassen als im Coupé. Das Cabriolet stützte zwar die fallenden Mondial-Verkäufe, erfüllte aber die ursprünglichen Erwartungen nicht. In Brüssel war auch letztmalig das Pininfarina Coupé zu sehen.

Der Windkanal machte wieder Schlagzeilen, als der Radrennfahrer Francesco Moser ihn zur Vorbereitung seines Weltrekordversuches nutzte; auch Reinhold Messner testete seine Bergsteigerausrüstung darin. Für Pininfarina willkommene Gelegenheit, seine Verbundenheit mit dem Sport zu dokumentieren.

Eine der Attraktionen des Genfer Salons 1984 war die Präsentation des Ferrari 288 GTO, eine Weiterentwicklung des 308 mit zwei Turboladern, die die Leistung auf 400 PS trieben. Die sehr hohen Fahrleistungen ließen es Pininfarina geraten erscheinen, das vom 308 GTB stammende Design in vielen Punkten zu überarbeiten. Der Wagen wurde zum Erfolg; die Produktion, ursprünglich auf 200 Stück limitiert, um die Homologierung für die Gruppe B sicherzustellen, fiel deutlich höher aus..., ohne dass man jemals eine Spur von den angekündigten 10 Gruppe B-Rennern gesehen hätte. Der Karosseriebau fand übrigens bei Scaglietti statt. Neben dem GTO feierte der Alfa 33 Giardinetta mit Front- oder Allradantrieb sein Debüt.

Auf dem Pariser Salon war erstmals der Ferrari Testarossa, Nachfolger des BBi, zu sehen. Die Lage der Kühler seitlich vor den Hinterrädern hatte Pininfarina zu einer Delta-Form veranlasst, die völlig mit den Vorgängern brach. Das Auto wurde ein voller Erfolg und brach auf dem Salon alle

Diese und die folgenden Seiten:
Werbung von 1930 bis heute.

Nebenstehende Seite:
Garmont-Skischuh, 1974, Ratti-Brille, 1982, und Brille für die Ferdinand Menrad-Gruppe, 1991.

Verkaufsrekorde, wurden doch noch während der Messe 26 Exemplare zu Preisen von über DM 200.000,- verkauft. Der Testarossa und seine Nachfolger 512 TR und 512 M sind bis heute die meistverkauften Zwölfzylinder aus Maranello, was nicht zuletzt für die Güte des Designs spricht. 1984 intensivierte sich auch die Zusammenarbeit mit zwei großen Häusern, Honda und Cadillac. Pininfarina beschloss, auf einem 10 Hektar großen Grundstück ein neues Werk in San Giorgio Canavese, 26 Kilometer nördlich von Turin und nahe dem Flughafen, zu errichten. Das bedingte Investitionen in Höhe von 50 Milliarden Lire, auf drei Jahre verteilt.

Was Pininfarina auf dem Genfer Salon 1985 an Neuheiten zeigte, fiel etwas bescheidener aus als im Vorjahr. Beim Ferrari 412 handelte es sich um ein letztes leichtes Restyling des erfolgreichen 400. Der Prototyp Peugeot Griffe 4, ein Coupé mit äußerst luftigem Dachaufbau, verfolgte zwei Ziele. Zum einen markierte es den dreißigsten Geburtstag der Zusammenarbeit mit dem französischen Hersteller, die mit dem 403 begonnen hatte. Es sollte aber auch dem Coupé-Segment zu neuem Schwung verhelfen, denn nach dem Boom der fünfziger und sechziger Jahre schwand diese Karosserieform zusehends aus den Angebotspaletten der Produzenten. Zwei weitere Autos teilten sich den Stand: der Alfa 33 Giardinetta, den Pininfarina einschließlich der Mechanik fertigte, und der Pininfarina Spider Europa Jahrgang '85 mit einigen technischen Änderungen. Zugleich ließ man der ersten Serie von 200 Spider Volumex eine zweite Auflage in Höhe von 300 Stück folgen. Schließlich kündigte man für das zweite Halbjahr 1986 die Produktion des Cadillac-Luxuscabrios namens Allanté in San Giorgio Canavese an. Im Juli wurde im Rahmen eines umfassenden Investitionsprogramms eine neue Lackiererei in Grugliasco in Betrieb genommen.

Auf der IAA war Pininfarina mit drei Weltneuheiten, zwei Ferrari und einem Lancia, präsent. Die Ferrari 328 GTB und GTS lösten nach 10 Jahren die erfolgreichen 308-Modelle ab, zeigten sich äußerlich leicht modifiziert und wiesen einen von 3 auf 3,2 Liter vergrößerten, quer montierten V8-Mittelmotor auf. Mit analoger Technik und leichten Karosserieretuschen wurden Mondial 8 und Cabriolet zum Mondial 3.2. Während diese Ferrari-Modelle bei Scaglietti

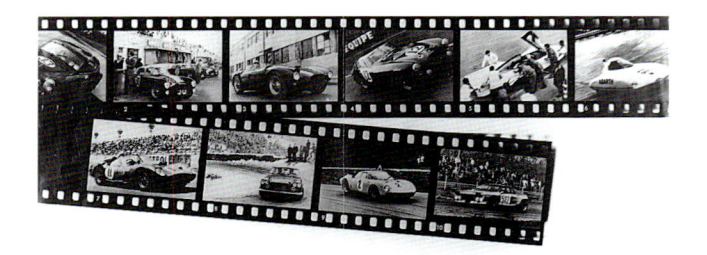

gefertigt wurden, sollte der Lancia Thema Station Wagon, jüngster Kombi-Entwurf Pininfarinas, ab Mitte 1986 komplett bei Pininfarina hergestellt und über das Lancia-Händlernetz in Europa vertrieben werden. Die Vorstellung des Peugeot 205 Cabriolet auf dem Genfer Salon 1986 feierte, wenn auch mit Verspätung, den dreißigsten Geburtstag dieser ersprießlichen Zusammenarbeit. Das Lastenheft forderte für das Cabrio die Silhouette des Dreitürers, die es auch erhielt. Pininfarina übernahm die Fertigung der Karosserie; bis zu 50 Stück pro Tag wurden in das Peugeot-Werk Mulhouse zur Komplettierung transportiert. Auch in Genf zu sehen war eine neue Spitzenversion des Alfa Spider (bislang seit 1966 in 83.000 Exemplaren gebaut), die auf den Namen Quadrifoglio Verde hörte.
Die erste Vorstellung des Cadillac Allanté im März 1986 in Palm Beach, Florida, blieb den Cadillac-Händlern vorbehalten, da das neue Werk San Giorgio Canavese, wo der Allanté entstehen sollte, noch nicht fertig war. In den USA wurde der Prototyp noch mehrmals gezeigt, in Europa erstmals im Oktober auf dem Pariser Salon.
Im April folgte der Turiner Salon, wo neben dem Alfa Spider Quadrifoglio Verde zwei Stilstudien zu bewundern waren: ein Alfa Spider und ein Alfa Coupé. Manche Details dieser Autos, deren Themen Leichtigkeit, Aerodynamik, Kompaktheit und der Alfa-Spirit waren, fanden sich an den 1994 vorgestellten Spider und GTV wieder. Ebenfalls im April 1986 kam es zur Gründung der Pininfarina Extra Srl, die sich um nicht-automobile Projekte kümmern sollte. Zu den ersten Produkten der neuen Sparte zählte eine Koffer-Linie, die auf der Mipel-Messe im September erstmals gezeigt wurde.
Der hellgraue Ferrari Testarossa Spider mit weißem Verdeck, der im Frühjahr an Avvocato Gianni Agnelli geliefert wurde, war ein Einzelstück, dessen Existenz mehrere Monate lang geheim gehalten wurde. An diesem Wagen ist nicht nur der Besitzer interessant, sondern auch die Tatsache, dass es sich wohl um eine der letzten Sonderkarosserien für betuchte Kunden handelte – sieht man einmal von den Autos ab, die der Sultan von Brunei in seinen weitläufigen Gewölben versteckt.
Auf dem Pariser Salon im Oktober zeigte Pininfarina den Alfa Spider QV, den Ferrari

Testarossa, den Lancia Thema SW, das Peugeot 205 Cabrio und natürlich auch den Cadillac Allanté, der hier sein Europadebüt feierte. Die Mechanik des Allanté wurde von Detroit nach Turin gebracht, wo die Fahrzeuge in Grugliasco und San Giorgio Canavese um die Karosserie ergänzt und dann mit Jumbos der Alitalia und der Lufthansa nach Amerika zurück transportiert wurden, um dort ihr Finish zu erhalten. Nach den ursprünglichen Absichten sollten drei Flugzeuge mit je 56 Autos an Bord pro Woche unterwegs sein, was einer Jahresproduktion von etwa 8000 Fahrzeugen entsprochen hätte.

Die hohen Investitionen ließen es geraten erscheinen, das Stammkapital von 10 auf 13,2 Milliarden Lire zu erhöhen. Dies erreichte man dadurch, dass ein Viertel der Firma an die Börse gebracht wurde. Seitdem werden Pininfarina-Aktien in Turin und in Mailand gehandelt.

Ebenfalls 1986 kündigte der Lokomotivenbauer Breda Ferroviaria an, dass Pininfarina die Aerodynamik, das Design und die Innenausstattung des ETR 500, des italienischen Hochgeschwindigkeitszuges, besorgen werde.

Auf dem Genfer Salon 1987 zeigte Pininfarina keine automobilen Neuheiten, dafür standen im April auf der ÖPNV-Messe Transpublic die ersten 1:5-Modelle des ETR 500.

Im Mai 1987 präsentierte Peugeot den 405, eine Stufenhecklimousine der Mittelklasse, an deren Design Pininfarina beteiligt war. Der 405 errang sogleich den begehrten Titel des Autos des Jahres 1988 und wurde zu einem großen Erfolg. Die gigantischen Hallen der IAA in Frankfurt sahen im September zwei weitere Weltneuheiten, die ihr Design Pininfarina Studi e Ricerche verdankten. Zunächst der Alfa 164, eine exklusive Stufenhecklimousine, die Alfas Image weltweit aufpolieren sollte. Dann aber auch der Ferrari F40, dessen Bezeichnung vierzig Jahre Ferrari-Motorsport würdigte. Dieses kompromisslose Zweisitzer-Coupé, befeuert von einem Biturbo-V8 mit 478 PS, geriet mit über 1300 verkauften Exemplaren zu einem sensationellen Erfolg. Im Bereich der Busse überzeugte der ebenfalls in Frankfurt gezeigte Bredabus 2001 durch seine fahrgastfreundliche Gestaltung. Innen- und Außendesign der Breda-Busse stammen von Pininfarina.

1987 brachte Rekordumsätze in Höhe von 360 Milliarden Lire (über 400 Millionen

Mark). Die Montagelinien der Industrie Pininfarina, die Ferrari Testarossa und 412, Lancia Thema SW, Peugeot 205 Cabrio, Alfa Spider und Cadillac Allanté gewidmet waren, profitierten von einem auf drei Jahre anberaumten Investitionsprogramm in Höhe von 80 Milliarden Lire. Für 1988 war eine Erhöhung der Produktion von 21.000 auf 22.000 Einheiten geplant. Eine der Triebfedern dafür war eine neue Variante des 205 Cabriolets, das die bisherigen Versionen CT und CTI ergänzte. Das 205 Cabriolet Junior stellte eine günstige Einsteigervariante für ein junges Publikum dar und wurde in Genf präsentiert.

Der Salon zu Turin im April 1988 erlebte die Premiere des „Concept Car" Hit, eines 2+2-sitzigen Coupés mit der Technik des Lancia Delta Integrale, aber Plattform und Karosserie aus Karbonfiber. Ziel des Hit: neue Märkte für ein kompaktes und leichtes Coupé mit sportlicher Technik, attraktiver Linienführung und einem unbefangen-sympathischen Flair zu erkunden.

Am 26. Mai wurde Sergio Pininfarina mit großer Mehrheit zum Präsidenten der Confindustria, der italienischen Industriellenvereinigung, gewählt, was sicherlich schon seit Jahren sein Wunsch gewesen war, vor allem seit seiner Wahl zum Chef des piemontesischen Regionalverbandes im Jahre 1983.

Als Ergänzung zum Peugeot 405, der sich in der hart umkämpften Mittelklasse gut behauptete, erschien zum Pariser Salon die Kombivariante mit Pininfarina-typischen Stilelementen. Peugeot stellte auch eine elektrische Verdeckbedienung für das 205 Cabriolet vor, die Pininfarina entwickelt hatte und die vom Salon an lieferbar war. Das Jahr klang aus mit der Gründung der Pininfarina North America Inc. mit Sitz in Troy, Michigan. Dieser Brückenkopf im Herzen der amerikanischen Automobilindustrie sollte seine Fähigkeiten nicht nur den großen Autoherstellern, sondern auch zahlreichen amerikanischen Zulieferern anbieten.

Im März 1989 zeigte man auf dem Genfer Salon die Euro-Variante des Cadillac Allanté. Das Luxuscabrio, das bis dato nur nach Nordamerika geliefert worden war, zeigte sich mit stärkerem Motor und einigen funktionellen und ästhetischen Änderungen, die den Wagen europatauglich machen sollten.

Im September in Frankfurt kam die jüngste

Die Schönheitskonkurrenz von Como, 1934, und der Pariser „Anti-Salon", 1946.

Frucht der Symbiose Pininfarina-Ferrari zur Welt: der 348. Zugleich als Berlinetta und Spider vorgestellt, trat der 348 mit jetzt längs montiertem V8-Mittelmotor die Nachfolge des 328 an und wurde ein Renner.

1989 nahm Pininfarina erstmalig an der Tokyo Motor Show, dem großen Schaukasten des Automobils in Asien, teil und bekundete damit seinen Willen, die Globalisierung der Märkte mitzumachen. Für Tokio schüttelte man ein As aus dem Ärmel: den Mythos. Dieser Roadster verband die Technik des Testarossa mit einer extremen Formgebung, eine Reaktion auf die Ödnis des vorherrschenden Bio-Designs. Der Mythos stellte sich in eine Reihe mit den früheren Ferrari-„Concept Cars", dem 250P von 1968, dem 512 S von 1969 und dem Modulo von 1970 und war, nach neun langen Jahren Pause, das erste „Dream Car", das unter der Leitung von Lorenzo Ramaciotti bei Pininfarina Studi e Ricerche entstand.

Das Jahr 1989 begann mit der Bootsausstellung in Paris, wo Bénéteau die F45 vorstellte, ein zusammen mit Pininfarina entworfenes Segelboot. Einige Tage später öffnete die Detroit Motor Show ihre Pforten, an der Pininfarina zum ersten Mal teilnahm und den Mythos, den Cadillac Allanté Jahrgang 1990 und einen überarbeiteten Alfa Spider ausstellte. Dieses vierte Facelift des Spider, von dem bis dato über 100.000 Exemplare hergestellt worden waren, war recht umfangreich, speziell am Heck, wo die bisherige Spoilerlippe aus schwarzem Kunststoff durch eine in den Kofferdeckel integrierte Abrisskante ersetzt wurde. Seit 1968 besorgte Pininfarina die komplette Produktion bis hin zur Auslieferung an das Alfa-Händlernetz.

Genf 1990 erlebte die Europapremiere des Mythos und des Alfa Spider so wie die Vorstellung des Peugeot 205 Cabriolet Roland Garros, einer Sonderserie in den Farben des französischen Tennisturniers mit dem von Pininfarina entwickelten elektrischen Verdeck. Vom 205 Cabrio wurden insgesamt über 72.000 Stück hergestellt.

Elf Jahre nach der Aerodynamik-Studie CNR aus dem Jahre 1978 widmete sich Pininfarina erneut diesem Thema, diesmal gemeinsam mit Fiat. Das Ergebnis war der Entwurf für eine Mittelklasselimousine europäischen Zuschnitts mit Kunststoffkarosserie und Fiat-Technik. Der CNR E2 war in punkto Herstellbarkeit und Sicherheit voll serienreif und erreichte dennoch einen Cw-Wert von nur 0,193. Das Auto wurde in Turin gezeigt, wo seine im Vergleich zum Vorgänger so

Pariser Salon 1952 und Brüsseler Salon 1972.

Nebenstehende Seite:
Detroit Motor Show 1991 und IAA Frankfurt 1999.

unterschiedliche Karosserie Erstaunen erregte.

Hoch über Florenz, auf der Terrasse des Fort Belvedere, fand im selben Jahr die Ausstellung Idea Ferrari statt, welche den berühmten, zwei Jahre zuvor verstorbenen Sportwagenschöpfer aus Maranello zelebrierte. Naturgemäß waren Pininfarinas Entwürfe reichlich vertreten.

1991, als das Auto wieder einmal in eine weltweite Krise geriet, bekräftigte Pininfarina sein stetiges Wachstum. Der Umsatz überstieg 400 Millionen Dollar, die Produktion belief sich auf 35.000 Einheiten und die Personalstärke betrug 2100 Mann. Im Ausland wurden Ableger gegründet, um den Wünschen der jeweiligen Kunden besser Rechnung tragen zu können. Im August erschien der Peugeot 106, jüngste Frucht der langjährigen Zusammenarbeit zwischen Turin und La Garenne.

Im Januar 1991 kehrte Pininfarina mit dem Chronos nach Detroit zurück, einer Stilstudie für ein kompaktes Sportcoupé mit der Technik des Opel Lotus Omega, eine Hommage an General Motors in der amerikanischen Motor City. Es gab ja nicht nur den Allanté, der die beiden Häuser verband; schon 1936 war ein Cadillac V16 Roadster bei Pinin Farina entstanden, dem um 1960 verschiedene Prototypen für Cadillac, Buick und Chevrolet gefolgt waren. Bei der dritten Teilnahme am Salon in Detroit im Januar 1992 präsentierte Pininfarina einen Cadillac und einen Ferrari. Der Allanté Jahrgang 1993 begann sein siebtes Produktionsjahr mit einem neuen Motor, dem Northstar-V8 mit 32 Ventilen und 290 PS, und vielen Detailänderungen. Der Ferrari 512 TR trat das schwere Erbe des Testarossa auf den Produktionsbändern in Grugliasco an, hatte doch dieser mit 7200 Einheiten seit 1984 einen Ferrari-Rekord gesetzt. Davon wurden 3800 Autos in Europa und 2160 in den USA verkauft.

In Turin schlug man im April ganz andere Töne an. Der Ethos, ein sportliches und öko-orientiertes Cabrio, besaß einen Orbital-Dreizylinder-Zweitaktmotor mit 95 PS, dessen Schadstoffausstoß gegen Null ging, und eine Aluminium- und Kunststoffkarosserie voller Innovationen, ultraleicht und recycelbar. Auch der Fiat Cinquecento Pick-Up 4x4 zielte auf eine junge Klientel, bot jedoch größeren Nutzwert.

Paris, im Oktober 1992, markierte das Erscheinen des Ferrari 456 GT, eines 2+2-Sitzers, der im Markt und in Grugliasco die

Lücke füllte, die das Ableben des 412 zwei Jahre zuvor hinterlassen hatte. Die runden Formen seiner Alu-Karosserie stellten einen starken Gegensatz zu seinen Vorgängern dar. Drei Karosserien verließen Grugliasco pro Tag und gingen nach Maranello, wo die Endmontage stattfand.

Zwischen 1992 und 1994 hatte sich die Produktpalette, die in Grugliasco gebaut wurde, vollständig gewandelt. Die vier aktuellen Modelle standen im März in Genf: Der Ferrari 456 GT, das Coupé Fiat und die Cabriovarianten des Peugeot 205 Junior und 306. Letztere hatte im Vorjahr in Frankfurt ihre Weltpremiere erlebt und war der Limousine recht ähnlich, besaß jedoch ein eigenständiges Flanken- und Heckdesign. Der Viersitzer wartete mit einem zweilagigen, unter einer Klappe verschwindenden Verdeck auf und wird noch heute bei den Industrie Pininfarina produziert. Design, Konstruktion des Verdeckmechanismus und Herstellung lagen und liegen in Pininfarinas Hand. Bei dem im Frühjahr 1994 vorgestellten Coupé Fiat liegen die Dinge anders: Das Centro Stile Fiat gestaltete die Außenhülle, Pininfarina Studi e Ricerche kümmerte sich um das Innendesign, die Industrie Pininfarina übernahmen die Fertigung, wobei ein neues Organisationsschema, die „integrierte Fabrik", zur Anwendung kam. Das Frontantriebscoupé mit Quermotor brachte Fiat in ein Marktsegment zurück, in dem die Marke zwei Jahrzehnte lang nicht mehr präsent gewesen war. Der Spunto hingegen, auch ein Exponat in Turin, stellte auf Basis des Fiat Punto ein völlig neues Konzept dar: einen Zweitürer mit hoher Bodenfreiheit und starkem Unterbodenschutz für eventuelle Einsätze abseits fester Straßen. Ein weiteres Pininfarina-Schmuckstück war der Ferrari F 355 mit 3,5 Liter großem V8 und Sechsganggetriebe, der im Mai 1994 als GTB und GTS den 348 ablöste. Hinzu kamen im Frühjahr 1995 eine auch sehr gelungene Cabrio-Variante, der F 355 Spider, und im Sommer 1997 die Version mit elektrohydraulischer Wippschaltung am Lenkrad (355 F1).

Die „Mondial de´l automobile", die Auto-Weltschau, wie sich der Pariser Salon nunmehr nannte, des Jahres 1994 war Schauplatz einer weiteren Ferrari-Premiere. Der F 512 M, ein Restyling des 512 TR, füllte die Lücke bis zum Erscheinen der brandneuen großen Berlinetta aus Maranello. Der Salon verfügte diesmal über eine separate „Design-Ecke", in der Pininfarina seine drei Ethos-Prototypen ausstellte, die seit 1991 mit wechselnden Partnern zum Thema Öko-Auto entstanden waren. Dem Ethos Spider vom Turiner Salon 1991 mit Orbital-Zweitaktmotor und sehr

Ausstellung der italienischen Carrozzieri auf der Mailänder Triennale 1947.

geringem Schadstoffausstoß war als Coupé-Variante der Ethos 2 gefolgt, erstmals gezeigt in Turin 1992. Ethos 3 stellte ein 3,36 Meter kurzes, fünfsitziges Stadtauto dar. Ethos 3 EV wurde neun Monate darauf auf der Motor Show in Los Angeles gezeigt – Kalifornien spielt ja die Vorreiterrolle im Kampf gegen Autoabgase. Von Pininfarina North America entworfen, ist der Ethos 3 EV eine den amerikanischen Normen entsprechende Variante des Ethos 3 mit Elektroantrieb; EV steht entsprechend für Electric Vehicle. Die eine oder andere von diesen Studien werden wir wohl in ähnlicher Form in der Zukunft wieder sehen. 1994 erschienen auch zwei Alfa Romeo mit quer montiertem Frontmotor und Frontantrieb in einem sehr dem Geist der Marke entsprechenden Gewand, an dessen Gestaltung Pininfarina beteiligt war: die Modelle GTV und Spider.

Am 15. Februar 1995 fand Sergio Pininfarina zwischen den Salons von Los Angeles und Genf Zeit für einen Abstecher nach Bombay, wo er vor indischen Industriellen die erstaunliche Bandbreite seines Unternehmens und seine zukunftsorientierte Denkweise erläuterte. Im März gab Genf den Schauplatz für die viel beachtete Premiere des Ferrari F50 ab. Knapp zehn Jahre nach dem F40 stellte dieser Über-Ferrari – dessen Design von Pininfarina Studi e Ricerche stammte – alle anderen Sportwagen in den Schatten... und die geplanten 349 Exemplare waren im Handumdrehen ausverkauft. Wenige Wochen darauf erhielt Sergio Pininfarina von der Italienischen Gesellschaft für Industriedesign den Goldenen Kompass verliehen – eine Ehrung, die Sergio umso mehr bedeutete, da sie bereits sein Vater 1957 erhalten hatte.

Der Bentley Azure, eine weitere Neuheit des Genfer Salons, steckte voller Pininfarina-Know-How; von den Turinern stammte nicht nur das Design, sie begleiteten auch die zahlreichen Entwicklungsphasen dieses Cabrios, das man getrost als Spitzenprodukt der Luxusklasse ansehen kann. Unter den Pininfarina-Arbeiten gibt es aber auch solche, deren Ergebnisse minder auffällig sind, das gilt insbesondere für den Bereich der Komponentenfertigung. Zum Beispiel war Pininfarina, auf Grund seiner reichen

Erfahrungen mit Cabrios, bei der Entwicklung des Rover 200 und des MGF mit an Bord, für die er die Verdecke entwarf und auch produzierte – in einer Größenordnung von etwa 100 Stück am Tag. Die langjährige Erfahrung im Umgang mit dem Windkanal führte zur Gründung einer Sparte, die sich mit aerodynamischen und aeroakustischen Problemen beschäftigt. Viele europäische Marken sind in diesem Bereich Kunde bei Pininfarina, darunter Audi, BMW, Fiat und Peugeot. Auch die Zusammenarbeit mit Honda blieb lange im Dunkeln. Erst durch die Vorstellung der Studie Honda Argento Vivo am Tokioter Salon 1995 wurde diese Liaison publik, die immerhin schon 15 Jahre angedauert hatte. Aluminium, Holz und Kunststoff bildeten ein formales Ganzes, das die Studie auf Honda-Basis zu einem ganz und gar nicht alltäglichen Anblick machte.

Anlässlich des Turiner Salons im April 1996 hatte Fiat die führenden italienischen Designhäuser eingeladen, ihre Interpretationen von Fiat Bravo und Brava vorzustellen. Pininfarina konnte da natürlich nicht hintan stehen und brachte zwei verschiedene Minivans zum Salon mit. Beide überwanden das vantypische Backsteindesign und wahrten zu ihren Ausgangsmodellen eine gewisse Familienähnlichkeit. Auf dem gemeinsamen Stand der Karossiers sah man den Song mit Breitreifen und erhöhter Bodenfreiheit, in der Pininfarina-Nische fand sich der Sing als sportlicher Minivan mit der Allüre eines schnellen GT.

Auch auf dem Turiner Lingotto-Messegelände war Pininfarina mit einem experimentellen Minivan, freilich von ganz anderem Zuschnitt, vertreten. Der CNR Eta Beta war ein clever konzipierter Mikro-Minivan mit benzin-elektrischem Hybridantrieb und Flügeltüren. Die teleskopische Karosserie ließ sich durch Einziehen des Hinterteils um 20 Zentimeter verkürzen.

Am 25. Juli 1996 eröffnete in Seoul in Südkorea eine vier Wochen andauernde Ausstellung, an der Pininfarina aktiv beteiligt war. Unter dem Titel: „Die Zivilisation, die Stadt und das Automobil. Pininfarina: von Leonardo zur Zukunft" wurden fünf Themenbereiche, die sich um Italien und Pininfarina rankten, illustriert: Geschichte, Gegenwart, Forschung, Diversifikation und Mythos.

Die „Mondial" in Paris 1996 beleuchtete mit drei Fahrzeugen die verschiedenen Arten der Zusammenarbeit zwischen Pininfarina und seinen Kunden. Der Ferrari 550 Maranello ist der Nachfolger des Testarossa/512, wenn auch von völlig anderem Zuschnitt, mit vorn liegendem 5,5 Liter-V12 und Sechsganggetriebe an der Hinterachse.

Ausstellung zum Projekt Ethos (1994) im Rahmen der architektonischen Fakultät des Polytechnikums mit dem Titel „Beauté Mobile", Montreal 1995, und „Civilization, City and Car. Pininfarina, from Leonardo to the Future", Seoul 1996.

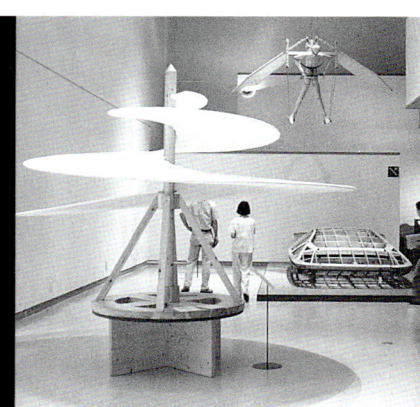

Pininfarina hat das Innen- und Außendesign mit gestaltet. Im Falle des viel gelobten Peugeot 406 Coupé entwickelten die Turiner nicht nur das Design, sondern übernahmen auch die komplette Produktion des Coupés, das nur die Plattform mit der Limousine gemein hat. Den Lancia kappa Station Wagon, der im Mai in Turin präsentiert wurde, baute ebenfalls Pininfarina, doch die Rohkarosse stammte aus der Lancia-Produktion; am Design hat das Centro Stile Lancia mitgewirkt.

Kurz darauf wurde zwischen Pininfarina und dem chinesischen Unternehmen Hafei Motor Company eine Übereinkunft unterzeichnet, welche die Produktion eines in Italien konzipierten und gestylten Wagens vorsieht. Damit bringen die Turiner einen Fuß in die Tür zu diesem Markt, dessen Potenzial die Hersteller weltweit reizt.

Neben einem Facelift für das inzwischen drei Jahre alte Peugeot 306 Cabriolet gab es in Genf 1997 auf dem Pininfarina-Stand den Nautilus zu sehen, ein neuerlicher Triumph der Entwickler in Cambiano. Es wurde klargestellt, dass der Nautilus, obwohl er Peugeot-Embleme trug, nicht der Vorläufer eines Serienmodells sein sollte, sondern lediglich eine reine, wenn auch äußerst attraktive und fahrtüchtige Stilstudie im Bereich der großen Sportlimousinen. Die Idee eines aus zwei voneinander abgesetzten, quasi plastisch aufeinander schwimmenden Teilen bestehenden Karosseriekörpers hatte man bereits 1989 am Mythos realisiert gesehen, doch der viertürige Nautilus hauchte dieser Idee neue Kraft ein. Der Name, der an Jules Vernes Unterseeboot erinnerte, war gar nicht so deplatziert, verfügte der Wagen doch über große Fensterflächen und eine Fülle an Innovationen, innen wie außen.

Am 15. Juli 1997 konnte das fünfzigtausendste Coupé Fiat seit Produktionsbeginn im Februar 1994 gefeiert werden, eine durchaus respektable Zahl für diesen Ausnahme-Fiat.

Am 11. September verlieh der französische Botschafter Sergio Pininfarina in Rom das Kreuz der Ehrenlegion, in Anerkennung seiner Verdienste um die französische Automobilindustrie und seines Entwurfes eines zwischen Italien und Frankreich verkehrenden Hochgeschwindigkeitszuges.

Das Jahr 1998 sah aus Cambiano Ideen hervorströmen, die in verschiedene

Pinin und sein Sohn Sergio.

Richtungen zielten. Der Dardo stellte einen sportlichen Spider auf Alfa Romeo-Basis dar, ganz im Geiste der Mailänder Traditionsfirma. Der Ferrari 456 musste sich zu seinem fünften Geburtstag einigen Änderungen unterziehen und mutierte zum 456 M. Das zurückhaltende Facelift wurde allgemein begrüßt.

Auch in Genf stand im März 1999 ein Ferrari im Mittelpunkt, der 360 Modena. Der erste Ferrari mit Aluminiumkarosserie feierte seine Weltpremiere sowohl auf dem Ferrari- als auch auf dem Pininfarina-Stand; er war eine gemeinsame Entwicklung. Zum Nachfolger des F 355 wurde der 163. Ferrari mit Pininfarina-Karosserie: seine funktionelle Karosserie zitiert augenzwinkernd aus der Vergangenheit. Die großen Lufteinlässe an der Front verweisen auf den Ferrari 250 LM – den Le Mans-Sieger des Jahres 1965 – und der geteilte Grill erinnert an den Formel 1-Wagen, der 1961 die Weltmeisterschaft errang. Zugleich aber erfüllen diese Zitate praktische Zwecke der Kühlluftführung und der Aerodynamik. Ebenfalls in Genf zu sehen war der Pajero Pinin, ein praktischer kleiner Allradler für den wachsenden Geländewagenmarkt. Mitsubishi vertraute Pininfarina die Ausarbeitung und die Produktion der Europa-Version an. Die Herstellung, die im Spätsommer 1999 anlief, teilen sich die Pininfarina-Werke Grugliasco (Karosseriebau, Lackierung) und San Giorgio Canavese (Interieur, Endmontage, Abnahme und Testfahrt). Der Mitsubishi Pajero Pinin soll den Gesamtausstoß bei Pininfarina auf 60.000 Einheiten pro Jahr erhöhen.

In Genf wurde auch der EUROC präsentiert, ein einsitziger Sportroadster, der Angelpunkt einer neuen europäischen Rennserie, der European Roadster Championship, werden sollte. Pininfarina hat das Styling des Prototypen besorgt, der allerdings auf dem Karmann-Stand zu besichtigen war, da die Osnabrücker für das Chassis verantwortlich zeichneten, das bei Dallara hätte gebaut werden sollen. Die Wahl der Motoren wäre den Konkurrenten überlassen gewesen.

Einen Monat darauf in Turin war der Pininfarina-Stand orientalisch angehaucht. Dort gab der Songhuajiang Zhongyi sein Debüt, ein Minivan mit Suzuki-Komponenten, der auf 3,57 Meter Länge sieben Personen Platz bietet. Der Motor mit 970 oder 1051 ccm Hubraum befindet sich unter den Vordersitzen. Pininfarinas Part an

Sergio Pininfarina und Schwager Renzo Carli.

der Entwicklung betraf das Design, die Erstellung der Prototypen und der Nullserie. Die Produktion dieses ersten italo-chinesischen Autos begann im August in einem Werk der Hafei-Gruppe in Harbin; kurzfristiges Ziel sind 100.000 Einheiten pro Jahr.

Auf der IAA, der großen europäischen Autoschau im Herbst, enthüllte Pininfarina seine Vorstellung von einem Stadtauto, ein Thema, das derzeit offenbar alle großen Hersteller beschäftigt. Der Idee des Metrocubo liegen die „unplatzbaren" Michelin Pax System-Reifen zugrunde. Diese sehr kleinen Pneus (und der durch sie ermöglichte Wegfall des Reserverades) erlaubten einen sehr niedrigen Boden, der es wiederum möglich macht, auf 2,50 Meter Länge fünf Personen bequem unterzubringen. Aus Rücksicht auf die Umwelt besitzt dieses Ideen sprühende Stadtauto einen Hybridantrieb.

Die IAA fiel mit dem hundertsten Geburtstag von Fiat zusammen. Pininfarina überraschte den langjährigen Weggefährten mit einem Geburtstagsgeschenk in Gestalt des Prototypen Wish: ein Cabriolet-Coupé auf Basis des kurz zuvor vorgestellten neuen Fiat Punto. Der Wish verbindet technische Qualitäten mit Charme, Fröhlichkeit und jugendlicher Frische – Merkmale vieler gemeinsamer Projekte, vom 525 SS Faux Cabriolet des Concours d' Elégance zu Rom aus dem Jahre 1931 bis hin zum Coupé Fiat, das heute in Grugliasco vom Band rollt.

Mit dem fünfzigtausendsten Peugeot 406 Coupé, das am 16. November 1999 in San Giorgio Canavese fertiggestellt wurde, schließt diese Chronik der ersten 70 Pininfarina-Jahre. Das dritte Jahrtausend steht Pininfarina offen, er betritt es in Hochform. Die Firma, die 1986 an die Börse ging, befindet sich in der Hand der Familie, deren dritte Generation sich auf die Übernahme der Geschäfte vorbereitet. Gianni Agnelli, Herr des Fiat-Imperiums und Enkel jenes Giovanni Agnelli, der – man erinnere sich – dem jungen Pinin seine erste Chance gewährte, meinte kürzlich: „Pininfarina? Das ist der italienische Karossier, dem wir uns am nächsten fühlen. Ich kenne ihn, ich kannte seinen Vater, ich kenne seine Kinder. Sie sind die Besten, und das sage ich nicht nur, weil wir befreundet sind, sondern weil ich davon überzeugt bin."

Die dritte Generation: Andrea, Lorenza und Paolo Pininfarina.

Sergio Pininfarina mit seinem Erstgeborenen Andrea.

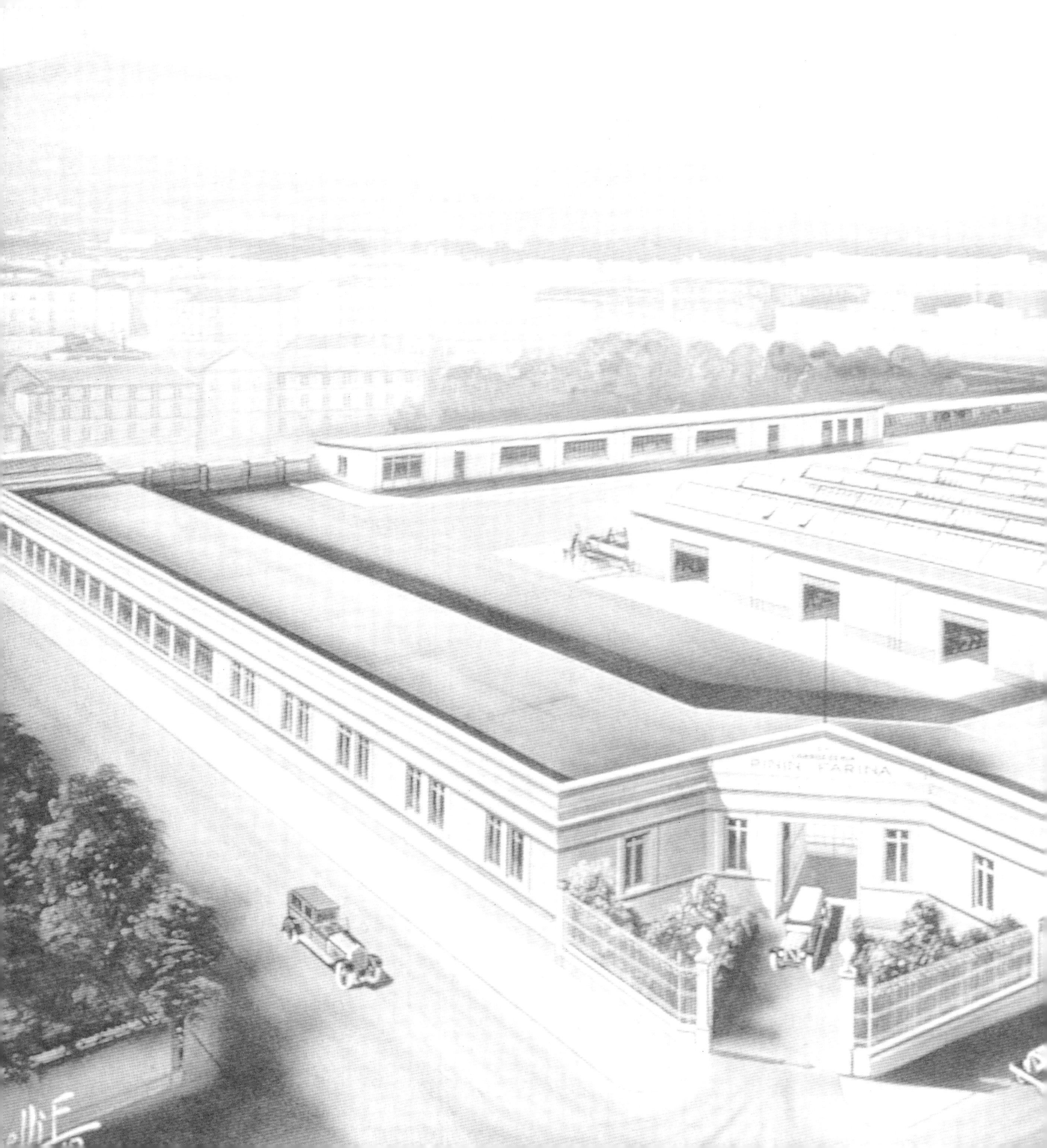
PININ FARINA

Von den Anfängen bis zum Zweiten Weltkrieg

von bis
1930
1945

Battista „Pinin" Farina im Jahre 1920.

Pinins Mutter Giacinta Vigna Farina.

Vorhergehende Seiten:
Das erste Werk am Corso Trapani, 1930.

Pinin, Mitte, und sein Bruder Giovanni, links, im Gespräch mit einem Kunden.

Pinin Farina 1910 am Steuer eines zeitgenössischen Vehikels.

Pinin nimmt mit einem kleinen Temperino an vielen Bergrennen teil.

Pinin Farina als Testfahrer in einem Fiat 501, 1921.

Pinin in einer Aviatic, während des Ersten Weltkrieges in Serie gebaut.

Gruppenbild vor den Stabilimenti Farina: Pinins erster Prüfstand.

Amerikanische Techniker zu Besuch bei den Stabilimenti Farina.

Pinin, rechts, als Einberufener bei den Eisenbahntruppen.

Pinin 1963 im Fiat Zero,
seiner ersten Arbeit.

Senator Giovanni Agnelli,
der Fiat-Gründer.

Pinin und Gattin Rosa auf Hochzeitsreise in Rom, März 1921.

Rosa und Pinin Farina 1929 mit den Kindern Gianna und Sergio.

Unterwegs nach Amerika, 1920.

Schon bald fuhr Pinin nach Amerika, um die dortige Automobilindustrie kennen zu lernen.

In einem Itala, am Start des Rennens Aosta-Großer St. Bernhard, 1921: In diesem Rennen stellte Pinin einen Klassenrekord auf, der 11 Jahre lang Bestand hatte.

Zielankunft des Rennens Aosta-Großer St. Bernhard.

GIANNI AGNELLI

„Ich habe es bereits gesagt und wiederhole es gerne: Pininfarina ist der italienische Karossier, dem wir uns am nächsten fühlen. Er ist der beste, und das sage ich nicht nur wegen der Freundschaft, die uns verbindet, sondern weil ich es für wahr halte. Ich kenne Sergio, ich kannte seinen Vater, ich kenne die Jungen", so Gianni Agnelli, Ehrenpräsident des Fiat-Konzerns.

LC Welche Erinnerungen haben Sie an Pinin?

GA „Viele, denn ich ging oft in seine Karosseriewerkstatt am Corso Trapani 107 in Turin. Häufig war auch sein Sohn Sergio da, damals noch ein Kind, und wir schauten voller Bewunderung auf die Wagen. Ich erinnere mich an die Männer, die an den Karossen arbeiteten, und es war ein Vergnügen, Pinin zu beobachten, wie er die Kotflügel, die Linien entwarf. Dann wählte man das Zubehör aus, Marshall-Scheinwerfer anstelle italienischer, und die ganzen anderen Details. Das waren Auftragsarbeiten, nach dem Geschmack des Kunden gestaltet, Maßanfertigungen mit einer außerordentlichen Liebe zum Detail: die Qualität des Verdecks und des Leders, das Design der Scheinwerfer, die Instrumente, die Chromleisten; ich beobachtete natürlich mit besonderem Interesse die Autos, die für meine Mutter, meine Familie und Bekannten bestimmt waren. Der Pinin-Kunde konnte die Herstellung seines bestellten Wagens Schritt für Schritt mit verfolgen, von Woche zu Woche, fast so wie man beim Bau des Hauses dabei ist, das man später bewohnen wird. Pinin Farina, das war weniger eine Autowerkstatt als eine Schneiderei, ein Juwelier, mit einem ästhetischen Sinn, der alles leitete. Erst später, um 1960, wuchs Pininfarina von der Werkstatt zur Fabrik, das kam mit dem Giulietta Spider, der Pininfarinas erster großer Herstellungsauftrag war. Heute ist Pininfarina ein großer Hersteller und im Stande, den ganzen Produktzyklus vom Entwurf bis zur Endmontage abzudecken, und zwar für die größten Autofirmen der Welt, wie General Motors, Peugeot, Mitsubishi, Ferrari, den Fiat-Konzern."

LC An welche Autos erinnern Sie sich besonders?

GA „Die außergewöhnlichsten Autos – ich spreche jetzt von der Vorkriegszeit, vom Ende der dreißiger Jahre – waren vielleicht die Cabriolet-Versionen der Lancia Astura und Dilambda, die auch die Bocca-Modelle genannt wurden, nach einem Signor Bocca, der in Biella Pinin-Farina-Autos an jene besondere, begeisterte und natürlich begüterte Klientel verkaufte, die an diesen etwas besonderen Autos Gefallen fand."

LC Hat Pininfarina auch für Sie selbst Sondermodelle gebaut?

GA „Ja, und immer sehr schöne. 1955 machte er mir einen Ferrari 375 America, 1959 einen Ferrari 410 Super America und 1967 einen dreisitzigen Ferrari mit

Mittellenkung, den 365 P, der ein Glasdach hatte und innen sehr luftig war; später einen Testarossa Spider und, Anfang der siebziger Jahre, glaube ich, einen Fiat 130 Kombi namens Maremma."

LC Glauben Sie, dass es einen besonderen Grund dafür gibt, dass Pininfarina sich in Turin, nahe bei Fiat, ansiedelte?

GA „In Turin atmete man Autotechnik, wie in Wolfsburg oder Detroit; das war ein ideales kulturelles Umfeld. Vielleicht gab es in Mailand damals eine ähnliche Atmosphäre mit Alfa Romeo und den großen Karossiers, wie Touring, Zagato und anderen. Vor allem aber stand die Familie Farina der Autowelt sehr nahe. Ein Cousin, Nino Farina, gewann 1950 auf einem Alfa Romeo die erste Formel-1-Weltmeisterschaft. Derselbe Nino Farina war, als Kavallerieoffizier, unser Ausbilder in Pinerolo, als die Truppe von Pferden auf Panzer umstieg. Das wäre, wie wenn man heute einen Weltmeister zum Ausbilder hätte, einen Schumacher oder einen Lauda."

LC In welcher Hinsicht ähneln sich Pinin und sein Sohn Sergio?

GA „In vielen Dingen: Pinin war – wie ich schon sagte – ein außergewöhnlicher Fabrikant, der später, wie ich mich erinnere, auch sehr engagiert bei einigen öffentlichen Aktionen dabei war, die 1961 das hundertjährige Bestehen unseres Landes feierten. Damit will ich sagen, dass ich an Pinin auch sein gesellschaftliches Engagement und seine Weltoffenheit kannte und schätzte. Diese Eigenheit hat sich in seinem Sohn Sergio noch verstärkt, an ihm habe ich stets eine Neigung zum Dienst an der Gesellschaft wahrgenommen, sei es als Abgeordneter, als Präsident der Confindustria oder in anderen wichtigen Positionen."

LC Und wo liegen hinsichtlich des Pininfarina-Stils die Unterschiede?

GA „Mir scheint, die beiden haben eines gemein: die Ästhetik, die klassische und ausgewogene Linie. Wie bei Cimabue und Giotto."

LC Und der Enkel Andrea?

GA „Er scheint mir ein würdiger Stammhalter zu sein, denn er vereint einen starken Hang zum gesellschaftlichen Engagement mit beruflichen Fähigkeiten, die die Firma und ihren guten Namen erfolgreich voranbringen können. Als Präsident der Federmeccanica wird er von den Arbeitgebern geschätzt und von den Gewerkschaften respektiert. Als Unternehmer wird er von seinen Angestellten hoch angesehen."

LC Wie würden Sie in Kürze die Automobilbaukunst der Pininfarinas, von Pinin über Sergio bis Andrea, definieren?

GA „Heute wenden sich viele Hersteller, auch wenn sie eine eigene Designabteilung haben, wie etwa Fiat, an externe Designer. In Turin zum Beispiel gibt es sehr wackere Designer wie Giugiaro und Bertone. Aber die Pininfarinas waren bestimmt die Vorreiter, die ersten, die den Stil eines Automobiles zu einer wichtigen Komponente gemacht haben und ich würde sagen, dass sie die Gründer des italienischen Autodesigns sind. Pininfarina hat viel dazu beigetragen, das Autodesign unseres Landes in der Welt bekannt zu machen."

LC Wie war diese Geschichte mit Ihrem Onkel und dem Kühlergrill, Anfang des Jahrhunderts, als Fiat noch ganz jung war?

GA „Das war 1911 im Fiat-Werk am Corso Dante. So ging es vonstatten: mein Onkel sah sich ein paar Kühlergrill-Entwürfe für den Fiat Zero an – eine Vorauswahl aus ursprünglich 20 Entwürfen. Er wandte sich an Pinin, damals ein Junge von 17 Jahren, und fragte ihn: Zu welchem raten Sie mir? Pinin sagte: Zu dem da, auch weil der von mir ist. So begann die Beziehung Fiat-Pininfarina."

Fiat Zero von 1912, Pinin Farinas erste Arbeit.

Titelblatt des ersten Buches der „Verbali Assemblee" der Carrozzeria Pinin Farina.

Gründung der Società Anonima „Carrozzeria Pinin Farina", 22. Mai 1930.

Das erste Werk am Corso Trapani.

Pinins Mutter Giacinta mit Schwiegertochter Margherita Farina, Carlo Farinas Frau, und einer Freundin am Corso Trapani. Im Hintergrund ein Fiat 521 C Faux Cabriolet.

Die ersten Werbeanzeigen machten deutlich, an welche Klientel sich Pinin Farina wenden wollte.

Vincenzo Lancia, Rennfahrer, Konstrukteur und Mitbegründer der Carrozzeria Pinin Farina in einem Fiat 100 HP Corsa, 1905/06 beim Gordon-Bennett-Cup oder der Coppa Florio.

Einer der ersten Lancia mit Pinin Farina-Karosserie, ein Dilambda d´Orsay, der in den siebziger und achtziger Jahren dem bekannten englischen Journalisten Ronald „Steady" Barker gehörte.

Auf dem Dilambda-Chassis wurden viele hervorragende Einzelstücke realisiert.

Der Bau von Einzelstücken ermöglichte viele Karosserievarianten auf Chassis verschiedenster Marken.

Auch in der Gestaltung der Werbung erkennt man bemerkenswerte Eleganz und exquisite Grafik.

Schon zu Beginn strebte Farina nach Innovation und wusste dies kommerziell zu nutzen.

Folgende Seite:
Die Familienwappen der Kundschaft in einer Anzeige des Jahres 1931.

Fürst Alighiero Giovannelli gewann mit seinem herrlichen Fiat 521 SS Pinin Farina den ersten Preis beim Concours d'Elégance in Rom 1931.

S. A. R.
il Duca d'Aosta

S. A. R.
il Principe di Piemonte

S. A. R.
il Duca di Genova

S. E.
la Principessa di Ratibor

S. A. R.
la Principessa Elena di Romania

S. A. R.
il Principe Conrad di Baviera

S. A. S.
la Principessa di Monaco

S. A. R.
il Principe Axel di Danimarca

FROM THE GOLDEN BOOK OF PININ FARINA BODY TURIN

Conte Trossi am Steuer eines Mercedes-Benz SS auf dem Corso Vittorio in Turin bei einem Concours d' Elégance.

CARROZZERIA PININ FARINA S.A.

vetture di lusso
e di gran lusso

CORSO TRAPANI 107
TELEFONI 32.745 - 32.356

TORINO

COUPÉ A DUE POSTI SU ISPANO SUIZA "GRAN SPORT"

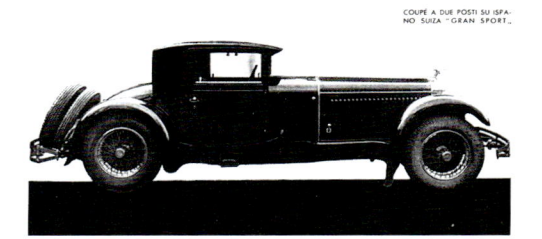

Ein Gran Sport-Coupé auf Hispano Suiza-Chassis für Graf Carlo Felice Trossi, den wackeren Gentleman-Driver.

1931: ein sehr sportlicher Mercedes SS bei einer Schönheitskonkurrenz in Monte Carlo.

**Fiat 518 A Ardita
Doppelphaeton, 1932.**

**Alfa Romeo 6C 1750 GTC,
1931.**

**Der berühmte Cadillac V16
Spider 2+2 des
Maharadscha von Orcha aus
dem Jahre 1931 in einer
zeitgenössischen Aufnahme.**

Itala 65 Cabriolet, 1932.

Alfa Romeo 8C 2300 Cabriolet, 1933 für Baronin Maud von Thyssen gebaut; Teilnehmer der Schönheitskonkurrenzen von Monte Carlo, Cannes und Villa d´Este.

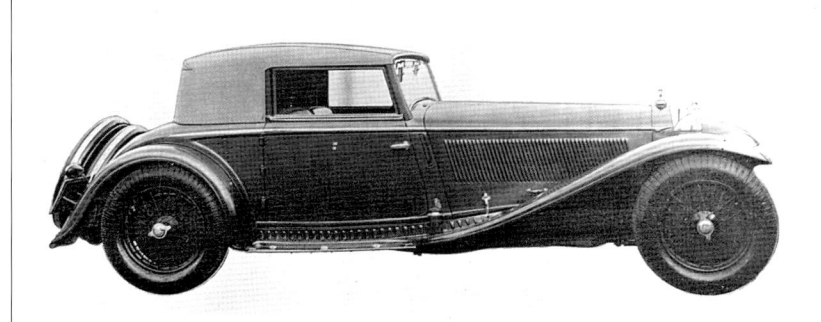

Ein Innenlenker Typ Aerodinamica auf Lancia Astura-Chassis, 1934 für Achille Varzi aufgebaut. Wenn der Kunde ihm Spielraum ließ, zeigte Pinin Farina sein Innovationstalent.

Sergio Farina, Pinins Sohn, im Jahre 1933.

Eine schöne Limousine auf Packard-Fahrgestell, 1934 für Germano Bonetti, einen Tessiner Geschäftsmann, gebaut.

Ein weiteres Alfa Romeo 8C 2300 Cabriolet bei der Schönheitskonkurrenz in Villa d'Este 1934.

Einer von zwei Rolls-Royce Phantom II mit Pinin Farina-Kleid, auf Chassis Nr. 20SK für Marquis Demetrio Imperiali gebaut, hier beim Concours d' Elégance in Villa d'Este (1935).

Der Fiat Ardita von Jeanine Triaca beim Schönheitswettbewerb in Monte Carlo 1935.

Bei dem für Jeanine Triaca entworfenen Fiat galt die besondere Aufmerksamkeit der Beförderung des Gepäcks.

Eine Lancia Astura Limousine beim Concours d´Elégance in Montreux 1936.

Beim Concours d´Elégance in Sestrière wurde dieses luxuriöse Lancia Astura-Cabriolet ausgezeichnet. Der Wagen mit seinen runden Formen, der zweiteiligen, umklappbaren Windschutzscheibe, der Lederausstattung und dem erstmals automatisch zu bedienenden Verdeck gefiel den Brüdern Bocca, den Lancia-Vertretern für Vercelli, Novara und Biella und persönlichen Freunden von Lancia und Farina, so sehr, dass sie eine Kleinserie orderten. Daher ist das Auto als Astura Bocca bekannt. Pininfarina kaufte ein Exemplar in den achtziger Jahren für die eigene Sammlung zurück.

PININ FARINA / S. A. / TORINO

Carrozzerie di Lusso e di Gran Lusso

GUIDA INTERNA A 2 POSTI "AERODINAMICA" SU ALFA ROMEO TIPO "PESCARA"

CORSO TRAPANI 107 / TELEFONI 32.356 / 32.745

Alfa Romeo Pescara, eine Berlinetta Aerodinamica von sehr moderner Linie, gebaut 1935 für Graf Theo Rossi di Montelara. Zu den wichtigsten Neuerungen zählten geneigte Windschutzscheibe und Kühlergrill, verkleidete Scheinwerfer und flügelförmige Kotflügel.

Der gleiche 6C 2300 auf Fahrgestell Nummer 700522 wurde auf dem Mailänder Salon gezeigt.

69

Eine Lancia Aprilia Aerodinamica in Aktion beim Bergrennen Sassi-Superga.

Die Lancia Aprilia Aerodinamica, eine Renn-Berlinetta von 1936, war in Technik und Optik revolutionär: der cw-Wert lag bei 0,40, ein phänomenaler Wert, wenn man bedenkt, dass er ohne technische Hilfsmittel, sondern allein durch Pinins Intuition und Erfahrung zustande kam.

Der Mailänder Salon des Jahres 1937, einer der ereignisreichsten jener Jahre.

Alfa Romeo 8C 2900 B Corto, wahrscheinlich der Wagen Piero Dusios, der nach dem Krieg Cisitalia gründete.

Eines der ersten Lancia Aprilia-Chassis erhielt diese Cabriolet-Karosserie, in Villa Olmo fotografiert.

Der zweite Rolls-Royce Phantom II (der erste war für Marquis Demetrio Imperiali gebaut worden) mit geneigtem Kühlergrill. Der Wagen entstand 1937 für Herrn Wax aus Mailand, dessen Familie bis heute Connolly-Leder importiert. Das Auto scheint noch zu existieren und in der Garage einer bekannten Mailänder Familie zu stehen.

THE IMMORTAL 2.9

SUNDAY, 29 AUGUST 1999

CHRISTIE'S
INTERNATIONAL
MOTOR CARS

Der Alfa Romeo 8C 2900 B war eines der hervorragendsten sportlichen Autos der späten dreißiger Jahre.

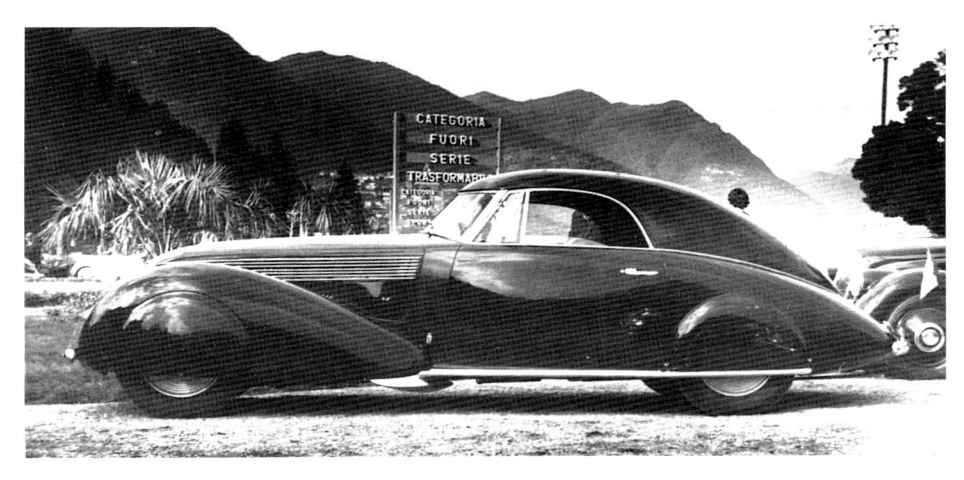

Ein ausgeprägt aerodynamisches Coupé auf Lancia Astura-Basis in Villa d'Este 1937.

Ein Lancia Astura Typ Bocca.

Die Front des Lancia Astura-Coupés.

Ein Astura Typ Bocca mit minder klassischem Kühlergrill. Bemerkenswert der Mechanismus der geteilten Windschutzscheibe und die auffälligen Sitzbezüge mit Flechtmuster.

Ein Astura Bocca wurde in den sechziger Jahren in schlechtem Zustand von einem englischen Sammler entdeckt und von Pininfarina restauriert. Nach langen Jahren in England wurde das Fahrzeug von Pininfarina gekauft. Erster öffentlicher Auftritt war der Stand zum fünfzigsten Geburtstag der Firma auf dem Turiner Salon 1980.

Der Astura Bocca der Pininfarina-Sammlung.

1938 kam General Motors-Präsident Coal mit Pinin Farina zusammen und besuchte das Werk.

Ein Alfa Romeo 6C 2300 Cabriolet auf der „Autarkie-Ausstellung" des Jahres 1938.

Ein interessanter Mercedes 500 oder 540 K. Auf den ersten Blick scheint es sich um einen Serien-Sindelfingen zu handeln, von dem Front, Motorhaube und Kotflügel stammen. Anders hingegen Windschutzscheibe.

NEL 1940 .....

Al mio piccolo grande
amico Ottavio Massonis
Pinin Farina

Caro Ottavio,
Il disegno che mi hai
gentilmente mandato
è una meraviglia, ha
veramente della realtà:
una macchina che si
avanza! Bisogna essere un
artista per fare un disegno
così bene. Il vedere i tuoi
disegni mi sprona a fare
ogni sforzo per fare bene.
Vorrei avere io questa
fortuna, ciò che mio
papà desidera tanto.
Arrivederci presto.
Sergio
28-10-XVI

Sig. Ottavio Massonis

V. San Domenico 11

Torino

Dankschreiben des zwölfjährigen Sergio Farina an den sechzehnjährigen Maler Ottavio Massonis, der eine Skizze gesandt hatte (Foto oben).

Ein Entwurf des Malers Ottavio Massonis aus dem Jahre 1938, der zukünftige Trends vorweg nimmt.

Berliner Salon 1938: Auch Hitler zählte zu den Bewunderern des Lancia Astura.

Das lange Astura-Chassis eignete sich besonders für Torpedo-Aufbauten, auch „Ministerial-Cabriolet" genannt.

Ein Alfa Romeo sportlichen Zuschnitts für den Besuch des Königs von Italien in Tripolis, hier mit Gouverneur Balbo.

Der Alfa Romeo 8C 2900 Spider für Graf del Pero mit Klappscheinwerfern und einem Grill, der an den Grand-Prix-Typ 158 erinnert.

Sergio Farina mit etwa 13 Jahren in einem Fiat 508 C Speciale. Das Auto, auch als Nuova Balilla bekannt, war wohl, nach der niedrigeren Motorhaube zu schließen, auch technisch verändert.

Pinin, hier auf einem Bild aus dem Jahr 1939, blieb von Kindesbeinen an dem Boccia treu.

Eine Lancia Aprilia Berlinetta mit Schiebedach, 1939 in Kleinserie hergestellt, vor dem Werk am Corso Trapani.

Eine Alfa Romeo 6C 2500 Limousine, recht nah an der Serien-Berlina.

Dieser Spider auf einem Chassis Alfa Romeo 6C 2500 Super Sport – in der ersten Nachkriegszeit in zwei Exemplaren hergestellt, von denen eines an den Rennfahrer Franco Cortese ging – repräsentiert eine Übergangsphase zur Form mit vollständig integrierten Kotflügeln.

Die Ausschreibung des zuständigen Ministeriums für den Kauf einer Serie von Fiat 1100 L-Krankenwagen, in vierzig Einheiten hergestellt.

Aus der Kriegszeit stammt der Entwurf für Lancias 3 Ro-LKW, in 500 Exemplaren gebaut.

Ebenfalls während des Krieges produzierte Pinin Farina 2500 Maschinengewehre.

Ein Auftrag aus der Kriegszeit: die 303 Töpfe, die die italienischen Soldaten an die Front begleiteten.

Ugo Bassino

„Wir Pininfarina-Veteranen sind jung und stark. Jung, weil über die Hälfte unserer Mitglieder, etwa 700 von insgesamt 1200, noch arbeiten. Stark, weil wir eine Gemeinschaft sind: über 99,9% der Beitrittsfähigen, die also seit mehr als 20 Jahren in der Firma arbeiten, sind bei den Veteranen Mitglied", sagt Ugo Bassino voller Stolz, der 1941 als Karosseriebauer bei Pininfarina anfing und 1978 als Werksleiter in den Ruhestand ging. Seit 1972 steht er der Pininfarina-Veteranenvereinigung vor und seit 1987 ist er Präsident der regionalen Sektion der ANLA, der entsprechenden italienweiten Vereinigung.

LC Auf Ihrem Pininfarina-Abzeichen sind sechs Brillanten. Wofür stehen sie?

UB „Also, der Reihe nach. Nach zwanzig Jahren bei Pininfarina wird man Veteran. Diese Auszeichnung wird jedes Jahr im Mai vergeben, auf unserer Hauptversammlung, die immer um acht Uhr morgens an Pinins Grab beginnt, wo sich 600 bis 800 Menschen versammeln. Wenn es Pinin nicht gegeben hätte, hätte man ihn erfinden müssen, denn die Welt braucht Menschen wie ihn, die für die Familie, für die Jungen, für die Gesellschaft da sind. Dann verleiht Sergio in der eigentlichen Zeremonie die Abzeichen an die ‚frischen' Veteranen. Später kommen dann die Brillanten dazu: einer für je fünf weitere Jahre in der Firma. Neben den Brillanten gibt es, wenn man noch arbeitet, eine Treueprämie in Höhe des letzten Monatslohnes. Meine sechs Brillanten bedeuten also, dass ich nach den ersten zwanzig Jahren, als ich Veteran wurde, Pininfarina weitere dreißig Jahre die Treue gehalten habe."

LC Und wenn eines Ihrer Mitglieder vor der Rente die Firma verlässt?

UB „Dann verliert er die Mitgliedschaft, weil er nicht mehr einer von uns ist."

LC Ein ganz harter, der Ugo, wie damals in der Fabrik...

UB „Nein, ich bin nicht hart, aber wenn man Menschen führt, muss man sich Respekt verschaffen. Als ich mit 14 Jahren bei Pininfarina eintrat, war ich noch so klein, dass ich mich auf einen Holzkasten stellen musste, um am Schraubstock arbeiten zu können. Damals waren wir 36 Mann in der Abteilung. Als ich in Rente ging, leitete ich eine Werkstatt mit 500 Mitarbeitern. Und in 35 Jahren bei Pininfarina hatte ich 3000-4000 Lehrlinge, die ich formen und auf den rechten Weg bringen konnte. Ich habe sie nicht an den Haaren gezogen, wie es Pinin bei mir gemacht hatte, aber um sie zu leiten, musste ich schon viel leisten."

LC Bis wann war das Piemontesische offizielle Sprache in der Fabrik?

UB „Bis 1958. Als wir in das neue Werk in Grugliasco umzogen, haben wir das Piemontesische für das Italienische aufgegeben, denn damals waren wir unter 450 Mitarbeitern nur noch vierzig Piemonteser."

LC Wie ließ sich mit Pinin arbeiten?

UB „Das war faszinierend, aber schwierig. Es gab keine Entwurfszeichnungen, er hatte das Auto fertig im Kopf und wir mussten es mit Hammerschlägen anfertigen. Das war ein ständiger Dialog, ‚hier eine etwas vollere Linie', ‚da etwas weniger' und man hoffte zu wissen, was er meinte. Und solange man das nicht vollständig begriff, ließ er einen immer wieder von vorne anfangen. Wenn er ernstlich böse wurde, war er im Stande einen Hammer zu nehmen und die fertige Form kaputtzuschlagen. Für uns hieß das dann eine weitere Nacht in der Werkstatt. Pinin bestand auf seinen Ideen, ließ uns aber auch kreativ sein. Manchmal kam dann in der Kombination seiner Vorstellungen und unserer Umsetzung mit der Hand etwas heraus, das besser war als das, was ihm ursprünglich vorgeschwebt hatte."

LC Und Sergio?

UB „Ihn habe ich kennengelernt, als ich 15 oder 16 war. Ich habe ihn nie als meinen Chef gesehen, sondern als Freund. Überhaupt war es für uns bei Pininfarina nicht ‚deren', sondern ‚unsere' Fabrik. Sergio kam nach der Schule immer in die Firma und wir haben ihm viele Streiche gespielt, aber er hat es uns nicht übel genommen."

LC 1946 brannte ein Teil der Pininfarina-Fabrik ab. Sie waren an jenem Tag dort; was ist da geschehen?

UB „In einer Zwischendecke lagerten noch versteckte Waffen der Partisanen. So wurde aus einem kleinen, isolierten Feuer ein großer Brand. Die ganze Polsterei und ein Teil des Photoarchivs sind abgebrannt."

LC Im Krieg lagerten nicht nur Partisanenwaffen bei Pininfarina, es gab auch passiven Widerstand...

UB „Natürlich. Als der deutsche Kommandant kam, um die Gasometer zu kontrollieren, die wir bauen mussten, war es uns ein Vergnügen, ihm zu zeigen, dass sie wie Uhrwerke funktionierten, in berühmter Pininfarina-Qualität. Aber Gott möge mich strafen, wenn wir nicht vergessen haben, das eine oder andere Ventil auszubauen, bevor die Gasometer nach Deutschland gebracht wurden..."

Pinin Farina im Jahre 1945

1944: Sergio mit 17 beim Roten Kreuz.

Porträt Marschall Badoglios mit Widmung an Pinin Farina.

Der Brand von 1946 zerstörte die Endmontage und einen Teil des Fotoarchivs.

Pinin Farina
designs the world's most beautiful car

Nash
Golden Airflyte

ON DISPLAY MARCH 14!

Italienisches Stilempfinden erobert die Welt

von bis
1946
1954

Ein Alfa Romeo 6C 2500 Sport Cabriolet (Chassis Nr. 915 169) im Oktober 1946 beim Schönheitswettbewerb anlässlich der Schau der Italienischen Mode in Lausanne. Stolze Besitzerin war Giuliana Ciuccioli Tortoli aus Mailand.

Vorhergehende Seiten:
Der Pinin Farina-Stil wird in den Vereinigten Staaten populär.

Ein „alter" Lancia Astura, 1946 für Mr. Huriburn mit einer bizarren Roadster-Karosserie versehen. Die Ausbuchtung der Motorhaube dient dazu, die Linie der Karosserie niedriger erscheinen zu lassen. Michael Frostick vergleicht den Wagen in seinem Buch „Pinin Farina Master Coachbuilder" (Dalton Watson, 1977) mit M. Esders' Bugatti Royale.

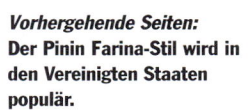

Sergio am Steuer eines Lancia Aprilia Cabriolets auf dem Weg zum Pariser Salon (1946). Sein Vater fuhr einen Alfa Romeo 2500 S.

Pinin und Sergio bei ihrem berühmten Pariser „Anti-Salon", 1946. Von diesem ersten Nachkriegssalon waren die Italiener ausgeschlossen. Die Farinas stellten ihre zwei Autos deshalb vor dem Grand Palais, wo die Messe stattfand, aus. Die französischen Journalisten waren sich einig, dass dieser Trick sehr erfolgreich war.

Pinin und seine Frau Rosa mit den Kindern Gianna und Sergio bei der Sommerfrische in Santa Margherita Ligure, 1946.

NUCCIO BERTONE

„Die Pininfarinas? Noble Leute. Und loyale Konkurrenten." Nuccio Bertone sprach im September 1988 in einem langen Gespräch mit einer Mischung aus Respekt und Neid. „Die Verbindung mit Ferrari, die mit der Zeit immer enger wurde und beiden genutzt hat, habe ich ihnen stets geneidet. Wir sind eine ähnliche Verbindung mit Lamborghini eingegangen, aber mit weniger Fortune. Die Firma hatte immer mit tausend Schwierigkeiten zu kämpfen, daher war die Beziehung weniger konstant, sondern von kurzen Höhen und oft allzu langen Tiefen geprägt."

LC Ein Auto störte die gute Nachbarschaft zwischen Bertone und Pininfarina, der Ferrari 250 GT von 1962…

NB „Ja, der Wagen sorgte für Probleme, vor allem, weil einige verschrobene Journalisten schrieben, dass er ein Zankapfel zwischen Enzo Ferrari und Pinin Farina sei. Das war überhaupt nicht wahr."

LC Erzählen Sie uns, was genau geschehen ist.

NB „Gern. Enzo Ferrari mochte mich sehr. Als wir uns einmal unterhielten, sagte er mir sehr offen: ‚Bertone, ich mag die Art, wie Sie das Automobil sehen, diese Entwürfe gefallen mir.' Einmal besuchte ich ihn in Maranello. Wir sprachen über dies und das, am Ende geleitete er mich zur Haustür und sah den Wagen, mit dem ich gekommen war, einen Iso Grifo. Grinsend sagte er leise: ‚Bertone, sie sollten ein Auto haben.' Ich verstand ihn sofort und antwortete: ‚Hören Sie, erzählen Sie mir nichts. Ich möchte schon einen Ferrari haben, aber das ist Pinins Gebiet; er ist Ihr bevorzugter Karossier und Ihr Berater.' Darauf Ferrari trocken: ‚Und Sie bitten mich um ein Fahrgestell.' Das tat ich. Dieser 250 GT sollte mein persönliches Auto sein, daher ließ ich meinen damaligen Chefstilisten, Giorgetto Giugiaro, meine Ideen zu 100 Prozent umsetzen. Als der Wagen fertig war, konnte ich es mir nicht verkneifen, ihn auf einem Salon zu zeigen. Von da an hieß es, zwischen Pininfarina und Ferrari sei es zum Bruch gekommen. Ich habe Sergio angerufen und gesagt: Bitte entschuldigt, ich habe den Wagen gezeigt, weil es ein hübsches Auto ist, schön anzuschauen, aber es ist mein persönlicher Wagen. Ich versichere Dir: Ferrari hat mir das Fahrgestell nur unter dieser Bedingung überlassen. Sergio war nicht verärgert, aber er schien mir schon beunruhigt."

LC Beneiden Sie Pininfarina nur um seine Beziehung zu Enzo Ferrari oder gibt es da noch mehr?

NB „Die Firma Bertone steht anders da als die Firma Pininfarina, in der heute (1988, der Autor) zwei Söhne und eine Tochter tätig sind, die also über ein starkes Fundament verfügt. Ich dagegen, mit zwei Mädchen, muss sie an die Hand nehmen und ihnen erklären, wie die Dinge stehen. Meine Hoffnung für die Zukunft ist, dass alles gut geht, dass sie sich nicht für den falschen Partner entscheiden: wenn man sich unsterblich verliebt, ist es sehr schwierig, sich wieder zu lösen."

Der Alfa Romeo 6C 2500 von Giuliana Ciuccioli nach seinem Sieg bei der Schönheitskonkurrenz von Monte Carlo, März 1947. Die Front des Wagens demonstriert Pinin Farinas Willen, sich von den Entwürfen der Chassislieferanten zu lösen.

Sergio Farina am Steuer eines Aprilia Cabriolet, Concours d' Elégance in Turin 1947.

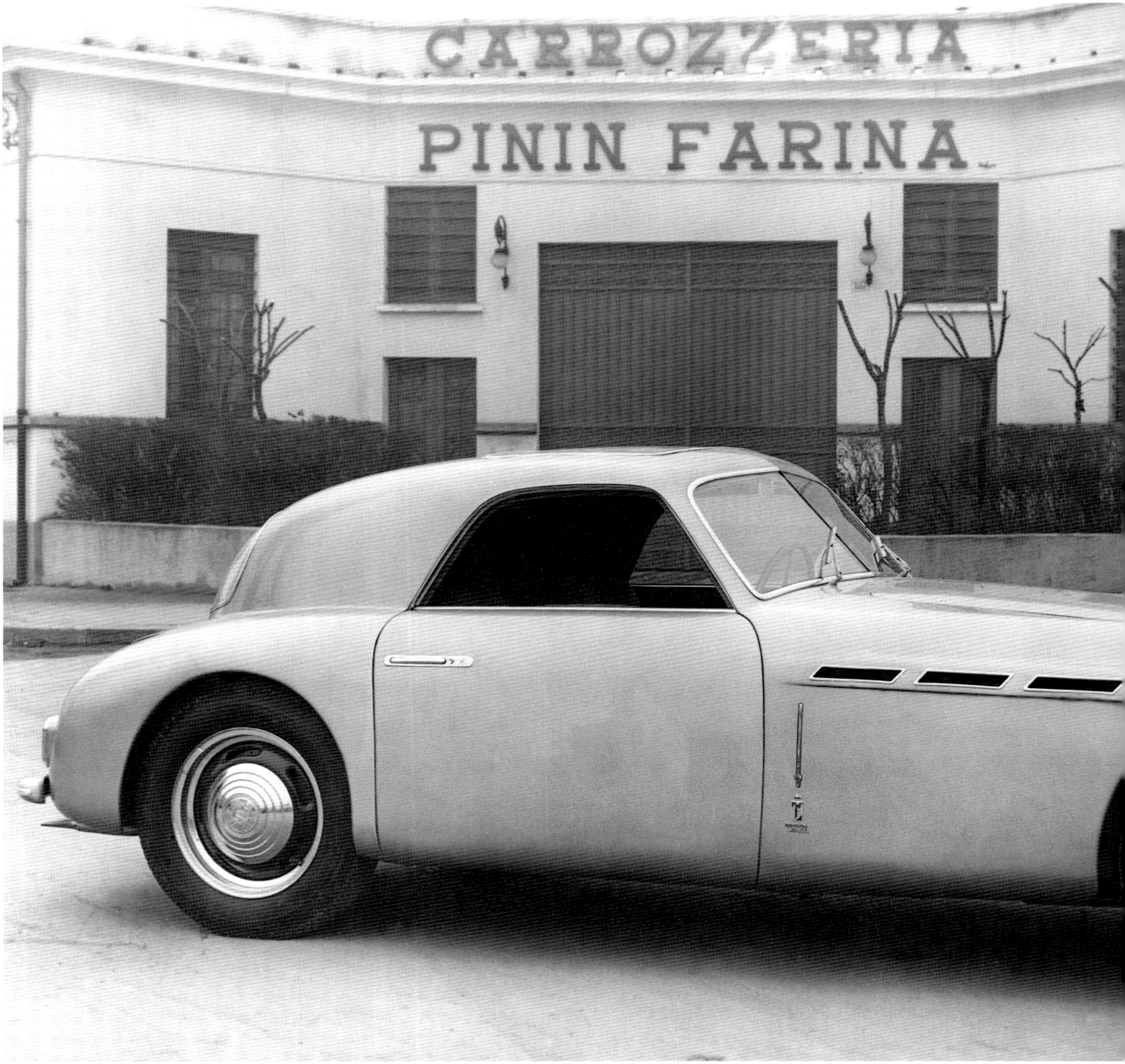
CARROZZERIA
PININ FARINA

Der Maserati A6 1500 Pinin Farina vor dem Werk am Corso Trapani. Dieses Auto besitzt außergewöhnliche stilistische Qualitäten. Elegante Proportionen, Pontonkarosserie, sehr schöne Front mit Klappscheinwerfern, lange, niedrige Motorhaube, Plexiglas-Dach und -Heckscheibe.

Fürst Rainier von Monaco, dritter von links, mit dem belgischen Journalisten und Schriftsteller Paul Frère und einem Maserati A6 1500 beim Concours d' Elégance in Monte Carlo, 1947.

Alfieri Maserati erntet Anerkennung für den A6 1500 Pinin Farina.

Pinin Farina 1951 im Museum of Modern Art mit seiner gelungensten Schöpfung, dem Cisitalia 202 (1947); auf einem Rohrrahmenchassis baute Pinin in kleiner Serie eine Berlinetta mit Alu-Karosserie, die auf ein Stahlgerippe geschweißt wurde. Die Form des 202 stellt einen entscheidenden Wendepunkt im Automobildesign dar.

Teil der Ausstellung „Eight Automobiles" im Museum of Modern Art in New York im Jahre 1951 war der Cisitalia 202 (Photo oben rechts). Das Auto galt als Meisterwerk des New Look, wurde von Arthur Drexler als „rollende Skulptur" gefeiert und war später das erste Automobil, das in dem New Yorker Museum als ständiges Ausstellungsstück zu sehen war.

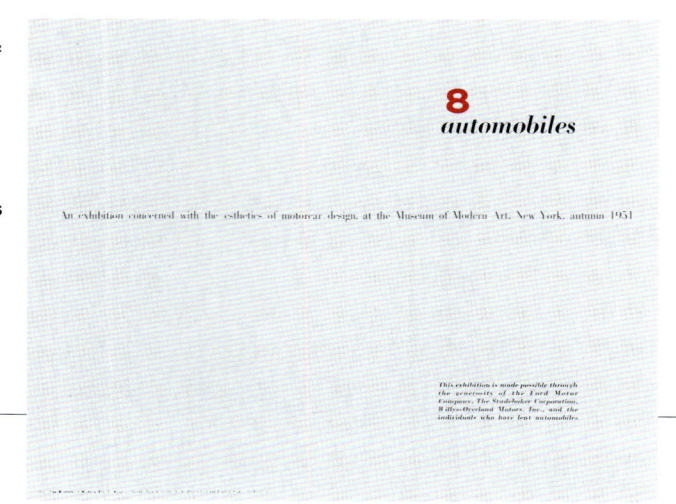

Der Cisitalia 202 wurde 1947 auf der Mailänder Triennale präsentiert.

Der Cisitalia 202 bei einem Grand Prix, wahrscheinlich an der Strecke Valentino-Park in Turin am 12. Oktober 1947. Kein anderes Auto hat nach dem Krieg die Welt des Automobils einschneidender verändert.

Der Cisitalia 202 1996 in Seoul bei der Ausstellung „Civilization, City and Car. Pininfarina, from Leonardo to the Future".

95

Am Corso Trapani wurden Kleinserien aufgelegt, wie hier die Alfa Romeo 6C 2500 und Aprilia Bilux.

In der frühen Nachkriegszeit war Pinins Kreativität auf ihrem Höhepunkt. Das belegen diese drei Lancia Aprilia aus dem Jahre 1948: die erste wird von Gino Bartali bewundert.

Die zweite weist schon auf die Aurelia B20 voraus.

Die dritte, eine Aprilia Bilux, ähnelt schon der zwei Jahre jüngeren Aurelia Berlina.

Ein dem Bentley Mark VI ähnliches Exemplar, ebenfalls mit, wenn auch in eher orthodoxer Weise, modifiziertem Grill, Ausgangspunkt für den in Kleinserie gebauten Cresta.

Eine zweitürige Bentley Mark VI Limousine, 1948 als Einzelstück gebaut und auf dem Pariser Salon gezeigt.

Die Cresta-Serie trug diesen Schriftzug mit doppeltem F, was für Farina und den Auftraggeber Facel stand.

Eine Berlinetta auf dem Chassis des Fiat 1100 S. Sie erzielte beim Concours d' Elégance in Villa d'Este einen großen Erfolg und war ein weiterer Schritt auf dem von der Lancia Aurelia B20 vorgezeichneten Weg.

Ein anderes 2500 Cabriolet – diesmal auf einem „S"-Chassis und optisch der Serienversion deutlich näher.

Das Chassis des Alfa Romeo 6C 2500 – besonders in seiner Super Sport-Version – erlaubte es Pinin, experimentelle Linien und innovative Lösungen auszuprobieren. Hier ein zweitüriges Cabriolet, das im September 1949 in Villa d'Este den ersten Preis in der Kategorie für einheimische offene Fahrzeuge gewann. Ein nahezu identisches Exemplar war auch auf dem Pariser Automobilsalon gezeigt worden.

Genfer Salon (1951): eine Limousinen-Version und das Serien-Cabriolet der Lancia Aurelia – hier angereichert durch üppigen Chromzierrat – auf Basis des B50-Rahmens.

Bob Lutz

„Die ersten Pininfarina-Autos, an die ich mich erinnere, waren die Wagen in unserer Familie, Ende der vierziger Jahre: das großartige, silberne Aprilia-Cabrio mit blauem Interieur meines Onkels mütterlicherseits und eines der ersten Aurelia V6 1750-Cabrios mit Pininfarina-Karosserie meines zukünftigen Schwiegervaters. Den mythischen Cisitalia habe ich leibhaftig auf der Straße gesehen; denn alles Schöne, das aus Italien kommt, endet in der Schweiz", erinnert sich Bob Lutz, heute, nach langen Jahren in den Spitzenetagen bei Opel, BMW, Ford und Chrysler, Präsident der Exide Corporation.

LC Später haben Sie Pinin Farina persönlich kennengelernt. Worüber haben Sie sich unterhalten?

BL „Leider über gar nichts. Das war auf einer der IAAs in Frankfurt Anfang der sechziger Jahre. Ich gehörte zu einer General-Motors-Delegation, war aber noch sehr jung und im Rang noch nicht hoch genug, um das Wort ergreifen zu dürfen. Außerdem schämte ich mich für mein schlechtes Italienisch, das ich als Autodidakt gelernt habe. Ich habe die Hinweistafeln in den Zügen gelesen, die in der Schweiz dreisprachig sind. Und so habe ich nichts gesagt, war aber stolz darauf, einem Mann, der schon eine Legende war, gegenüberzustehen."

LC Was ist die Wurzel der, wie Sie sie nennen, „Pininfarina-Legende"?

BL „Pininfarina hat immer einen eigenen Stil gehabt, ein perfektes Gleichgewicht zwischen erlesener Eleganz und Einfachheit. Der Lancia Florida II war einfach spektakulär, er läutete eine neue Ära der Stilistik ein. An der Pininfarina-Schönheit hat mich immer die großartige Einfachheit erstaunt. Keine optischen Tricks oder Mätzchen, die das Auge fesseln sollten. Zum Beispiel bin ich überzeugt, dass Pininfarina – bei aller Wertschätzung, die ich für Bertone habe – so etwas wie die BAT-Modelle niemals hätte entwerfen können, denn er hat exzessive Formen immer gemieden. Für einen Designer ist es überhaupt das Schwierigste, Harmonie zu erreichen."

LC Viele sind der Ansicht, dass Pininfarinas Werk die Automobilindustrie in der ganzen Welt nachhaltig beeinflusst habe. Um aber die Pininfarina „made in USA" aufzuzählen, genügen nach 70 Jahren noch immer die Finger einer Hand...

BL „Ja, aber Amerika ist ein komisches Land. Jahrzehntelang glaubte man dort, dass die höchste Eleganz durch etwas wie die Cadillacs mit ihren Heckflossen verkörpert werde. Klar, dass dort die Sensibilität für den italienischen Stil nicht vorhanden war. Dann hat Pininfarina vielleicht aber auch einfach Pech gehabt: Sein Nash hat nur geringen Einfluss ausgeübt, weil die Firma eine der ‚small four', nicht eine der ‚big three' war. Schließlich gibt es da noch das bekannte Syndrom, das in Detroit herrscht, das NIH (Not Invented Here – stammt nicht von uns). Alles, was von außerhalb kommt, wird schräg angesehen. Mehr als einmal versuchte ich meine Vorgesetzten davon zu überzeugen, auch einmal einen Auftrag an einen italienischen Designer zu vergeben, erst Frua, dann Pininfarina – ohne Erfolg. Ich erinnere mich, dass ich einmal bei GM glaubte, es geschafft zu haben, doch dann zeigten die mir Photos von ein paar British Leyland-Modellen, die in ihren Augen bewiesen, dass Pininfarina nicht im Stande sei, überzeugende Serienmodelle zu gestalten. Das glaube ich persönlich nicht, auch wenn ich zugeben muss, dass die Serienautos nicht immer ganz so toll sind. Zum Beispiel denke ich da an verschiedene sehr ‚ruhige' Peugeots. Bei den Kleinserien dagegen, wo sie freie Hand hatten, haben sie phantastische Autos geschaffen, von der Giulietta Sprint bis zum Fiat 124 Spider."

LC Wenn man von Pininfarina spricht, endet man unweigerlich beim Kapitel Ferrari. Welcher ist Ihrer Meinung nach der Schönste?

BL „Es fällt mir leichter, den unschönsten zu benennen: den Testarossa von 1984 mit seinen gewaltigen Grills an den Seiten. Für mich ist Pininfarina der Meister der Einfachheit und der Testarossa ist die Ausnahme, die die Regel bestätigt.
Der insgesamt schönste Ferrari ist vielleicht der 250 swb, die Essenz des modernen Ferrari, ein Auto, das das Image der Marke geprägt hat. Wunderschön sind auch die Dino, obwohl sie relativ klein sind. Unter den neueren Modellen scheint mir der 456 GT den Ferrari-Spirit am besten zu treffen."

LC Aus den letzten Jahren stammen drei völlig unterschiedliche Prototypen: der Argento Vivo, der Nautilus und der Metrocubo. Welcher gefällt Ihnen am besten?

BL „Aus Loyalität müsste ich sagen: der Metrocubo mit seinen Exide-Batterien! Aber im Ernst, das ist ein sehr interessantes Auto voller neuer Ideen. Beim Argento Vivo gibt es keine Diskussionen, er ist sehr schön. Der Nautilus ist einfach fabelhaft: einer der besten Viertürer, die ich jemals gesehen habe."

Arbeiten in der Produktionsstätte von Pinin Farina am Corso Trapani in den vierziger Jahren.

Um die Kleinserien-Produktion in Gang zu halten, existierten am Corso Trapani Handarbeit und ein kleiner Maschinenpark nebeneinander.

103

Blechbearbeitungsabteilung am Corso Trapani in den vierziger Jahren.

„Mit 13 fing ich an, Kotflügel zu reparieren. Mit 75 baute ich meinen letzten Ferrari. Von denen haben wir, wie man mir sagt, um die 20.000 Stück hergestellt. Fast alle von Pininfarina entworfen. Enzo Ferrari hat mir ein Vermögen eingebracht, Pinin war mir immer wohlgesinnt. Mehr kann man wirklich nicht verlangen", sagt Sergio Scaglietti, Gründer der gleichnamigen Carrozzeria, die 1970 von Ferrari übernommen wurde.

LC Wie und wann wurden Sie Enzo Ferraris bevorzugter „carrozzaio", wie man in Modena sagt?

SS „1938 arbeitete ich in einer Karosseriewerkstatt in Modena, in der Via Trento e Trieste, gegenüber dem Gebäude der Scuderia Ferrari, die damals die Werks-Alfa für Rennen präparierte. Wir reparierten hauptsächlich die Kotflügel der 1750 und 2300, deren Halterungen sich wegen der starken Vibrationen gern lockerten. Die ersten richtigen Aufträge erhielten wir 1950, als wir Ferrari mit Touring- und Vignale-Aufbauten reparierten. Eines Tages brachte uns Cacciari, ein Herrenfahrer aus Modena, seinen Zweiliter-V12, total ramponiert und zum Wegwerfen. ‚Den repariere ich dir nicht, ich mache dir einen neuen', sagte ich ihm. Ferrari sah unsere Barchetta, sie gefiel ihm und gab mir den ersten richtigen Auftrag: drei 4500 für die Carrera Mexicana aufzubauen."

LC Mitte der fünfziger Jahre begann die Zusammenarbeit mit Pinin Farina. Wie funktionierte dieses Dreieck?

SS „Ausgezeichnet. Wir selbst haben nur drei Ferraris entworfen: den 250 Testarossa von 1958, den 250 GTO von 1964 und den California, auch wenn uns Pinin bei dem einige Verbesserungen vorschlug, die wir gerne übernahmen. Wir haben Pininfarina nie als Konkurrenz gesehen: Wenn es um die Zusammenarbeit mit Ferrari ging, waren wir eins. Dabei gab es nie Treffen zu dritt. Ferrari entschied über das Design mit Pinin, seinem Designer. Dann schickte uns Pininfarina das abgesegnete Modell, normalerweise im Maßstab 1:10, das war die Grundlage für unser Modell in 1:1. Gespräche gab es nur zwischen uns und Pininfarina, also zwischen Karosseriebauern."

LC Es gab keine Entwurfszeichnungen, keine Pläne, keine Urformen. Wie haben Sie es geschafft, den Geist des Pininfarina-Entwurfes zu bewahren?

SS „Wir haben Pi mal Daumen, nur nach dem Auge, gearbeitet. Oft haben wir Änderungen vorgenommen, denn beim Übergang vom kleinen Modell zur natürlichen Größe mussten viele Details in Ordnung gebracht werden. Manchmal lagen wir richtig und unsere ‚Interpretationen' wurden von den Pininfarina-Designern akzeptiert. Andere Male lagen wir daneben: was für ein Geschrei, als das Heck des BB einen Zentimeter zu niedrig war! Manchmal waren wir auch richtig kreativ: von Pininfarina kam das Dino Coupé, den Spider haben wir ‚entworfen', wir haben einfach ein Coupé aufgesägt. Das waren die guten alten Zeiten, ohne das wissenschaftliche time-to-market-Zeug. Vom ersten Maßstabsmodell bis zur ersten Auslieferung an die Kunden in nur fünf Monaten! Die Dachverschlüsse hat überhaupt niemand entworfen, die waren während der Entwicklung einfach plötzlich da... Auf jeden Fall waren wir mit Pinin und den Seinen immer im Einklang, denn wir hatten dasselbe Ziel: schöne Autos zu bauen."

LC Wie war es, mit Pinin zusammenzuarbeiten?

SS „Er war ein wenig brüsk. Auch Ferrari gegenüber gab er nicht leicht nach. Sie waren sich charakterlich sehr ähnlich: sie kamen immer gleich auf den Punkt. Klar, sie hatten viel zu diskutieren: Ferrari wollte jeden Tag ein neues Auto, aber er war immer pleite."

LC Welches sind die schönsten Ferraris von Pininfarina?

SS „Alle. Für mich ist der 275 vielleicht die absolute Nummer Eins. Auch der 250 Le Mans war bildhübsch. Und dann der erste 250 2+2: wunderschön."

LC Wirklich alle? In Modena wurde der 365 GTC/4 von 1971 „Buckel" genannt, was sicher nicht als Kompliment gemeint war...

SS „Vorsicht, auch der ‚Buckel' war schön anzusehen. Er hatte ein anderes Problem. Er war zu schwer und zog keine Wurst vom Teller."

Pinin und seine „Söhne":
Renzo Carli und Sergio im
Jahre 1950.

Die Entwicklungsabteilung in der Via Serrano war getrennt von der Produktionsstätte am Corso Trapani eingerichtet. Schon Ende der vierziger Jahre wurden hier Entwicklungsaufträge auch für Industriekunden bearbeitet.

In der Entwicklungsabteilung.

Turiner Salon 1950: Pinin Farina zeigt Staatspräsident Luigi Einaudi den Bentley Mark VI Cresta.

Silvana Pampanini und ihr Alfa Romeo 1900 Cabriolet, das nur 88 Mal gebaut wurde.

Ein Lancia Aprilia Spezial-Cabriolet beim Concours d' Elégance von Monte Carlo, 1950.

Ein Alfa Romeo 6C 2500 S (Chassis Nummer 915.365), bei dem Pinin ganz auf das typische Alfa-Kühlerschild verzichtete. Das Fahrzeug, das heute einem Mailänder Sammler gehört, ist eine von vielen Variationen zum Thema Fließheck-Berlinetta und hier beim Concours von Nervi aufgenommen, wenige Monate, nachdem es auf dem Genfer Salon zu bewundern war.

Die Bordkarten von der Queen Mary und der Queen Elisabeth.

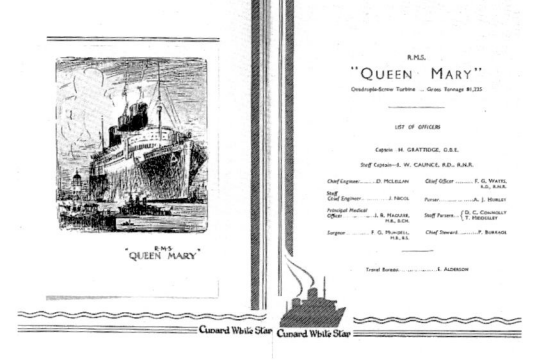

Pinin, Sergio Farina und Renzo Carli, an Bord der Queen Mary im Sommer 1950.

Ende der fünfziger Jahre: Pinin mit Aristoteles Onassis, links, und John Perona.

Sergio und Giorgia Farina
auf Hochzeitsreise, 1951.

Der Fiat 1100 S, mit dem das Paar auf Hochzeitsreise war, von Sergio aufgenommen.

Auf dem Turiner Salon 1951 war die Lancia Aurelia omnipräsent, denn Lancia hatte den Carrozzieri eine Spezialversion für Sonderkarosserien zur Verfügung gestellt. Das Cabriolet rechts - das in vereinfachter Ausführung im offiziellen Lancia-Lieferprogramm stand - zeigte sich durch Chromleisten, versenkte Türgriffe, Fernscheinwerfer, Chromstoßstangen und -radkappen, luxuriöses Lederinterieur und hydraulische Verdeckbetätigung veredelt. Wahrscheinlich ging das Auto später in den Besitz der Mailänder Familie Pandozy über.

Das Werk am Corso Trapani 1951: Montage der Aurelia B 20.

Eines der frühesten Exemplare der Lancia Aurelia B20, Endpunkt einer Entwicklung, die vom Cisitalia über verschiedene Alfa Romeo, Fiat, Maserati und Bentleys zur Aurelia führte.

Nino Farina, Sohn von Giovanni und Neffe von Pinin, hier am Lenkrad des Alfa Romeo 8C-Monoposto. 1951 wurde er auf Alfa Romeo 159 Formel 1-Weltmeister.

Unten
Ein hochelegantes Spezialcoupé auf Basis der Aurelia B50, das auf dem Chassis der Aurelia B52 in einer Kleinstserie aufgelegt wurde.

Eine ungewöhnlich geformte zweitürige Limousine, die 1951 auf Basis des Rolls-Royce Silver Wraith für Commendatore Luigi Bressani gebaut und auch auf dem Turiner Salon ausgestellt wurde.

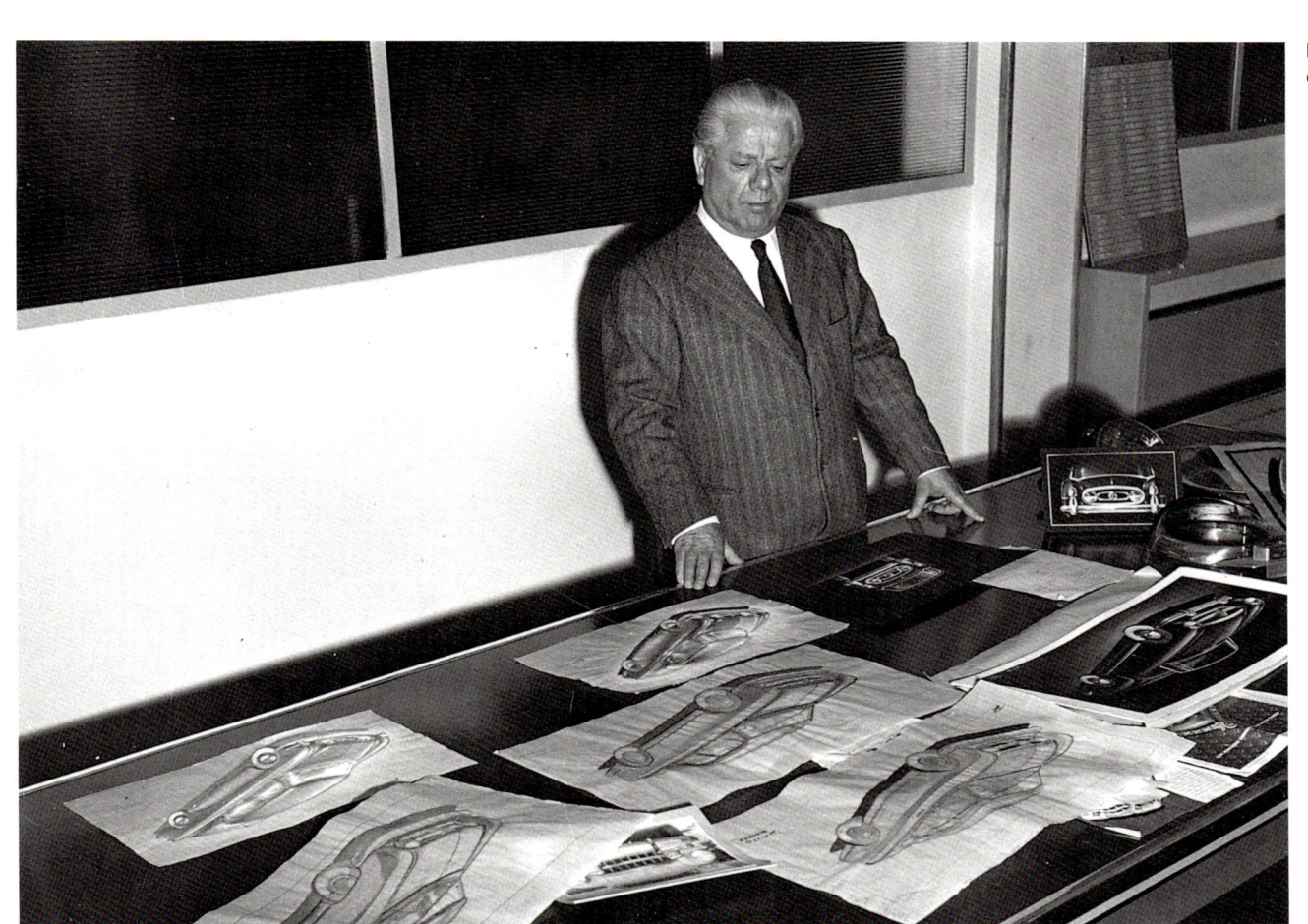

Pinin 1952 beim Betrachten einiger Entwürfe.

AMERICAN CHAMBER OF COMMERCE FOR TRADE WITH ITALY, INC.

ESTABLISHED 1887

CERTIFICATE OF MERIT

Pinin Farina

IS AWARDED THIS CITATION FOR HIS WORLD-FAMOUS ACHIEVEMENTS IN CREATIVE AUTOMOTIVE DESIGN AND FOR HIS CONSTANT EFFORT TO FURTHER TRADE RELATIONS BETWEEN THE UNITED STATES AND ITALY.

DATE   PRESIDENT

Die Verdiensturkunde, die Pinin von der Italo-Amerikanischen Handelskammer verliehen wurde.

Rolling Sculpture

HIGHLY charged with electricity and slightly shaken, we have just returned from Room 33-F in the Waldorf Tower, where we had a bilingual visit with Pinin Farina, who is the president of the Carrozzeria Pinin Farina—a coachmaking firm in Turin, Italy—and the designer of the new Nash-Healey sports car and the 1952 Nashes; his son-in-law, Renzo Carli, the vice-president and general manager of the firm, who was our translator for the afternoon; and an advertising man, named Don Benjamin, who kept answering the phone for Signor Farina at the risk of being fried in his tracks. The thirty-third floor of the Tower teems with static, in huge, treacherous chunks. We got a shock when we happened to touch the wallpaper in the corridor leading to Signor Farina's apartment and we got another when we buzzed his buzzer. Inside, after meeting Signor Farina, his son-in-law, and Mr. Benjamin, we made a small complaint about the electricity, and were soon sitting in a chair and slowly discharging with the help of a whiskey-and-soda. It developed that Signor Farina, a husky, red-faced, gray-pompadoured man of fifty-six, was in this country primarily to herald the unveiling of the new Nashes and the sports car by giving speeches at banquets, accepting awards for automobile designing, and making appearances on radio and television. While here, he would also present a letter from the mayor of Turin, of which city he is a native, to Mayor Impellitteri, and later on he would see the Italian Ambassador in Washington, the automobile show in Chicago, and the Nash assembly lines in Kenosha, Wisconsin.

Signor Carli, a tall, slim, dark-haired man, told us that the chassis of the Nash-Healey sports car is made by the Donald Healey Company in England, and the engine and major mechanical parts by Nash over here. He showed us a picture of the car, a trim roadster with rounded lines and whitewall tires. "It is rolling sculpture," he informed us, putting the picture away. "Signor Farina thinks American cars are commodious but not road-holding equal to the Italian machines. The weight is too high. Italian cars—the Fiat, the Maserati, the Cisitalia, the Lancia Aurelia, which have body design by Signor Farina—are good visibility, very safety, road-holding, low, wonderful." Signor Farina started his coachmaking firm in 1924 and now employs six hundred and fifty people, who turn out a hundred bodies a month. He also makes one special car a month, which goes to a wealthy person or royalty, like Prince Bertil of Sweden, the Prince of Monaco, former King Leopold of Belgium, Prince Aly Khan, Rita Hayworth, or King Farouk. Mr. Benjamin informed us that Farina has won over a hundred grand prizes for design in international competitions, and pointed out an assemblage of silver cups in one corner of the room. The phone on the desk rang, and he tiptoed over to answer it. After he had got his shock, taken a message, and hung up, he told us that before our arrival he had tried touching the desk with his free hand to circumvent the charge, had sneaked up on the phone, and had even stood on a book—all to no avail. "This room is a transformer, and I'm just a negative electron," he said modestly. "The chief characteristic of a body designed by Farina is that it gives the impression of being a metal skin stretched tight over the frame, hood, and fenders and creates a flowing, harmonious whole. The Museum of Modern Art calls him the leading automobile designer of today. The carrozzieri of Europe—the body designers—gave him a silver plaque." The phone rang, and Mr. Benjamin approached it like a hunter stalking a rabbit.

"I am not one for making speeches, even in Italian," Signor Farina announced suddenly. Then he said something briskly in Italian to his son-in-law.

"On the Tex and Jinx show," Signor Carli translated, "he is nearly knocked out with nervousness. Very preoccupied. But at the last minute he has a revolution in the head. A famous presence of spirit comes to his aid."

"*Ecco, ecco,*" murmured Signor Farina.

"He thinks it is like the time when he is driving high in the Alps," continued Signor Carli. "Another auto and a truck were coming for him on a curve of the road. Both are on the safety side. Below is a precipice. He had the alternative of going against the auto and the truck or risking to go down the precipice. He thinks it is mortifying that a former racing-car driver and auto designer should go against another automobile, so he calmly makes the decision. He drives outside both cars, missing the precipice by one inch. After he goes for ten miles farther, he stops, gets out, and starts thinking about the dangerous trip down to the bottom which he escaped. Fortunately, his car is very road-holding."

"Now I am ready for Hollywood," Signor Farina said cheerily, irrelevantly.

Mr. Benjamin returned, with the information that Farina had designed a car with a powder bar and a liquor bar side by side, just behind the front seat, for a wealthy *signora*; a car with a refrigerator in the rear compartment for a maharajah who wanted to keep food and drink chilled during trips across India; and a car, for a wealthy Italian industrialist, with two compartments in the back—one for valises and the other for a hunting dog. All Aly Khan asked was that his sports car be very sporty. Signor Farina has a son, Sergio; a daughter, Gianna; and a nephew, Giuseppe Farina, who won two automobile-racing championships—the Grand Prix of Europe and the Grand Prix of Italy—in 1950. Signor Farina raced for two years, but he found that it consumed too much of his time. When he is angry, Mr. Benjamin added, only two things can soothe him—his *nipote*, or granddaughter, who is three, and his black cat.

"*Ecco, ecco,*" said Signor Farina.

Mr. Benjamin announced that it was time to visit the Mayor, emitted a couple of sparks, and ushered us out.

Pinins Schöpfungen wurden vom einflussreichen „New Yorker" als „rollende Skulpturen" gewürdigt (1952).

Photo von Pinin in einer Pressemappe der Nash-Kelvinator Corporation.

From: Public Relations Department
Nash Motors Division
Nash Kelvinator Corporation
Detroit 32, Michigan

FOR RELEASE FEB. 13, 1952, AND THEREAFTER

FAMED AUTO STYLIST

Pinin Farina, stylist of the 1952 Nash-Healey sportscar.

Nash-Werbeanzeige mit dem Slogan: Farina macht den Unterschied!

Werbekampagne für den US-Start des Nash-Healey, 1952.

Anzeige für den Nash Golden Airflyte.

New York 1952: Pinin Farina und Renzo Carli mit Kate Norris.

Dreharbeiten für den Film „Sabrina" (1955) mit Audrey Hepburn, Humphrey Bogart und William Holden, der einen Nash-Healey Spider fuhr.

Sergio, Pinin und Walt Disney in den USA, 1952.

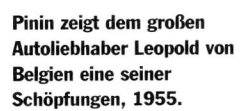

Pinin zeigt dem großen Autoliebhaber Leopold von Belgien eine seiner Schöpfungen, 1955.

**Pinin und George Mason,
Chef von Nash-Kelvinator.**

Der erste Ferrari mit Pinin Farina-Karosserie: der 212 Inter für Georges Filipinetti, Chassis Nummer 0177E, bordeauxrot mit beigem Leder-Interieur, fertiggestellt am 23. Juni 1952.

Der Wagen besaß eine sehr klare Linienführung und einige noble Details, etwa die seitliche Chromleiste, versenkte Türgriffe und das luxuriöse Interieur.

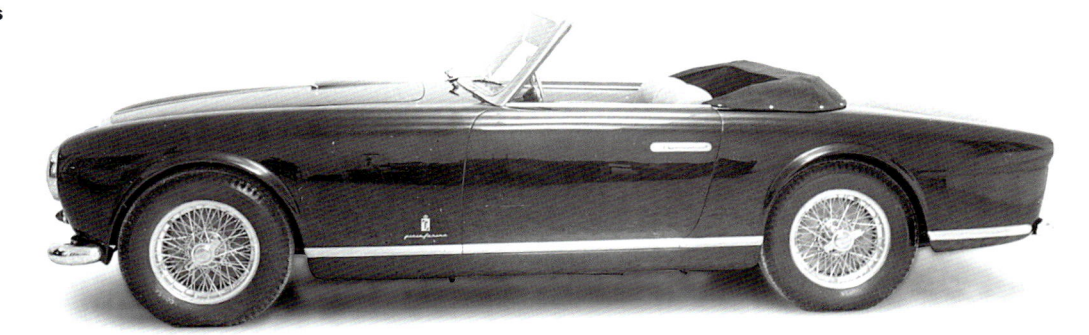

Grand Prix von Monte Carlo 1952: unter den anderen erkennt man Pinin und Sergio Farina.

Pinin und sein Sohn Sergio zu Beginn der fünfziger Jahre.

Pinin erhält beim Concours d' Elégance von Rom 1952 einen Preis überreicht.

Ein weiteres Fließheckcoupé, diesmal auf Basis des Maserati A6 2000.

Der PF 200 auf Basis der Aurelia B52 aus dem Jahre 1953. Charakteristisch die aerodynamische Formgebung mit flachem Heck und glatten Flanken sowie die kreisrunde Kühleröffnung, die in die ebenfalls gerundete Motorhaube übergeht. Das Auto ist deutlich von den damaligen Tendenzen im Flugzeugbau beeinflusst.

Ein Versuch, dem Volkswagen andere Linien zu verleihen, 1952.

Renato Rascel - hier mit Sergio Farina bei einem Turiner Salon - war ein großer Autoliebhaber und kaufte den PF 200. Ein ganz ähnliches Fahrzeug wurde 1954 für den amerikanischen Jazz-Impresario Norman Grantz auf Cadillac-Basis gebaut.

Der erfolgreiche Lancia D24 aus dem Jahre 1953. Heute existiert nur noch ein Original in Privathand, doch wurden in den achtziger und neunziger Jahren mehrere Repliken gefertigt.

Ein Coupé 2+2 auf Basis Fiat 1100 TV (1953).

Eine Spezial-Berlina auf Basis Fiat 1900.

Das elegante Rover 75 Cabriolet aus dem Jahr 1953.

Die Coupéversion des Rover aus dem Folgejahr. Beide Autos befinden sich heute in Großbritannien.

„In den fünfziger und sechziger Jahren, ich war damals ein junger Designer in Detroit, standen Kreativität und Talent des italienischen Nachkriegsdesigns auf dem Höhepunkt. Der Turiner Salon war damals für uns Designer das Mekka, wo die italienischen Karossiers ihre jüngsten Schöpfungen zeigten: eine Reihe großartiger und wilder Interpretationen der Kunst des Karosseriebaus", erinnert sich Chuck Jordan, mittlerweile pensionierter Designchef bei General Motors.

LC Was zeichnete damals Pininfarinas Entwürfe vor allem aus?

CJ „Pininfarinas Autos waren elegant, mit eigenständiger und feiner Note. Sie besaßen Stil und Kraft, waren nicht effekthascherisch und überladen wie manche andere. Pininfarinas Arbeiten verströmten ein Gefühl von Ehrlichkeit, Aufrichtigkeit und Substanz. Die Karosserien mit ihren harmonisch gerundeten Flächen waren fast schon sinnlich: man wollte mit der Hand über diese Oberflächen streichen. Pininfarinas Entwürfe respektierten stets den Geist der Auftrag gebenden Marke, zugleich aber boten sie immer etwas Neues in punkto Design, das sich positiv auf das Markenimage auswirkte. Selbst die kleinen Details waren perfekt ausgeführt – es waren einfach die schönsten und aufregendsten Autos der Welt. Noch heute bieten die Pininfarina-Entwürfe diese Qualitäten, und der Grund ist mir völlig klar."

LC Während ihrer langen Zeit als GM-Stylingchef haben Sie engen Kontakt zu Sergio Pininfarina entwickelt...

CJ „Stimmt. Das erste Mal begegnete ich ihm auf einem der Turiner Salons der großen Zeit. Im Laufe der Jahre sind wir echte Freunde geworden und haben bei vielen Designprojekten zusammengearbeitet. Sergio zu kennen bedeutet zu verstehen, warum die Pininfarina-Entwürfe Integrität, Stil und Aufrichtigkeit besitzen. Als Dirigent eines großen Orchesters bestimmt Sergio Takt, Rhythmus und Interpretation. Seine Philosophie und seine Persönlichkeit spiegeln sich in jeder Pininfarina-Schöpfung und das beweist die fortdauernde Qualität der Entwürfe seiner Firma."

LC Wenn Sie ein Pininfarina-Auto in einer Art Arche Noah vor der Sintflut retten könnten, was wäre Ihre Wahl?

CJ „Ganz bestimmt ein Ferrari. Seit 1952 haben Sergio – und seine begabten Mitarbeiter – Ferrari zu dem gemacht, was es ist, und auch einige Rennsportwagen entworfen. Mit durchschlagendem Erfolg! Mir fällt keine weitere so lange und so ertragreiche Zusammenarbeit im Automobilbau ein, die ein so erstklassiges Design-Oeuvre hervorgebracht hat. Mein Favorit ist der 250 GT Lusso von 1962. Wie viele andere Pininfarina-Entwürfe wirkt er heute so frisch wie am Tag seiner Präsentation. Sergio vertritt oft die Meinung, gutes Design sei zeitlos. Er hat damit völlig Recht und seine Firma hat viele wunderschöne Beispiele hervorgebracht, die diese These belegen. Autos von Pininfarina werden alt, aber sie veralten nie."

Enzo Ferrari und Pinin Farina, 1954. Bei dem Auto handelt es sich wahrscheinlich um den 340 Le Mans, Chassis Nr. 0320, mit dem Pinins Neffe Nino Farina und Mike Hawthorn Rennen bestritten.

Ferrari überreicht Pinin Farina eine Trophäe. Hinter Ferrari Nello Ugolini, Sportdirektor der Scuderia; mit Zigarre Giovanni Canestrini, der führende italienische Autojournalist seiner Zeit.

Das Chassis für den 375 MM wurde im Juli 1954 an Pinin Farina geliefert; das Auto war himmelblau lackiert.

Der Ferrari 375 MM (Chassis Nr. 0456AM), den Roberto Rossellini für Ingrid Bergman erwarb. Das Auto ist nicht nur wegen seines Käufers interessant, sondern auch, weil es verschiedene stilbildende Details aufwies: Klappscheinwerfer, seitliche Luftauslässe wie später an den Ferrari 250 GTO und 275 GTB und das in Flossen auslaufende Dach, das Jaguar zwanzig Jahre später am XJ-S kopierte.

Luciano Ciolfi berichtet Sergio Farina in einem Brief von seiner Teilnahme am Giro di Sicilia 1954.

A Pinin Farina con riconoscenza per la preziosa collaborazione
Ciolfi
Campionato Italiano 1954

ROMA 7 aprile 1954
VIA LOCRI, 1
TEL. 71839

Caro Sergio,
   ti invio per espresso le foto del Giro di Sicilia in cui mi hanno ripreso sia alla partenza che in corsa. Spero che siano di tuo gradimento e fanne l'uso che ritieni più opportuno. Inoltre ti accludo un foglio in cui sono riportate le classifiche generali di detta corsa. Essendomi state richieste delle fotografie sia dalla Marelli che dalla Pirelli, ti sarei grato se ne facessi fare qualche copia e me la inviassi.
   Domenica correrò a Firenze ma non credo che potrò fare bella figura come nel Giro di Sicilia in quanto l'ultima corsa é stata massacrante e Giannini non sa se riuscirà a fare in tempo a rimettere perfettamente a posto la vettura.
   Ti prego gradire i miei più cordiali ed affettuosi saluti.

P.S. Tieni presente che ho migliorato il record sul giro di ben 6 Km. orari!!

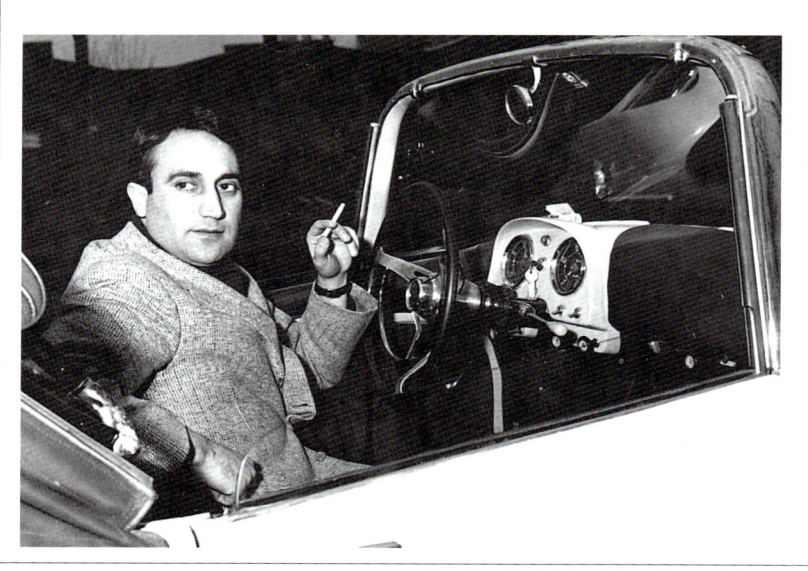

Der Gentleman-Driver Luciano Ciolfi, der in einem Fiat 1100 TV Farina u.a. beim Giro di Sicilia 1954 mit dabei war.

Pinin Farina spielte gerne Golf. Hier sehen wir ihn mit Profi Lillo Angelini.

Pinin als Karikatur, unterschrieben von den Mitgliedern des Circolo degli Artisti, dessen Präsident Pinin war; Januar 1954.

Pinin und Sergio mit De Dubé.

Vorhergehende Seite:
Links, Journalist Emilio Fede in seinem Fiat 1100 Spider.

Rechts, Ciolfis 1100 TV beim Start des Giro di Sicilia. Der TV nahm gerne an Rennen teil; bei der Mille Miglia 1955 etwa standen drei Exemplare am Start.

Nino Farina im Ferrari 375
Plus beim Start der Mille
Miglia 1954 mit Beifahrer
Luigi Parenti.

Am 4. April 1954 gewann Piero Taruffi in einem Lancia D24 (Nr. 005) den Giro di Sicilia mit einem Schnitt von 103,743 km/h. Das Fahrzeug wurde in den achtziger Jahren von Graf Vittorio Zanon restauriert.

Der Bentley R-Type Continental war der schnellste Viersitzer seiner Zeit und der ambitionierteste Bentley seit der Übernahme durch Rolls-Royce 1931. Dieses Auto mit der Chassis-Nummer BC49C ist wirklich einzig: von den übrigen 207 Continental wurden 193 von Mulliner karossiert, sechs von Park Ward, fünf von Franay und drei von Graber. Es wurde im Sommer 1954 bei Pinin Farina für Charles Attwood gebaut, der den Wagen aber nicht einmal ein Jahr lang behielt. Das beigefarbene Auto mit rotem Lederinterieur existiert noch heute.

Sergio Farina beim Concorso di Eleganza del Pincio in Rom mit einem Ferrari 250 Europa.

Sergio Farina erhält einen Preis von Michele Favia del Core, Gründer der Zeitschrift „Motor", Organisator des Concorso und einer der Väter des italienischen Automobiljournalismus.

Pinin Farina arbeitet an der Lancia Aurelia B24.

Die Aurelia B24 S, auch America genannt, beim Concours d' Elégance von Turin 1954.

Endmontage am Corso Trapani: Fiat 1100 TV Coupé, Aurelia B24 und Aurelia B20.

Unten
Eine Aurelia B24 entsteht am Corso Trapani, 1954.

Der Aurelia B24 Spider wies prägnanter modellierte Flanken und Panoramascheibe auf und verzichtete auf Kurbelfenster. Am Steuer Signora Chiantelassa.

Im Juni 1955 wurde im Werk am Corso Trapani eine Filmdokumentation gedreht. Im Vordergrund zwei Lancia Aurelia B24.

Der B24 war unter der zeitgenössischen Prominenz sehr beliebt. Schauspieler Raf Vallone fuhr einen B24, seine Tochter später auch.

Auch Françoise Sagan konnte sich der Faszination des B24 nicht entziehen, hier in der weniger spartanisch ausgestatteten, Convertibile genannten zweiten Version (1956).

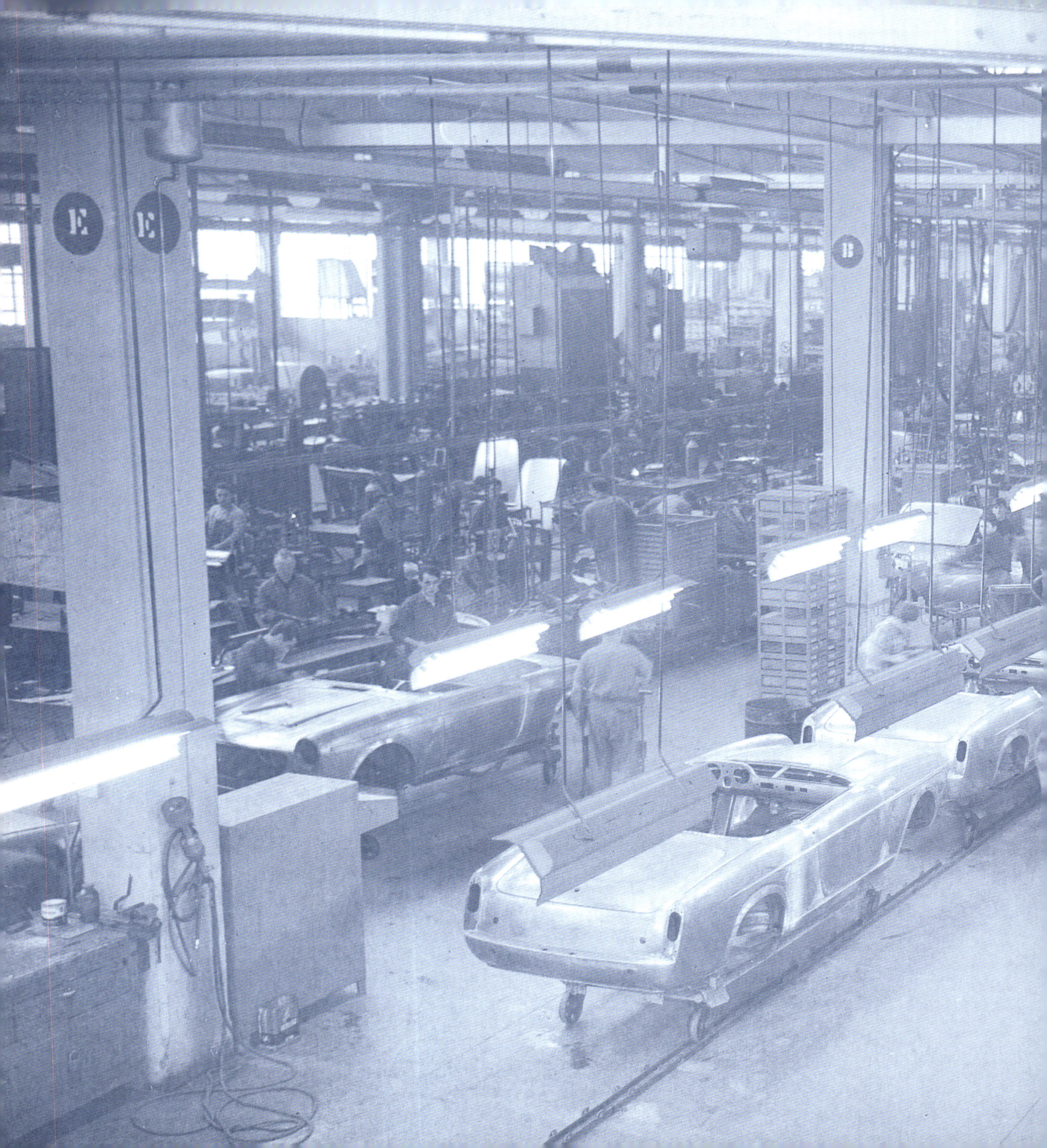
E
E
B

Vom Handwerk zur Massenproduktion

von 1955 bis 1966

Pinin und Sergio Farina mit Graf Oddone di Camerana in Betrachtung eines Fiat 600 Speciale beim Genfer Salon 1955.

Bei gleicher Gelegenheit mit Fiat-Ingenieur Minola, Graf Biscaretti di Ruffia und Graf Giovanni Lurani, dem Journalisten und bewährten Gentleman-Driver.

Pinin und Sergio Farina mit Heinz Nordhoff, dem Vater des Volkswagen-Erfolges.

Vorhergehende Seiten: Produktion des Fiat-Cabriolets in der Via Serrano.

Turiner Salon, April 1955. Gina Lollobrigida bewundert die Karosserie des für Gianni Agnelli gebauten Ferrari 375 America (Chassis Nr. 0355 AL).

Diese berühmte Aufnahme zeigt Pinin mit dem Chef der Testabteilung, Musso, und dem Leiter der Lackiererei, Olivero, und belegt Pinins auf der Berührung beruhendes Verhältnis zum Auto.

Ein Pinin-Entwurf vom 1959.

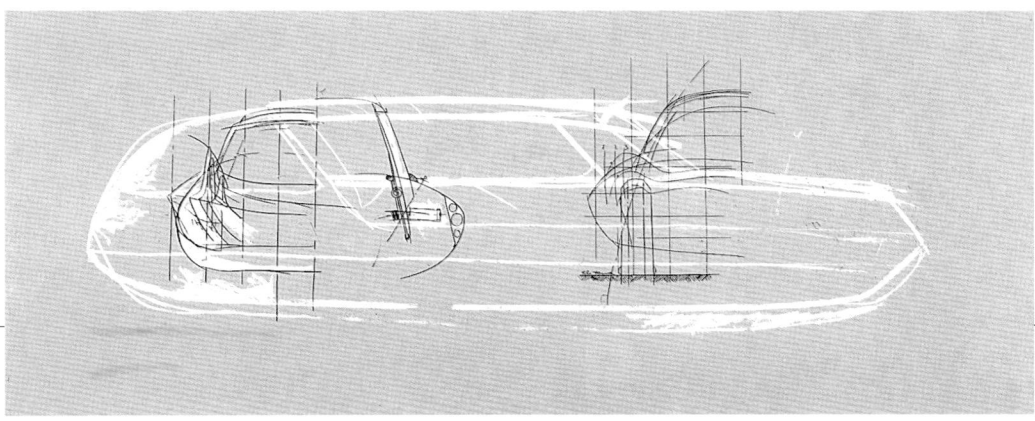

Pinin mit Alfa-Präsident Giuseppe Luraghi, rechts, und Ugo Zagato samt dessen Sohn Elio (Balocco 1962).

Die Alfa Romeo Giulietta Spider markierte mit einer Auflage von 27.000 Stück Pinin Farinas Übergang vom Handwerksbetrieb zur Fabrik.

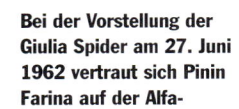

Bei der Vorstellung der Giulia Spider am 27. Juni 1962 vertraut sich Pinin Farina auf der Alfa-Teststrecke Balocco den erfahrenen Händen des Testfahrers G. B. Guidotti an.

Oben
Produktion im Werk am Corso Trapani. Links die Bänder für den Fiat 1100 TV Trasformabile, rechts für den Alfa Romeo Giulietta Spider.

Mitte
Kontrollarbeiten in der Lackiererei.

Endmontage: Fiat 1100 TV Trasformabile, Alfa Romeo Giulietta Spider und Lancia Aurelia B20.

Fiat 1100 TV Trasformabile und Giulietta. Die aufgebockten Autos bleiben bis zur Endmontage bei der Mutterfirma ohne Räder.

A Monsieur Pinin Farina
26 Février 1955
Léopold

Ein Gruß von König Leopold von Belgien: die Verbindung zum Königshaus war eng.

Ein Pinin Farina gewidmetes Photo „zur Erinnerung an zwei Ihrer schönsten Töchter" von König Leopold von Belgien. Es handelt sich um den Ferrari 342 America, Chassis Nr. 0234 AL, und den 375 Plus, Chassis Nr. 0488 AM, aus dem Jahre 1955.

A Monsieur Pinin Farina,
En souvenir de deux de ses plus beaux enfants
Léopold
Turin, le 8 Octobre 1955

Vorwegnahme des Sport Wagon-Konzepts im Jahre 1955 auf Basis des Fiat 1100 TV.

Der erste von Pinin Farina entworfene Peugeot, der 403, datiert von 1955. Mit über 1,2 Millionen Exemplaren ein Riesenerfolg.

Ein 403 in Seoul auf der Ausstellung „Civilization, City and Car. Pininfarina, from Leonardo to the Future", 1996.

Der Fiat 8V für Giovanni Nasi, Fiat-Vizepräsident, ähnelt dem Ferrari 375 MM, der für seinen Cousin Gianni Agnelli gebaut worden war.

Der Jaguar XK 120, ein auf dem Genfer Salon präsentiertes Einzelstück aus dem Jahr 1955, wahrscheinlich für einen Privatkunden gebaut. Die vordere Stoßstange erinnert an die Lancia Aurelia B24 S.

Im Oktober 1955 nahm die Stilstudie Florida I als Zweitürer - mit Mailänder Kennzeichen - am Concours d' Elégance in Rom teil. Das Auto ist noch heute im Besitz eines Mailänders.

Rechts
Lorenza, Andrea, Paolo und Sergio Pininfarina 1998 im Lancia Florida II.

Der Florida II, 1957 auf dem Genfer Salon vorgestellt, diente Pinin Farina bis zu seinem Tod als persönliches Auto. Der horizontale Grill, die niedrige Motorhaube und die hochgezogenen Kotflügel, der revolutionäre Dachabschluss, das kantige Heck, die fehlende B-Säule und der patentierte Türmechanismus: alle diese stilistischen Elemente sollten jahrelang das Autodesign weltweit beeinflussen.

Ebenfalls auf dem Lancia Aurelia-Fahrgestell B56 ruhte der viertürige Florida I mit hinten angeschlagenen Fondtüren und ohne B-Säulen, vorgestellt auf dem Brüsseler Salon.

Unten
Die auf dem Florida basierende Flaminia bedeutete für Lancia den Eintritt in die Moderne, symbolisiert durch die Aufgabe des senkrechten Kühlergrills zugunsten einer horizontalen Ausführung. Vorstellung auf dem Turiner Salon 1956.

Eines der ersten Flaminia Coupés, von Pinin Farina im Stile des Florida II entworfen und gebaut, wird von Sergio Farina und Renzo Carli der Schauspielerin Marisa del Frate übergeben.

Auf dem Genfer Salon 1956 begrüßt Pinin Farina den Schweizer Staatspräsidenten Markus Feldmann.

Auf dem Turiner Salon 1956 mit Präsident Gronchi und dem künftigen Präsidenten Leone.

Pinin Farina mit Le Marichal und Paul Panhard.

Sergio Farina und der Alfa Romeo 3500 Super Flow, Vorläufer des Duetto, auf dem Turiner Salon 1956.

Sergio Farina auf dem Pariser Salon mit Journalisten.

Das bekannte Jaguar Mark VII-Coupé für den Griechen Embiricos (1956), der sich vor dem Krieg von der Pariser Firma van Vooren einen Bentley karossieren ließ, der große Ähnlichkeit mit Pinin Farinas Alfa Romeo Pescara Aerodinamica aufwies.

Sergio Farina im Juni 1956 mit dem Embiricos-Jaguar beim Concours d' Elégance in Venedig.

Pinin Farina war an der großen Rettungsaktion (1960-68) der ägyptischen Tempel von Abu Simbel beteiligt, die im Assuan-Stausee zu versinken drohten.

1967 schenkte die ägyptische Regierung als Anerkennung den Tempel von Ellessiya, dem Staat Italien. Er wurde unter Mithilfe Pininfarinas im Ägyptischen Museum zu Turin wiederaufgebaut.

Pinin und Sergio mit dem Fiat 600 Multipla Eden Roc und zwei besonderen Kunden, Henry Ford II. und Gianni Agnelli.

Fürst Pignatelli, Sergio Farina, Henry Ford II. und Gianni Agnelli nehmen 1956 bei Pinin Farina den Eden Roc in Augenschein.

Sergio Farina betrachtet Franco Martinengo vom Centro Stile beim Skizzieren des Eden Roc.

Ein Eden Roc wird auf ein Schiff Richtung Amerika verladen.

Der Eden Roc in Cannes 1957.

Brüsseler Salon, Januar 1956: Sergio mit König Baudouin von Belgien, davor ein Ferrari 410 SA.

Der Ferrari 410 SA. In Brüssel stand das erste von 16 Exemplaren, Chassis Nr. 0423 SA, später an Graf Fritz Somski verkauft.

Das Cadillac-Cabriolet auf dem Pariser Salon 1958 mit Sergio, Pinin Farina und dem damaligen General Motors-Chef Harlow Curtice.

Der GM-Präsident auf dem gleichen Salon im Cadillac Cabriolet. Das Dach hob sich beim Öffnen der Tür, um den Einstieg zu erleichtern.

Produktion des Lancia Appia Coupé.

Mitte der fünfziger Jahre wurde am Corso Trapani in bescheidener Stückzahl das Lancia Appia Coupé produziert.

Die Schauspielerin Sylva Koscina mit „ihrem" Lancia Appia Coupé.

1956 ließ Pinin seine Söhne über die Errichtung eines neuen, größeren Werkes in Grugliasco entscheiden.

Auf dem Genfer Salon 1957 zeigte Pinin Farina zwei Abarth-Rekordfahrzeuge mit 1100 ccm-Motor von Alfa Romeo bzw. Fiat-Maschine mit 750 ccm.

Vater und Sohn Farina, dazwischen Präsident Gronchi.

Pinin Farina 1957 mit Gianni, dem Sohn des großen Vincenzo Lancia.

1956 begannen die Arbeiten am Werk Grugliasco.

Rechts
Die Presse besucht das neue Werk Grugliasco, 1957.

Unten
Am 30. Oktober 1957 wird das neue Werk Grugliasco der Presse vorgestellt.

Das Werk Grugliasco kurz
vor der Fertigstellung.

Pinin auf dem Dach der
neuen Fabrik und im
Gebäude.

Giorgetto Giugiaro

„Mitte der fünfziger Jahre war ich ein junger Spund, noch kein Designer, sondern nur Zeichner in der Fiat-Designabteilung. Als der Lancia Aurelia B24 Spider herauskam, war ich baff und begriff, wofür Pinin Farina stand: für die Fähigkeit eines Einzelnen, die Aufmerksamkeit dessen zu erwecken, der Geschmack und Mittel für Kleinserienprodukte besitzt", erklärt Giorgio Giugiaro, Gründer und Präsident der Firma Italdesign.

LC Von den 70 Pininfarina-Jahren haben Sie über 40 als Konkurrent miterlebt. Wie sahen Sie Pinin und wie sehen Sie Pininfarina heute?

GG „Sicherlich war Pinin ein Meister der Formgebung. Seine Stärke war stets die Harmonie seiner Entwürfe; und ein kreativer Mensch wie ich kann den Bruch erkennen, der entstand, als er die Dinge aus der Hand gab. Es gibt die Pininfarina-Schule, einen Familienstil, aber man sieht auch Unterschiede. Solange Pinin die Zügel hielt, war er der unumstrittene Herrscher, alle anderen – ich selbst inbegriffen – waren nur eine Alternative, zweite Wahl.
Pininfarina ist immer noch der Angelpunkt des italienischen Designs. Als in den sechziger und siebziger Jahren ganze Herden von Automanagern aus aller Welt zu den Turiner Salons kamen, kamen sie in der Hauptsache, um die Neuheiten von Pininfarina zu sehen, der das Gewicht unserer Branche erhöhte und sie bis in den letzten Winkel des Planeten bekannt machte."

LC Welche anderen Autos, neben der Aurelia B24, haben Sie begeistert?

GG „Viele, vom Cisitialia an, der mit seinen integrierten Kotflügeln einen Wendepunkt für die gesamte Autoindustrie darstellte. Dann der Ferrari 250 LM, der bewies, dass man auch einem so technikorientierten Auto wie einem Rennwagen Ästhetik verleihen kann. Obwohl das Auto absolut funktional und von der Technik beherrscht ist, ist es dennoch schön und raffiniert, ohne nutzlose Spielereien. Der Ferrari 275 GTB ist ein Wendepunkt im Sportwagendesign: Er wirkte sehr kraftvoll und dennoch geschmackvoll. Der angedeutete Spoiler am Heck war damals schockierend."

LC Nur Serienautos? Viele verehren den Modulo als Fetisch des italienischen Designs…

GG „Das sehe ich nicht so, aus zwei Gründen. Erstens haben mich bei Pininfarina die Serienmodelle immer mehr beeindruckt als die Prototypen. Zweitens war der Modulo sicherlich ein avantgardistischer Entwurf, aber er war doch sehr steril und deutlich sichtbar nicht seriengeeignet. Von den Stilstudien jener Zeit gefallen mir der Alfa 33 und der Ferrari 512 S besser, die zwar auch sehr fortschrittlich, aber näher an einer möglichen Serienproduktion waren."

LC In die Verbindung Ferrari-Pininfarina mischte sich auch hin und wieder Ihre Firma Italdesign ein. Wann war das und wie sahen die Ergebnisse aus?

GG „Das geschah nur zwei Mal. Zur Zeit des 348 und jüngst, unter Montezemolo, ging es um den 360 Modena. Mein persönlicher Eindruck? In Maranello wollten sie weniger einen Giugiaro-Ferrari als vielmehr ein Druckmittel gegenüber Pininfarina."

LC Immer nur Lob für Pininfarina. Man sagt es nicht gerne, aber manchmal hat auch Pininfarina Fehler gemacht…

GG „Sicher, aber wir Designer sind kaum geeignet, die Fehler anderer anzuprangern. Wir alle hatten unsere stilistischen Exzesse, barocke Anfälle. Oft bringt dich dein Kunde auf Wege, an die du selbst nie und nimmer gedacht hättest, wenn du nur deinem eigenen Geschmack und deinem Gefühl gefolgt wärst. Zum Beispiel der Allanté: zu viel Cadillac und zu wenig Pininfarina. Ein anderes Beispiel ist der Lancia Gamma als Limousine und Coupé, der seltene Fall, wo auch Pininfarina einmal – wie es hin und wieder uns allen ergeht – der herrschenden Mode zu viele Zugeständnisse gemacht hat."

Pinin und Sergio Farina mit Sir Leonard Lord, BMC-Präsident, und Vizepräsident Sir George Harriman, sowie dem von Pinin Farina entworfenen Austin A 40, 1959.

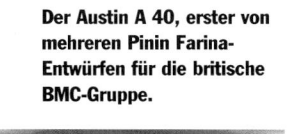

Der Austin A 40, erster von mehreren Pinin Farina-Entwürfen für die britische BMC-Gruppe.

Pinin mit Schwiegertochter Giorgia, von Sergio aufgenommen.

Pinin 1958 mit den Enkeln (von links nach rechts) Elisabetta, Lorenza, Andrea, Paolo und Umberta.

Der Cadillac Palm Beach, stilistischer Nachfahre der Aurelia PF 200; rechts Renzo Carli und Franco Martinengo vom Centro Stile.

Unten
Das Fiat-Management zu Besuch in Grugliasco, Oktober 1958. Von links: Ing. Bono, Ing. Nasi, Gianni Agnelli und Vittorio Valletta.

Pariser Salon 1958: die Farinas, Mario del Monaco und das Cadillac Cabriolet.

Pinin 1958 mit seinen
„Söhnen": Sergio und
Schwiegersohn Renzo Carli.

Der Ferrari 410 SA, Chassis
Nr. 1015 SA, ursprünglich
weiß, später enzianblau
lackiert. Das Auto wurde im
Sommer 1958 fertiggestellt
und im folgenden November
auf dem Turiner Salon
gezeigt.

Montage des Ferrari 250 GT

Der Ferrari 250 GT, bei
Pinin Farina in Kleinserie
hergestellt. Hier Chassis Nr.
0851 GT, im Mai 1958
gebaut und an Luigi Chinetti
in die USA verschickt.

Der erste Ferrari 250 Testarossa (Chassis Nr. 0766), Ende Februar 1959 präsentiert.

Giorgio Albertazzi und Anna Proclemer besuchen Pinin Farina und betrachten einen Ferrari 250 GT.

Turiner Salon: Sergio Farina mit dem für Gianni Agnelli entworfenen Ferrari 400 SA (Chassis Nr. 1517 SA), hier in der ersten Ausführung mit den Lufteinlässen.

Pinin Farina-Stand beim Pariser Salon 1959. Im Mittelpunkt stand der Cadillac Starlight mit einteiligem Plexiglas-Dach. Pinin mit Präsident Charles de Gaulle (Mitte). Einige Wochen später wurde der Starlight auf dem Turiner Salon gezeigt (rechts): Renzo Carli und Sergio Farina sind zu recht stolz.

18. Februar 1959. Schauspieler James Stewart und Fürst Fürstenberg zu Besuch bei Pinin Farina.

Fräulein Ciucci, Automobilexpertin und Siegerin der italienischen Ausgabe von „Alles oder Nichts" im Alfa Romeo 3500 Super Sport, Mai 1959.

Eine der gelungensten Ferrari-Berlinetten, der 250 GT berlinetta swb, so genannt wegen des im Vergleich zum Vorgängermodell Tour de France verkürzten Radstands. Hier ein Exemplar der Lusso-Ausführung, wahrscheinlich aus dem Jahr 1961.

Unten
Ein jüngeres Photo des Ferrari 250 GT berlinetta swb (1959) aus der Sammlung Pininfarina, zum Fünfzigjahr-Jubiläum 1980 restauriert.

Links
Am 22. März 1959 brach Pinin Farina mit dem Journalisten Giovanni Canestrini zu einer Reise um die Welt auf: hier in einer Straße in Tokio.

Rechts
Pinin mit Botschafter Manlio Brosio in Washington.

Unten
Pinin Farina, ein Mensch von brillanter Intelligenz, offenem Geist und vielfältigen Interessen. Reisen bedeutete ihm stets: neues kennenlernen.

Die Reise geht weiter: Auckland (Mitte) und Polynesien (unten).

Auf dem Weg zum fertigen Auto: Auf der Holzform wurden die Karosseriebleche von Hand gehämmert.

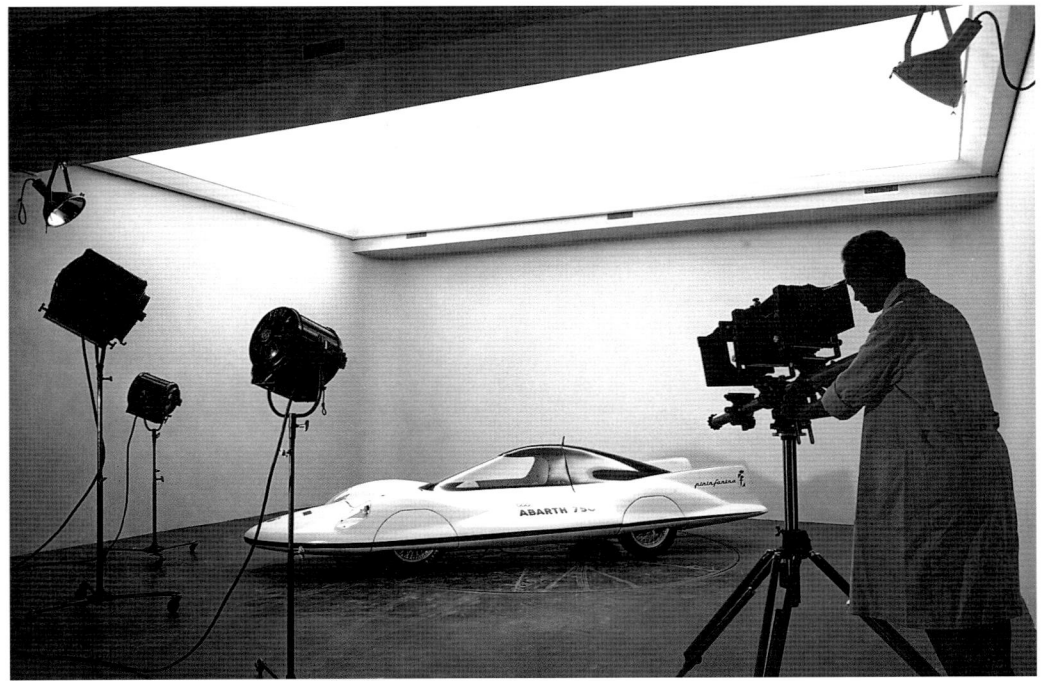

Der Abarth-Rekordwagen.

Bruno Sacco

„Ich wollte Designer werden, aber in Turin kannte ich bis dahin nur die Carrozzeria Ghia, wo ich zwei Sommer lang gearbeitet hatte. Im Herbst 1957 stellte ich mich also bei Pinin Farina vor. Sergio empfing mich: es war eine sehr interessante Unterhaltung und er gab mir viele nützliche Tips", erinnert sich Bruno Sacco, der später über 25 Jahre lang das Mercedes-Design bestimmen sollte.

„Sergio meinte, dass das Metier des Designers faszinierend sei, ich solle mir aber keine Illusionen machen, ich würde damit nicht reich werden. ‚Bis zur eigenen Yacht und zum Haus in den Bergen wirst du es nicht schaffen', sagte er und jetzt, am Ende meiner Karriere, kann ich sagen, dass er Recht hatte."

LC War das damals, 1957, nur eine nette Unterhaltung oder ein echter Einstellungstest?

BS „Sergio ließ mich als Test auf der Basis des gerade herausgekommenen Fiat 500 etwas entwerfen. Ein paar Wochen später durfte ich wieder hin, eine meiner Skizzen hatte ihm zugesagt und ich sollte etwas daraus machen. Das tat ich und wurde dafür auch bezahlt."

LC Und dann?

BS „Ich verhandelte schon mit Mercedes-Benz, wo ich im Dezember 1957 angenommen wurde. Ich ging noch einmal zu Pininfarina, um meinen Abgang nach Deutschland zu verkünden, aber ich traf Sergio nicht an, also ließ ich ihm meine Grüße ausrichten."

LC Wenn eine Universität Sie heute einlüde, einen Vortrag über die Carrozzieri zu halten, wie würden Sie Pininfarina darstellen?

BS „Als die Mutter der italienischen Karosseriebauer, wo das Handwerk vom Vater auf den Sohn vererbt wird. Heute sehen wir schon die dritte Generation in der Firma arbeiten, während die vierte noch die Schulbank drückt."

LC Manche sprechen von Pininfarina als den „Royals" des italienischen Designs...

BS „Der Monarchie kann man viele Attribute zusprechen, was aber wirklich zählt, sind die Persönlichkeiten. Sergio ist eine komplexe und einzigartige Persönlichkeit. Er ist ein hervorragender Techniker, ein phantastischer Unternehmer und auch ein Designer, der sein Handwerk durch und durch versteht. Darüberhinaus hat er auch Qualitäten im menschlichen Umgang. Er hat verschiedene Unternehmervereinigungen geleitet. Schließlich hat er das alles in Zeiten erreicht, die vom Terrorismus und daher von großen Gefahren für seinen Leib und sein Leben geprägt waren."

LC Kehren wir in unseren imaginären Lehrsaal zurück. Anhand welcher fünf Autos würden Sie dem Auditorium das Pininfarina-Design erklären?

BS „Anfangen würde ich mit dem Cisitalia, ein allgemein anerkanntes Meisterwerk, das sogar in der ständigen Ausstellung des Museum of Modern Art in New York steht, auch wenn er mir nicht besonders gefällt. Dann würde ich zwei sehr schöne Lancias nennen, den Aurelia B24 Spider und die Florida II, die übrigens – das ist nur wenigen bekannt – Türschlösser von Mercedes besaß. Dann einen klassischen Ferrari, den 250 swb aus dem Jahre 1960 und von den neueren Autos das Peugeot 406 Coupé. Schließlich von den reinen Stilstudien auf jeden Fall den Modulo."

LC Wie kommt es, dass sich in all den Jahren die Wege von Pininfarina und Mercedes-Benz nie gekreuzt haben?

BS „Darauf weiß ich ehrlich keine Antwort. Immerhin sind wir uns in den letzten vierzig Jahren mehrmals begegnet. Das erste Mal Ende der sechziger Jahre. Auf Einladung Karl Wilferts, meines damaligen Vorgesetzten, kamen Sergio und sein Schwager Renzo Carli, ein großartiger Techniker, zu uns. Man wollte sich gegenseitig kennenlernen und ich fungierte dabei als ‚Anstandsdame'. Es gab später weitere Kontakte, die aus dem einen oder anderen Grunde alle zu nichts führten. Das letzte Mal ging es um das CLK Cabriolet, für dessen Produktion ich Pininfarina ins Spiel brachte. Sergio wäre das sehr am Herzen gelegen. Am Ende entschieden wir uns aber für Karmann. Hoffentlich hat Pininfarina im nächsten Jahrtausend mehr Glück."

Eine der Skizzen für die Aerodynamik-Studie Fiat X, in Zusammenarbeit mit dem Turiner Polytechnikum entwickelt (1960).

Die Aerodynamik-Studie Fiat X mit rhombenförmig angeordneten Rädern, hier beim Test mit Sergio und Renzo Carli.

Oben
Pinin und Enzo Ferrari in den sechziger Jahren.

Pinin und Juan Manuel Fangio in den sechziger Jahren in Buenos Aires.

Pinin Farina mit Maria Beatrice von Savoyen.

Pinin mit der lyrischen Sängerin Renata Tebaldi.

Sergio Pininfarina in den fünfziger Jahren.

Sergio Pininfarina und Renzo Carli mit der Holzform des Ferrari 400 SA.

Sergio und Pinin vor dem Eingang zum Werk Grugliasco.

Im September und Oktober 1960 errang der von Pinin Farina karossierte Abarth Speciale in Monza acht Weltrekorde in der 750er- und Einliterklasse. Am Steuer saßen Baghetti, Maglioli, Cattini, Rigamonti, Manfredini, Bassi, Thiele, Castellina, Leto di Priolo und der künftige Historiker Mario Poltroneri.

Der Peugeot 404 aus dem Jahre 1960, der zweite Hit der franko-italienischen Verbindung.

„Bis zum zweiten Weltkrieg besaß Frankreich eine blühende Autodesign-Szene, die dann aber verschwunden ist. Vom Kriegsende bis heute herrschte die italienische Schule vor, mit dem außerordentlichen Höhepunkt der fünfziger und sechziger Jahre. Die Italiener, allen voran Pininfarina, waren stets der Maßstab im modernen Automobildesign", meint Gérard Welter, seit 1960 in der Peugeot-Designabteilung tätig, die er seit 1988 leitet. „Mit dem Ferrari-Abenteuer hat Pininfarina Phantastisches geleistet. Von den Barchetten der fünfziger Jahre, die alle inspiriert haben, inklusive den so berühmten AC Cobra, bis zur langen Serie der MM, für uns Designer ein Fixpunkt, wie im Übrigen auch der 250 GTO. Mit den Ferraris hat Pininfarina der ganzen Designwelt Phantasie und eine Basis gegeben, wirklich moderne Autos zu entwerfen."

LC Was ist im Laufe dieser fast fünfzig Jahre anders geworden?

GW „Als wir begannen, mit Pininfarina zusammenzuarbeiten, mussten wir von ihm lernen, wie man Karosserien entwirft. Heute sind wir darin Meister, bestehen vor der Konkurrenz und stehen nicht nur mit Pininfarina, sondern auch mit anderen externen Designern im Wettbewerb. Heute sind die Designabteilungen der Autofirmen stark auf sich selbst fixiert, doch wir bei Peugeot legen Wert darauf,

LC Und was bedeutet Pininfarina für Peugeot?

GW „Es ist heute sehr schwierig, die neuere Peugeot-Geschichte von der Geschichte Pininfarinas zu trennen. Die Zusammenarbeit besteht schon seit Zeiten des 403; Pininfarina hat unserer Marke ein Metier, ein Gewicht gegeben, das sie nicht hatte. Pininfarina war nicht nur Karossier, sondern auch Hersteller, und seit dem 404 haben wir auch dort produzieren lassen. Für Peugeot ist Pininfarina nicht nur ein externer Designer, sondern es besteht zwischen uns eine umfassende Zusammenarbeit."

Kontakt zur ‚Außenwelt' zu haben. Dabei ist Pininfarina unser dauerhafter und privilegierter Mittler."

LC Riskiert ein Externer wie Pininfarina nicht, in Zeiten immer stärkerer und stärker integrierter eigener Designabteilungen der Konzerne zunehmend die zweite Geige zu spielen?

GW „Sicherlich wird es für einen Externen immer schwieriger, einen Serienentwurf durchzusetzen, obwohl es auch Ausnahmen von dieser Regel gibt, vor allem im kreativen Bereich, wo der Designer das Unmögliche möglich machen kann. Ich glaube, dass der Karossier in Zukunft mehr allgemeiner Ideengeber für ein neues Modell sein wird als dessen alleiniger Gestalter. In einem biblischen Vergleich ließe sich sagen, dass die eigenen Designstudios inzwischen zu Riesen wie Goliath geworden sind, doch heutzutage ist die Konkurrenz so groß, dass wir nicht nur auf uns selbst schauen können. Daher brauchen wir die kleinen Davids, die uns zwingen, unseren Horizont zu erweitern."

LC Welcher Pininfarina-Entwurf hat sie in all den Jahren am meisten begeistert?

GW „Ganz gewiss das 504 Coupé. Damals steckte unsere Designabteilung noch in den Kinderschuhen, selbst der Boden bestand nur aus Asphalt. Als das Modell in den Präsentationsraum geschoben wurde, blieb uns die

Spucke weg. Ich habe nur gegafft und dachte: Phantastisch! Wir haben uns das Modell lange angesehen und beschlossen dann ohne weitere Diskussionen, dass der Entwurf ohne jede Änderung in Serie gehen sollte. Das war – und ist – ein wunderschönes Auto."

LC Damals konnte David Goliath noch besiegen...

GW „Das würde ich nicht sagen. Seinerzeit war unsere Designabteilung noch der kleine David!"

LC Unter den vielen Entwürfen, die Pininfarina in fast fünfzig Jahren für andere Kunden gezeichnet hat, gibt es da einen, von dem Sie wünschten, es wäre ein Peugeot?

GW „Die einzigen anderen Pininfarinas, die mich interessieren, sind die Ferraris, aber solche Autos baut Peugeot nicht. Allgemein würde ich sagen, dass Pininfarina noch mehr auf Ferraris spezialisiert ist als auf Peugeots. Aber das stört uns nicht: wir sind überglücklich, mit Ferrari zusammen einen Platz im Herzen Pininfarinas einzunehmen."

Die Lackiererei Ende der fünfziger Jahre.

Endmontage.

Auf den Montagebändern entstehen gerade einige Fiat 1500 Cabriolet, zwei Fiat 1500 GT und ein Peugeot 404 Cabriolet.

Das Fiat 1500 Cabriolet von 1959-1960 mit der Karosserie des Fiat 1200 und von OSCA getuntem Motor.

Der Gianni Agnelli-Ferrari 410 SA, Chassis Nr. 1517 SA, nach den Retuschen vom Mai 1960: Wegfall der seitlichen Lufteinlässe, neue Stoßstangen und neue Chromleiste an den Flanken.

Sergio Farina und Sir Alec Issigonis, der geniale Konstrukteur des Mini.

Pinin Farina mit einem Ferrari 250 GT Lusso (1962).

Links
Pinin und Sofia Loren auf der im Rahmen der Hundertjahrfeier der Italienischen Einheit abgehaltenen Schau „Moda, Stile e Costume", deren Schirmherr er war.

Oben rechts
Auf der selben Schau mit Herbert von Karajan, einem Liebhaber schöner Autos.

Pianist Arturo Benedetti Michelangeli bewundert den Ferrari 400 SA Superfast II im Jahre 1960 (Chassis Nr. 2207 SA).

Queen Elisabeth auf Staatsbesuch zur Hundertjahrfeier der Italienischen Einheit.

Für den Besuch der Queen wurden drei Paradewagen auf Flaminia-Basis gebaut, von denen einer noch heute von der italienischen Regierung gelegentlich benutzt wird. Dieses Exemplar gehört dem englischen Königshaus.

1963 baute Pininfarina dieses Coupé auf Basis der Lancia Flaminia 2.8 als Einzelstück, hier zu sehen beim Concours d' Elégance in Alassio, 1965.

Das Profil des Lancia Flaminia Coupé.

Das elegante Lancia Flavia Coupé 2+2 von 1961, erhältlich mit 1,5- und 1,8-Liter-Motor.

Eine Auszeichnung beim Concours d' Elégance von Florenz.

Unten
Pinin in der Montagehalle.

AUTOMOBILE CLUB FIRENZE   AZIENDA AUTONOMA TURISMO DI FIRENZE

Concorso internazionale di eleganza per autovetture
FIRENZE • GIARDINO DI BOBOLI • 20-21 MAGGIO 1961

Gran Premio d'Onore

ALLA FABBRICA DI CARROZZERIE

S.p.A. Pininfarina

AUTOMOBILE CLUB FIRENZE
IL PRESIDENTE
Dr. Ing. P. Borracci

AZIENDA AUTONOMA TURISMO DI FIRENZE
IL PRESIDENTE
Prof. Ing. A. Taccini

Das veröffentlichte Dekret von Staatspräsident Giovanni Gronchi aus dem Jahre 1961, mit dem der Familien- und Firmenname von Farina in Pininfarina geändert wird; die Erlaubnis wurde in Anerkennung des weltweiten Bekanntheitsgrades der Marke Pininfarina erteilt.

2999 - A PAGAMENTO

ESTRATTO

Si dà atto che con decreto del Presidente della Repubblica in data 6 Giugno 1961 - trascritto nei registri di nascita del Comune di Torino - Anno 1961 - n. 666 - 1 - 2 - B, i signori - Cav. del Lavoro Farina Battista, nato a Torino il 2. 11. 1893 ed ivi residente in Corso Stati Uniti n. 61; e ingegner Farina Sergio, nato a Torino il 8/9/1926 e residente a Torino, Corso Matteotti n. 42, B, quali Presidenti del Consiglio di Amministrazione il primo ed Amministratore Delegato il secondo della Società per Azioni CARROZZERIA PININFARINA, con sede in Torino e col capitale sociale di LIRE 8.000.000 versato; vennero autorizzati a cambiare il cognome: "Farina" in quello di: "PININFARINA" e pertanto i sopradetti Signori potranno fare uso per l'avvenire, in tutti gli atti ed in ogni circostanza, di quest'ultimo cognome.
Torino, li 26/10/1961 -
    Manacorda Umberto Not.
Tribunale di Torino Ufficio Società
Depositato il 27 Ottobre 1961 Numero 14641 Registro d'Ordine N. -- Trascrizione N. 186 Società N. 2099/950 Fascicolo.
Pagata tassa in L. 2005
    Il Cancelliere
    Manfredi

Ein flottes Bild: Sergio mit Renzo Carli und den Journalisten Bernard Cahier und Paul Frère beim Genfer Salon 1961.

General Motors-Stylingchef Harley Earl mit Sergio Pininfarina und Renzo Carli, September 1961.

Zwei Jahre nach ihrem ersten Treffen: noch einmal Pinin und de Gaulle.

Pininfarina mit dem unglücklichen Rennfahrer Lorenzo Bandini, dritter von rechts, 1961.

Nachfolger des X, aber mit konventionell angeordneten Rädern: der Fiat Y, hier beim Concours d' Elégance in Cortina d´Ampezzo, Juli 1962.

Unten
Pininfarina experimentierte auch mit Wasserskiern.

Pinin in Grugliasco mit seinem Ferrari 250 GT; auf der Haube ein kleiner Globus zur Erinnerung an Pinins Weltreise.

DUE MAGHI A SANREMO

SANREMO — Il mago della carrozzeria d'auto Pinin Farina apprende le «malizie» dello sci nautico dal mago Hans Nöbl
(Foto Moreschi)

Gino Paoli im Alfa Romeo 2600 Cabriolet Speciale (1962).

Auf dem Turiner Salon 1962 mit Präsident Antonio Segni.

Ein besonders gelungenes Spezialcabriolet auf Basis des Alfa Romeo 2600.

Piero Ferrari

„Anfang der sechziger Jahre habe ich Pinin Farina kennengelernt. Damals war ich 15 und hatte an Autos kein Interesse; ich begleitete lediglich meinen Vater", erinnert sich Piero Ferrari, Vizepräsident der gleichnamigen Autofirma. „Ich erinnere mich, dass diese erste Begegnung im gerade fertig gestellten neuen Werk in Grugliasco stattfand. Mein Vater hatte Chassisentwürfe mit einem vorn liegenden V8 dabei, die auf einem Sportmodell mit Heck-V8 beruhten. Dieses Auto sollte es nie geben, aber die Auslegung mit hinten liegendem Getriebe fand sich dann an den GTC, GTS und am Daytona wieder. Damals begegneten sich nicht nur zwei Firmen, sondern auch zwei Generationen: einerseits Pinin und mein Vater, die die ernsthaften Gespräche führten, andererseits ich und Sergio, die wir hauptsächlich zuhörten. Normalerweise zogen sich die Treffen bis in den Abend und mein Vater pflegte den langen Arbeitstag mit einer Einladung zum Abendessen abzuschließen, daran denke ich gerne zurück."

LC Wie lange mussten Sie warten, bis Sie bei den Treffen mit Pininfarina mitreden durften?

PF „Lange Jahre. Ende 1965 fing ich an, in der Firma zu arbeiten, kümmerte mich bis 1987 aber ausschließlich um den Motorsport. Pininfarina traf ich daher nur selten, nur im Zusammenhang mit dem Sigma F1 hatten wir direkten Kontakt. Dieses Auto ist nie richtig begriffen worden: die meisten sahen es als reine Stilübung an, obwohl es über viele Innovationen verfügte, besonders im Bereich der Sicherheit. Seit 1988 kümmere ich mich um die Serienmodelle, und jetzt sehen wir uns natürlich viel häufiger, auch weil ich jetzt in dem Komitee sitze, das über das Design entscheidet."

LC Pinin Farina und Enzo Ferrari verfügten über viele Qualitäten, aber einfache Charaktere waren sie nicht. Wer weiß, welchen Streit es zwischen diesen beiden starken Persönlichkeiten gab...

PF „Ich habe sie nie streiten gesehen. Mein Vater raunzte über die Kosten, nicht über die Qualität von Pininfarinas Arbeit. Nie kam es vor, dass er einen Wagen in Bausch und Bogen ablehnte. Oft verstand mein Vater nicht vollständig die Idee hinter Pininfarinas Prototypen für die Autoshows, wie etwa den Modulo und den 512 S, aber er ließ ihn stets gewähren. Den Mythos hat er nicht mehr erlebt, der seinem Empfinden, seiner Art, die Straßenferraris zu sehen, viel näher kam."

LC In der langen Verbindung zwischen Ferrari und Pininfarina gab es mehr als einmal die Versuchung, den Karossier zu wechseln...

PF „Versuche: ja, aber am Ende behielt Pininfarina immer die Oberhand."

LC Und Bertones Dino 308 GT4?

PF „Der war nicht das Ergebnis einer bewussten Designentscheidung, sondern produktionsbezogener Umstände. Um das zu verstehen, muss man die Vorgeschichte kennen. Fiat baute im Werk Rivalta den Dino V6-Motor, der in unseren Dino und den beiden Fiat-Modellen zum Einsatz kam, dem zweisitzigen Dino Spider von Pininfarina und Bertones 2+2-sitzigem Coupé. Nach dem Übergang vom V6 zum V8 gab es keine Fiat-Modelle mit der neuen Maschine mehr, und wir hielten es für logisch, neue Modelle mit den alten Partnern zu bringen: zweisitziges Coupé von Pininfarina, 2+2 von Bertone. Das war also kein Design-‚Verrat', sondern eine Frage von fortzuführenden Partnerschaften."

LC Darf man einen Ferrari bitten, den schönsten Ferrari aller Zeiten zu küren?

PF „Klar, aber die Antwort ist nicht so einfach, denn jede Zeit hat ihren Favoriten. Auf jeden Fall sind alle Pininfarina-Entwürfe hervorragend gealtert, wie schöne Frauen, die im Alter noch zeigen, dass sie in ihrer Jugend wunderschön waren. Hier ist also meine Liste: aus den sechziger Jahren der 330 GTC/GTS, hoch elegant und sehr harmonisch. Aus den Siebzigern ohne Zweifel der BB. Aus den Achtzigern der Testarossa: heute wirkt er allzu extrovertiert, aber als er herauskam, hat er alle ins Herz getroffen."

LC In dieser Galerie fehlt der – für viele mythische – Daytona. Wie das?

PF „Weil seinem Design die Kohärenz zwischen Front und Heck abgeht. Es gab einen Entwicklungsprototypen mit anderer Frontpartie. Den haben Sergio und ich auf dem Rodeo Drive bei der US-Vorstellung des 550 Maranello wiedergesehen und fassten beide denselben Gedanken: den hätten wir damals bauen sollen."

Gianni Mazzocchi, Gründer des Domus-Verlages.

Der PF Sigma, Protoyp eines Sicherheitsautos, wurde 1963 in New York vorgestellt. Die von Pininfarina, der sich dem Bereich der Sicherheit widmen wollte, und Gianni Mazzocchi, dem Doyen des italienischen Automobiljournalismus, Gründer des Domus-Verlages im Jahre 1929 und Chef des Fachblattes Quattroruote, angeregte Studie bot 14 Innovationen zum Thema Sicherheit.

Rechts
Der PF Sigma beim Kongress „Sicherheit im Straßenverkehr" im Juni 1965 in München. 1966 wurde das Auto auch dem amerikanischen Senat präsentiert, der in Sicherheitsfragen eine Vorreiterrolle zu spielen gedachte. Seit 1969 steht der Sigma im Verkehrsmuseum in Luzern.

Pinin erneut in Brasilien, am Iguacù-Wasserfall, 1963.

Unten
Pinin im November 1963 in São Paulo.

Eine weitere Etappe: Chile.

Ferrari, Pininfarina und sein Ferrari 250 GT Lusso (Chassis Nr. 4335 GT).

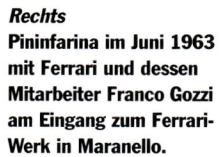

Rechts
Pininfarina im Juni 1963 mit Ferrari und dessen Mitarbeiter Franco Gozzi am Eingang zum Ferrari-Werk in Maranello.

In der Ferrari-Rennabteilung.

Pininfarina mit Enzo Ferrari.

Mai 1963 in Paris, mit dem Holzmodell des Ferrari 250 GT California.

Pininfarina mit seinem 250 GT, 27. Juni 1963.

Renzo Carli, Ferruccio Bernabò, Sir Alec Issigonis, Athos Evangelisti, Sergio Pininfarina und Gino Rancati: Hersteller und Presse.

Pininfarinas persönlicher Ferrari 250 GT Lusso (Chassis Nr. 4335 GT). Wie auch bei anderen Autos, die Pinin selbst fuhr, fehlte dem Lusso das Ausstellfenster auf der Fahrerseite.

Hirokazu Nakamura

"Das Pininfarina-Werk habe ich schon vor 35 Jahren besucht, aber der Funke sprang erst 1996 über, als ich Sergio Pininfarina auf einem Kongress in Prag persönlich kennenlernte", erzählt Hirokazu Nakamura, damals Präsident der Mitsubishi Motors Corporation, heute Berater bei derselben Firma. *"Sergio sprach über die Zukunft des Designs, ich über die Zukunft des Motorenbaus, über meinen alten Traum, die direkte Benzineinspritzung, die mit dem GDI endlich Wirklichkeit wurde. Wir hatten uns viel zu erzählen, daher verabredeten wir uns zum Essen. Da erzählte er mir, dass schon sein Vater mit uns hatte arbeiten wollen, was mich, offen gesagt, sehr bewegte. Von Prag aus fuhr ich nach Turin, um Pininfarina zu besuchen und kam zu dem Entschluss, dass wir sehr bald etwas zusammen machen sollten."*

LC Schon zuvor hatte es Bemühungen um eine Mitsubishi-Produktion bei Pininfarina gegeben...

HN „Wir hatten für die zweite Generation des Pajero daran gedacht. Wir prüften, ob eine Produktion in Europa sinnvoll wäre und Italien, als größter Pajero-Markt, schien uns ideal zu sein. Pininfarina schien uns das geeignete Werk. Das ganze war aber mehr ein Denkmodell als ein konkreter Plan. Wir hatten das neue Werk in Holland, die spätere NedCar BV, schon beschlossen und es wäre uns schwer gefallen, zwei Fabriken in Europa zu betreiben."

LC Es sollte doch noch einen Pajero made in Italy geben, aber erst 1999...

HN „Den Pajero Pinin. In der Firma wollten sie ihn eigentlich Pajero Farina nennen, weil das fast so wie Pininfarina klingt. Ich selbst habe auf Pinin bestanden, unterstützt von Lorenza Pininfarina, die allen meinen Kollegen erklärte, dass Pinin übersetzt „der Kleine" bedeutet. Ein perfekter Name für unseren kleinsten Pajero."

LC Vom Partner zum Freund: was haben Hirozaku Nakamura und Sergio Pininfarina gemein?

HN „Das Alter, die Liebe zum Auto und die Ausbildung, wir sind beide Luftfahrtingenieure. Und die Leidenschaft für das Golfspiel. Sergio spielt besser als ich, aber als echter Gentleman lässt er mich vom Frauen-Tee abschlagen, um die Partie offener zu halten."

Pinin am Tage der Verleihung des Ehrendoktors der Architektur (1963).

Rechts
Der Austin Morris 1100, konstruiert von Alec Issigonis, gestylt von Pininfarina.

Pininfarinas Ehrendoktor-Diplom im Fach Architektur.

IN NOME DELLA LEGGE
Noi Prof. Dott. Ing. ANTONIO CAPETTI
Rettore del Politecnico di Torino

Visto l'art. 169 del Testo Unico delle Leggi sulla Istruzione Superiore, approvato con R. D. 31 Agosto 1933, n. 1592; vista la deliberazione in data 20 Marzo 1963 con la quale il Consiglio della Facoltà di Architettura ha proposto all'unanimità il conferimento della LAUREA AD HONOREM IN ARCHITETTURA al Cavaliere del Lavoro BATTISTA PININFARINA, nato a Torino il 2 Novembre 1895, in riconoscimento della meritata fama di singolare perizia da lui raggiunta nelle discipline architettoniche quale creatore della più nota ed apprezzata carrozzeria del nostro Paese, industria che seppe far assurgere a glorie mondiali, imponendo anche all'estero lo stile architettonico italiano;
vista la lettera in data 11 Aprile 1963 n. 1886, con la quale il Ministero della Pubblica Istruzione ha approvato la deliberazione predetta;

conferiamo a
BATTISTA PININFARINA
LA LAUREA AD HONOREM IN ARCHITETTURA
Il presente diploma di laurea viene rilasciato a tutti gli effetti di legge.

DATO A TORINO IL 6 NOVEMBRE 1963

IL DIRETTORE AMMINISTRATIVO   IL RETTORE   IL PRESIDE DELLA FACOLTÀ

Einer der letzten Ferrari 400 SA in einer Aufnahme von 1963.

Schauspieler Raf Vallone am Steuer eines Ferrari 400 SA beim Turiner Salon 1963.

26. Juni 1963: Agnelli und Pininfarina in Verona beim „Raid Internazionale 1899".

Der Fiat 2300 Lausanne, ein Einzelstück (1963).

Sergio zeigt dem Fußballer Omar Sivocci den Lausanne, Turiner Salon 1963.

Pininfarina in Grugliasco, 1964.

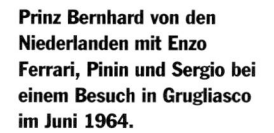

Sergio mit Schwester Gianna Pininfarina Carli.

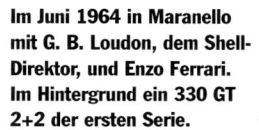

Renzo Carli und Sergio Pininfarina.

Prinz Bernhard von den Niederlanden mit Enzo Ferrari, Pinin und Sergio bei einem Besuch in Grugliasco im Juni 1964.

Im Juni 1964 in Maranello mit G. B. Loudon, dem Shell-Direktor, und Enzo Ferrari. Im Hintergrund ein 330 GT 2+2 der ersten Serie.

"Jahrelang habe ich Pinin Farina jeden Morgen getroffen, aber ich habe ihn nie kennengelernt. Als ich auf das naturwissenschaftliche Gymnasium ging, sah ich ihn immer, wie er von zu Hause in die Fabrik fuhr, in seinem schwarzen Lancia Florida II mit den türkisfarbenen Polstern – eine äußerst elegante Kombination. Ich wusste, wer er war, denn um kostenlos in die Automobilsalons zu kommen, machte ich den Kartenkontrolleur am Eingang", erinnert sich Paolo Cantarella, Geschäftsführer der Fiat SpA und Präsident von Fiat Auto.

LC Wann hatten Sie beruflich zum ersten Mal mit Pininfarina zu tun?

PC „Als Zulieferer, etwa 1984-1985, als ich bei Comau war. Pininfarina war dabei, für General Motors Machbarkeitsstudien für das Projekt GM-200 zu erstellen, das später zu dem Minivan-Trio Chevrolet Lumina APV, Oldsmobile Silhouette und Pontiac Trans Sport führte. Wir bei Comau USA waren an der Entwicklung und der Produktionsplanung beteiligt. Als Kunden hatten wir Anfang der neunziger Jahre wieder Kontakt, als wir bei Fiat Auto die Basis für die Produktion des Coupé Fiat schufen. Dann, mit dem 360 Modena, trat ich in eine Wunderwelt ein, von der ich schon als Kind geträumt hatte: der Erschaffung eines neuen Ferrari."

LC Überwiegt in Ihrer Sicht auf Pininfarina der Designer oder der Hersteller?

PC „Ich sehe beides zusammen, denn ich halte Pininfarina für die natürliche Wahl bei Kleinserien oder Sportwagen."

LC Sie treffen einen Kollegen aus einem fernen Land, der noch nie von Pininfarina gehört hat. Wie würden sie ihm in zwei Worten erklären, wer oder was Pininfarina ist?

PC „Unmöglich. Wer in dieser Branche arbeitet, egal wo auf der Welt, der weiß ganz genau, wer Pininfarina ist und was er macht. Höchstens ein Marsmensch wüsste das nicht, und dem würde ich einfach sagen: Pininfarina ist der, der die Ferrari entwirft."

LC Wollen wir einen Moment lang versuchen, von Pininfarina zu reden, ohne Ferrari zu erwähnen?

PC „Wieso denn? Es stimmt, dass Motoren auch der Ästhetik helfen, und aus dieser Verbindung sind viele wunderschöne Autos hervorgegangen. Denken Sie nur an den Dino vom Pariser Salon 1965, den Pinin ‚meine kleine Nichte' nannte, auch heute noch sehr ansehnlich und stilistisch der Stammvater aller modernen Ferrari. Alle Lancia von Pininfarina haben mir immer sehr gefallen, besonders der Aurelia B24 Spider, ein formales Thema, das dann am Alfa Giulietta Spider wiederkam, wenn auch – wegen des kürzeren Autos – in weniger harmonischer Form. Bei den Limousinen schätze ich die distinguierte Nüchternheit des Peugeot 404 sehr hoch."

LC Das waren die Guten. Und die Schlechten?

PC „Wie alle unabhängigen Designer, bleibt Pininfarina oft mehr sich selbst treu als der Marke, für die der Entwurf gedacht ist. Mit anderen Worten, es gibt immer wieder Entwürfe, die typisch Pininfarina sind, aber nicht dem entsprechen, was wir uns unter einem Alfa, einem Fiat oder einem Lancia vorstellen.
Mit Pininfarina als Hersteller haben wir wechselnde Erfahrungen gemacht. Als kurz nach dem Start die Produktion des Coupé Fiat 100 Einheiten am Tag überstieg, erzeugte die Pininfarina-Unternehmenskultur, die an kleinere Serien gewöhnt ist, Reibereien und Kritikpunkte. Ich muss aber ehrlich sagen, dass sie die Probleme in den Griff bekamen und dass die Situation heute eine objektiv andere ist. Das beweisen auch großvolumige Aufträge an Pininfarina von anderen Autofirmen."

Pinin bei der Eröffnung der La Salle-Schule in Grugliasco mit Bischof Bonetti.

Die Technische Schule La Salle, die sich Pinin für die Ausbildung der jungen Mechaniker gewünscht hatte.

Auszeichnung eines jungen La Salle-Eleven.

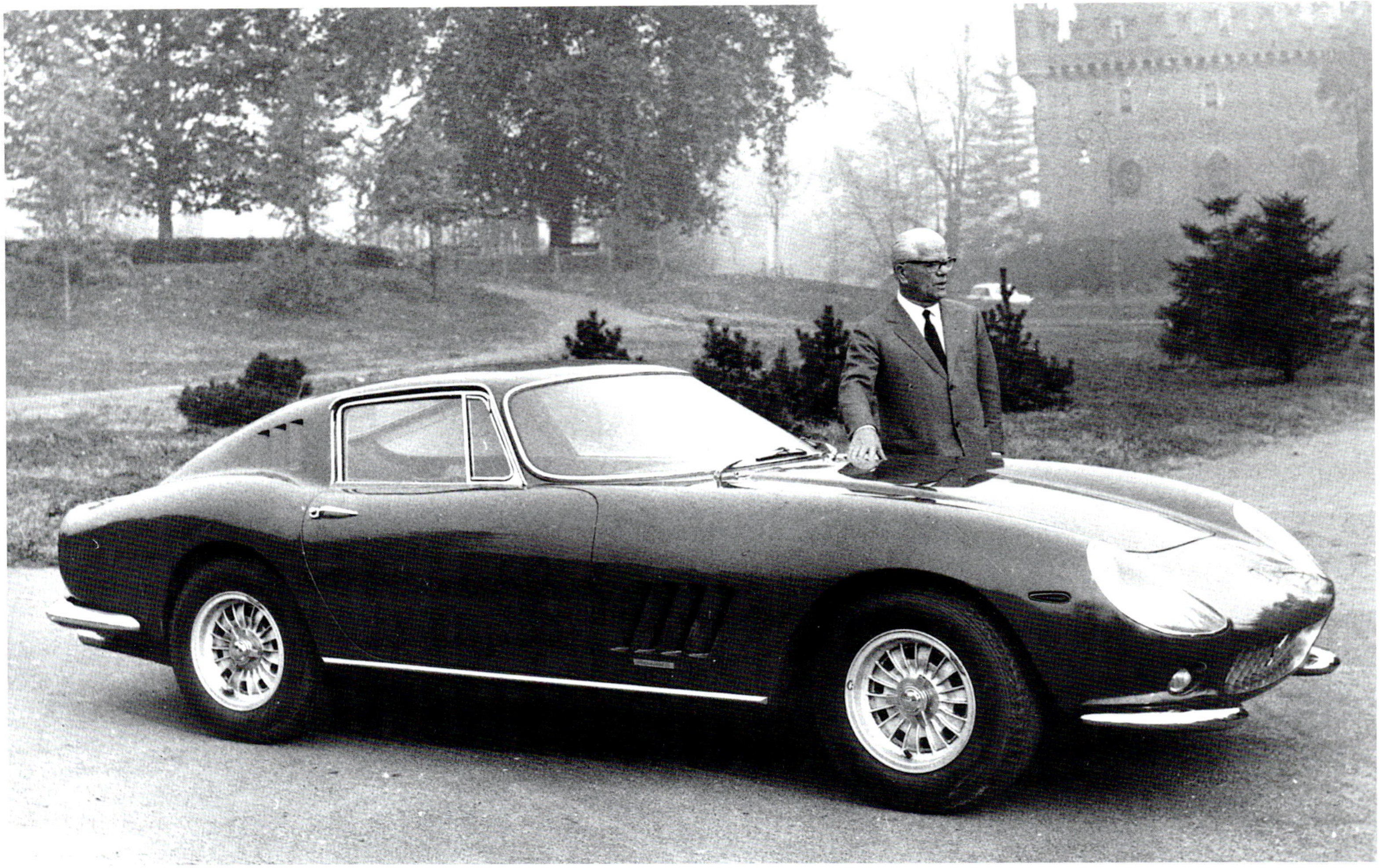

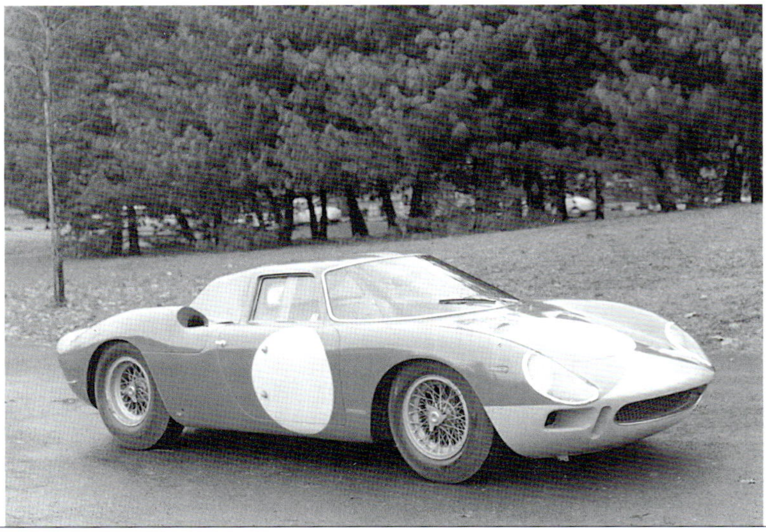

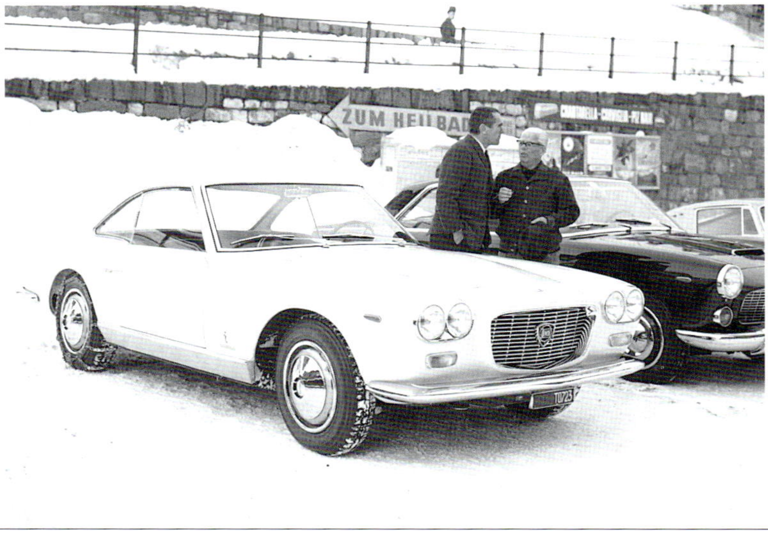
ZUM HEILBA

Titelblatt einer Ausgabe der Pininfarina-Revue, 1964.

Mit Bill Mitchell und dessen Team in Detroit, 17. April 1964.

Sergio Pininfarina im GM Styling-Center mit Bill Mitchell und dessen Team.

Rechts
Mit Bill Mitchell, GM-Vizepräsident und Designchef, in einem Corvette-Prototyp während eines Detroit-Besuches im April 1964.

Vorhergehende Seite:
Pininfarina mit einem Ferrari 275 GTB im Valentino-Park, Turin (1965).

Der 250 LM des englischen Ferrari-Importeurs (1963).

In St. Moritz mit der Flaminia 2800 Speciale, der Florida II.

Der Ferrari 330 GT 2+2 der ersten Serie beim Concours d' Elégance in Cortina d'Ampezzo (1964).

Sergio mit einem Ferrari 330 GT 2+2, bei Pininfarina gefertigt.

Der 330 GTS Spider. Dieses Auto besitzt die Chassis Nr. 8899 und ist das erste von 100 gefertigten Exemplaren, ausgeliefert im Juli 1966.

Ein Ferrari 330 GT 2+2 der zweiten Serie, erkennbar an den Einzel- statt Doppelscheinwerfern, den längeren Blinkergläsern und den Stoßstangenhörnern (1965).

Ein Ferrari 330 GTC, ein Zweisitzer mit verkürztem Radstand von 2400 mm, vorgestellt in Genf 1966.

„Am meisten erstaunt mich die Dauerhaftigkeit der Zusammenarbeit Peugeot-Pininfarina. Sie begann Anfang der fünfziger Jahre mit dem 403 und hält bis heute an. Das ist jetzt fast ein halbes Jahrhundert, das ist wirklich sehr lang. Pininfarina arbeitete schon zuvor für italienische Hersteller, aber die längste durchgängige Kooperation besteht eigenartigerweise mit einem ausländischen Werk", wundert sich Jean Boillot, Peugeot-Chef seit 1990.

LC Welche Erinnerungen haben Sie an Pinin?

JB „Nur verschwommene. Zur Zeit seiner häufigen Besuche bei Peugeot hatte ich mit den Autos nur wenig zu tun. Später, als ich Verkaufsdirektor geworden war, sah ich ihn häufiger, obwohl ich ab 1965 mit Sergio und seinem Schwager Renzo Carli mehr zu tun hatte."

LC Wie lässt sich Pininfarinas Einfluss auf Peugeot beschreiben?

JB „Er hat uns geholfen, groß zu werden. Schon kurz nach dem Krieg begannen wir zusammenzuarbeiten, wir fingen bei Null an, die Fabrik lag in Trümmern. Vor dem Krieg teilte sich die Produktion in Serienmodelle und Sondermodelle, danach gab es nur noch die Massenfertigung, also wurde das Design, vorher die fast ausschließliche Domäne der Karossiers, für das Werk wichtig. Wir mussten also eine eigene Designabteilung einrichten, brauchten aber zugleich einen von außen kommenden Berater. Mit Pinin Farina hatten wir beides und arbeiteten auf das gleiche Ziel hin: ein möglichst gutes Produkt zu haben."

LC In Italien gibt es ein Sprichwort: Man kann nicht zugleich ein volles Fass und eine Säuferin zur Ehefrau haben. Ihren Worten zufolge scheint Peugeot aber mit Pinin Farina beides gehabt zu haben...

JB „Durchaus. Es gab immer diesen Pinin Farina-Anstoß von außen, der für uns von großem Vorteil war. Im Laufe der Zeit sind wir dazu übergegangen, unser Studio und Pininfarina gegeneinander antreten zu lassen, ohne dass der eine dem anderen übergeordnet gewesen wäre. Für ein Autowerk ist es sehr wichtig, ein starkes Designstudio zu haben, aber auch ein hervorragender externer Berater ist unabdingbar. Die Eifersüchteleien der eigenen Leute gegenüber den Externen zu zügeln ist Sache des Managements und auf jeden Fall ein geringeres Übel als eine Designabteilung zu haben, die allein vor sich hin arbeitet und sich schließlich abkapselt. Der jahrzehntelange Wettbewerb hat beide immer stärker gemacht, was sich auf die Qualität des Designs zweifellos positiv ausgewirkt hat. Uns ist es seit langem egal, ob der Grundentwurf von Peugeot oder von Pininfarina stammt: wichtig ist, dass es der richtige Peugeot zur richtigen Zeit ist."

LC Der Wettbewerb schärft das Genie des Kreativen, dennoch hat es in den letzten fünfzig Jahren durchaus auch nicht ganz so schöne Peugeots gegeben...

JB „Das stimmt, aber das ist nicht immer die Schuld des Designers. Beim 204 lag das Getriebe unter dem Motor, daher musste die Front recht hoch sein und das ästhetische Resultat war mäßig. Um den 205 zu einem schönen Auto zu machen, entwarfen wir eigens einen neuen Motor und ein neues Getriebe, was die Arbeit für die Kreativen sehr viel leichter machte."

LC Wer entwarf den 205 „wirklich"?

JB „Der 205 ist mehr Peugeot als Pininfarina, obwohl ich sagen muss, dass ich beide ursprünglichen Entwürfe ablehnte. Erst nach langer gemeinsamer Arbeit gelang der 205, wie wir ihn kennen. Beim 405 war es umgekehrt: der ist mehr Pininfarina als Peugeot. Anders ist es beim 306: Wir haben die Limousine gemacht, Pininfarina das Cabriolet. In Wahrheit interessiert das ‚Wer hat's gemacht?' nur die Presse, für mich war immer nur wichtig, dass der bessere Entwurf auch in Serie geht. Das ist dann nicht unbedingt der denkbar schönste Entwurf, sondern derjenige, der am besten dem Image der Marke und der Erwartung des Marktes entspricht."

LC Welchen von den vielen Pininfarina-Prototypen auf Peugeot-Basis hätten Sie gerne in der Serie gesehen?

JB „Mit Sicherheit die Peugette. Ein sehr interessantes Auto mit identisch geformten Motor- und Kofferraumhauben. Leider hatten wir damals nicht die passende Technik, um den Wagen in Serie gehen zu lassen."

Die Dino Berlinetta Speciale von 1965, präsentiert auf dem Pariser Salon. Ein Ideenträger, dessen Stil alle folgenden Ferrari-Pininfarina mit Mittelmotor prägte und auch formales Vorbild für Sportwagen anderer Hersteller war.

Der Dino im Valentino-Park.

un'impronta unica: linea pininfarina

Im Valentino-Park: der Dino steht auf einer Plattform, um besser fotografiert werden zu können.

Werbung aus dem Jahr 1965, im Mittelpunkt der Slogan „Linea Pininfarina".

Unten
Der Dino 206 S-Prototyp (Chassis Nr. 0840), im September 1965 fertiggestellt und auf dem Pariser Salon zu besichtigen. Der Wagen ist eine Dauerleihgabe an das Le Mans-Museum.

Das erste Fest der Pininfarina-Veteranen am 3. Juli 1965. Neben Pinin der erste Präsident der Veteranen, Franco Martinengo vom Centro Stile.

Am 7. März 1966 weiht Staatspräsident Saragat das neue Forschungs- und Entwicklungszentrum in Grugliasco ein.

Rechts
Das Zentrum im Bau.

Das Forschungs- und Entwicklungszentrum entsteht. Grugliasco, 1965.

193

Auf dem Brüsseler Salon im Januar 1965 hatten Pininfarina und Ferrari einen gemeinsamen Stand: im Vordergrund links ein Fiat 2300 S Coupé Speciale.

Der Ferrari 365 California: der letzte Kleinserien-Ferrari entstand nur 11 Mal. Dieses Exemplar (Chassis Nr. 8347) ist das erste, im März 1966 in Genf vorgestellt und an den Verleger Dino Fabbri verkauft.

Nach der Einweihung des Forschungs- und Entwicklungszentrums verlässt Pinin in seinem Florida II zum letzten Mal die Fabrik in Grugliasco. Die Gesichter der Anwesenden sind von Sorge erfüllt, fast schon ein Anzeichen für Pinins nahenden Tod.

Pinin mit der Medaille der Ehrenlegion mit den Kindern Gianna und Sergio und einigen Freunden, darunter Carlo Biscaretti di Ruffia (März 1966).

Pinin stirbt am 3. April 1966 in Lausanne. Beim Begräbnis in der ersten Reihe die Kinder und Enkel, rechts der Florida II.

Pinin – eine Persönlichkeit von Rang.

Entwürfe von Francesco Messina für Pininfarinas Bronzebüste, ausgestellt am Haupteingang des Werkes Grugliasco.

Ski-As Jean-Claude Killy bewundert den Fiat Dino Spider.

Enzo Ferrari und Sergio Pininfarina.

Leopold von Belgien und Liliana di Réthy im Juni 1966 in Grugliasco.

Links
Der Fiat Dino Spider mit Ferrari-V6, präsentiert auf dem Turiner Salon 1966.

Die Giulia Sport Speciale beim Concours d'Elégance in Alassio.

Die Familie Pininfarina bei Papst Paul VI., November 1966.

Der Peugeot 204 von 1966 mit Pininfarina-Karosserie.

Klassische Eleganz: Peugeot 404 Cabriolet, bei Pininfarina gefertigt.

200

Auf dem Genfer Salon 1966 wird der Alfa Romeo Duetto erstmals gezeigt.

Vorhergehende Seite:
Die Entstehung des Duetto. Der Alfa Romeo 3500 Super Flow (links oben und Mitte) zeigte bereits einige Details, die später am Duetto berühmt wurden. Am Spider Super Sport (links unten, Genfer Salon 1959) und am Coupé Speciale (rechts oben, Genfer Salon 1960) nähern sich vordere Kotflügelform und die seitliche Auskehlung der Idealform an. Der Giulietta Spider Speciale vom Turiner Salon 1961 (Mitte rechts) und schließlich das Giulietta SS Coupé (rechts unten, Genfer Salon 1962) besitzen dann die endgültige Form, welche in Serie gehen wird.

Auf den selben Bändern entstanden Fiat 1500, Peugeot 404 und auch der Alfa Romeo Duetto.

Sergio Pininfarina und Renzo Carli mit einem Duetto-Prototyp.

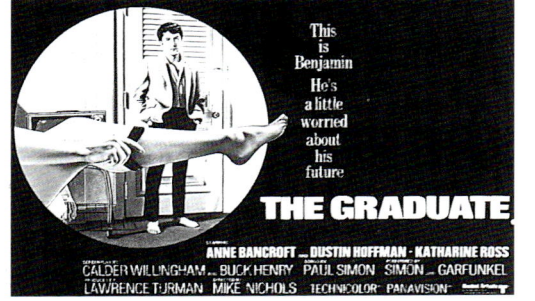

Dreharbeiten zu dem Film „Die Reifeprüfung" (1967). Der Wagen ist Dustin Hoffmans Geschenk zum High School-Abschluss und erscheint in zahlreichen Szenen.

Fürstin Gracia von Monaco mit dem Duetto.

Schauspieler Vittorio Gassman bei der US-Premiere des Duetto.

Entwurf für den 1750 mit dem charakteristischen Abrissheck, 1967.

1969: Das Abrissheck des 1750.

Das Spezialcoupé Rondine aus dem Jahr 1963 auf Basis der Chevrolet Corvette, das im Heckbereich schon auf den 124 Spider verweist.

Rechts
An US-Versionen des 124 Spider wird letzte Hand angelegt.

Produktion des Fiat 124 Spider in Grugliasco.

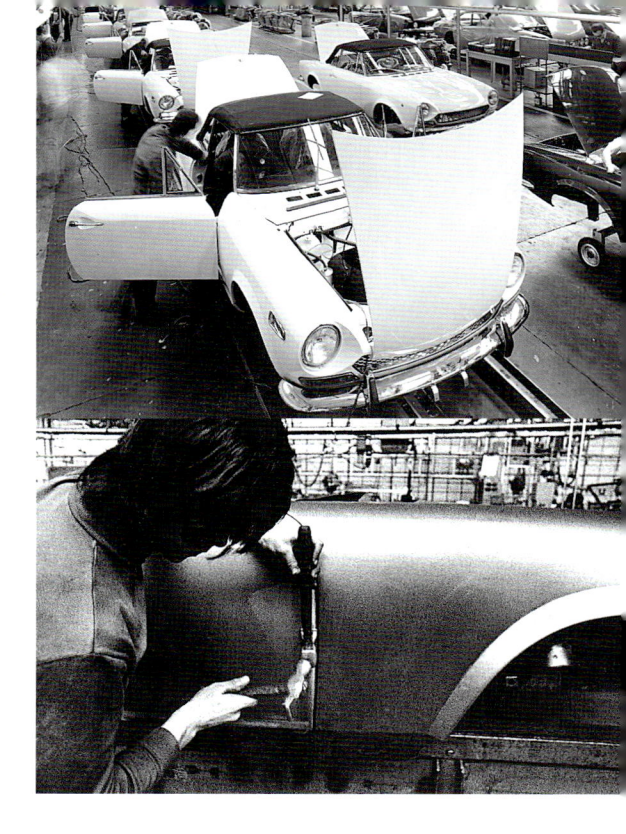

Fiat 124 Sport Spider 2+2, 1966, eines der erfolgreichsten bei Pininfarina produzierten Modelle. Zwischen 1966 und 1985 liefen über 200.000 Einheiten vom Band. Die letzte Serie wurde als Spidereuropa von Pininfarina selbst vermarktet. Der Spider, von dem viele Exemplare in die USA gingen, verfügte über einen innovativen Verdeckmechanismus: beim Zurückschlagen des Daches versenkten sich automatisch die hinteren Seitenscheiben.

Nachdem zunächst Serienmodelle nachträglich sporttauglich gemacht worden waren, schlug Pininfarina eine speziell präparierte Leichtbau-Kleinserie für Privatfahrer vor, den Fiat 124 Sport Rally (1972).

Pianta-Pica und Pinto-Bernacchini im 124 beim Start des ersten Giro d'Italia, 1973.

Der Fiat 124 Sport Rally wurde von Abarth modifiziert und errang beachtliche Erfolge. Hier mit dem italienischen Rallyemeister Alcide Paganelli am Steuer, 1970.

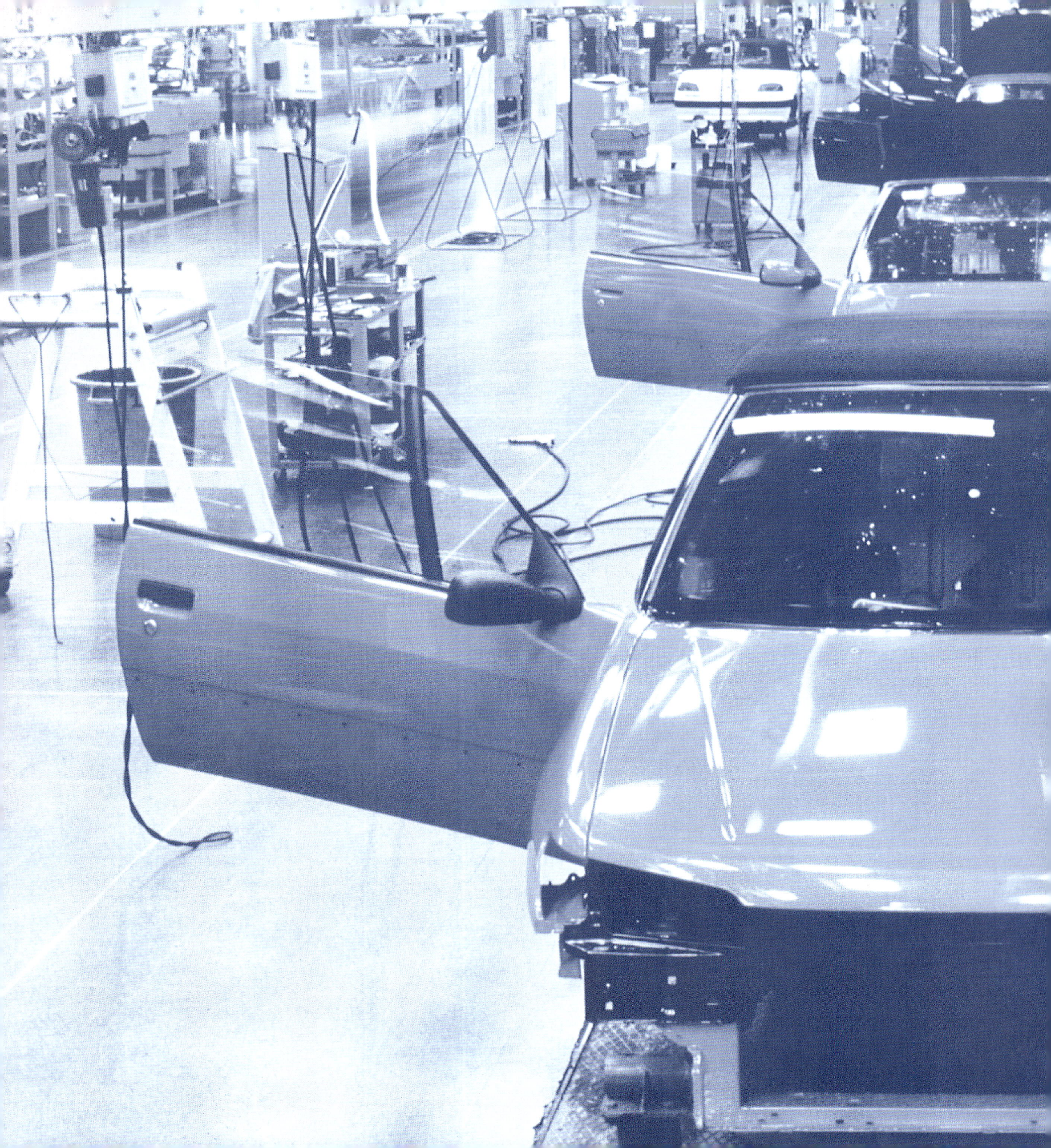

Vom Karosseriebauer zum Konzern

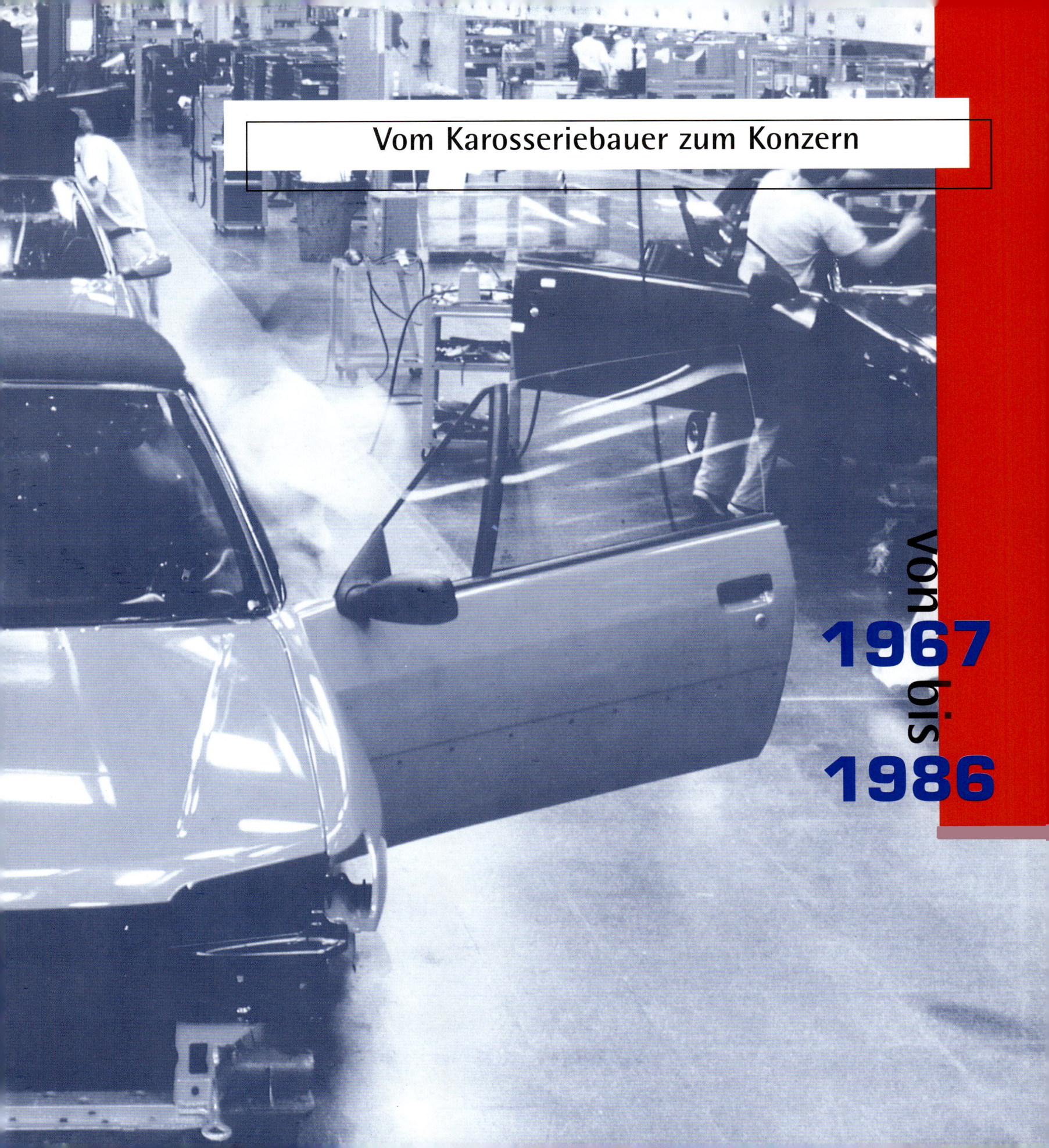

von bis
1967
1986

Vorhergehende Seiten:
Peugeot-Produktion bei Pininfarina.

Gianni Agnelli, sein Cousin Giovanni Nasi und Rennfahrer Mike Parkes inspizieren unter den Augen von Sergio Pininfarina und Renzo Carli interessiert den 365 P Speciale.

Folgende Seite:
Brüsseler Salon, Januar 1967: Die Stände von Ferrari und Pininfarina.

Unten
Der 365 P, ein Ferrari-Sondermodell für Gianni Agnelli, auf Chassis Nr. 8971 im Jahre 1966 aufgebaut. Die ungewöhnliche Berlinetta war von einer Studie für den Pariser Salon des selben Jahres abgeleitet. Die Form erinnert an den Dino, die seitliche Auskehlung an den Daytona; die Mittellenkung wurde durch den Einbau des Motors hinter den Sitzen ermöglicht.

Ferrari 365 GT 2+2, 1967, auf dem Pariser Salon präsentiert und in 801 Exemplaren hergestellt.

209

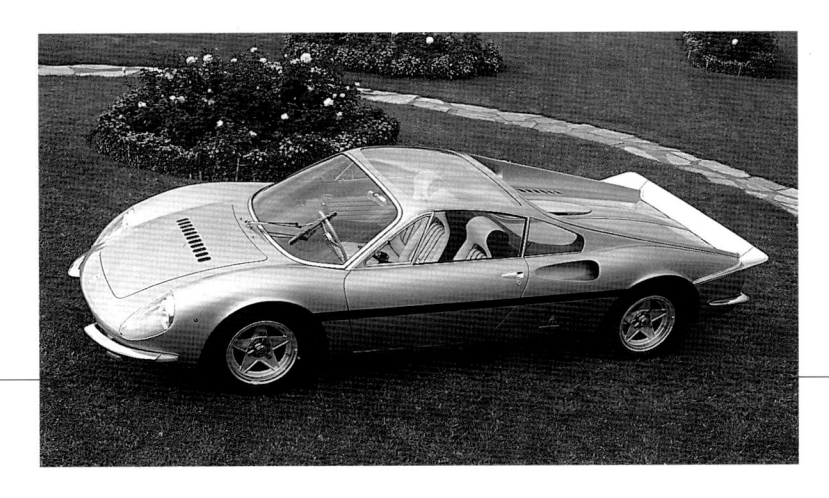

Der Dino 206 GT von oben.

Die Kirche von Grazzano Badoglio vor der Restaurierung.

Die Kirche von Grazzano Badoglio nach der von Pininfarina finanzierten Restaurierung; ein ausdrücklicher Wunsch Pinins.

Die „Enzyklopädie des Automobils", vom Fabbri-Verlag 1967 auf Anregung Pininfarinas herausgebracht.

Das Oratorium in Cortanze d´Asti, Pinins Geburtsort, das er seiner Mutter Giacinta widmete.

Die Familien Carli und Pininfarina bei der Eröffnung der La Salle-Schule in Grugliasco, Juni 1967.

Prototyp einer Fließhecklimousine, heute nichts Ungewöhnliches, doch 1967 ein Bruch mit den bisherigen technischen und stilistischen Traditionen.

Im Profil erkennt man, wie weit die Aerodynamik-Forschung bereits gediehen war.

Pininfarinas innovative Limousine auf Basis des BMC 1800 fand manche Nachahmer.

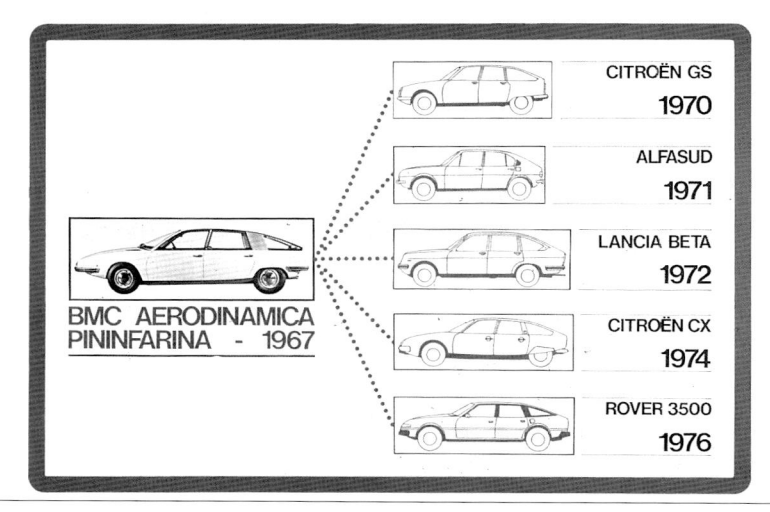

BMC AERODINAMICA PININFARINA - 1967	
CITROËN GS	1970
ALFASUD	1971
LANCIA BETA	1972
CITROËN CX	1974
ROVER 3500	1976

Ein schönes Bild vom Dino 246 GT.

Der meisterhafte Ferrari P5 im Juni 1968 beim Salon von Los Angeles. Einen ähnlichen Entwurf gab es auch auf Alfa Romeo-Basis.

Werbung mit dem Dino, Ende der sechziger Jahre.

Rechts
Das selbe Auto, der Dino Competizione, auf dem Salon von Los Angeles, 1968.

Der Dino Competizione auf der IAA 1967 in Frankfurt. Heute gehört der Wagen zur Pininfarina-Sammlung.

Turiner Salon 1968: Der Politiker Giulio Andreotti lässt sich von Sergio Pininfarina und Renzo Carli den Alfa Romeo P 33 zeigen.

Der Business-Jet Piaggio-Douglas PD 808, in Zusammenarbeit mit Pininfarina Studi e Ricerche 1968 entworfen.

Der Peugeot 504, von Pininfarina entworfen und „Auto des Jahres" 1968.

Die Karosserie eines Peugeot 504 Coupé in Grugliasco.

Die Lackiererei in Grugliasco Anfang der siebziger Jahre.

Endmontage: Man erkennt Exemplare des Peugeot 504 und des Alfa Romeo Spider.

Das Peugeot 504 Coupé,
vorgestellt 1969 in Genf.

Die Cabrio-Version,
ebenfalls bei Pininfarina
produziert.

Das 504 Coupé V6 in Rallye-
Version während der East
African Safari Rallye des
Jahres 1975, die es gewann.

Eine Daytona-Karosserie beim Salone delle Arti Domestiche, 1971.

Eines der ersten offiziellen Photos des Ferrari 365 GTB/4 Daytona, aufgenommen für die Premiere in Paris 1968. Der Daytona mit seiner innovativen Formgebung von expressiver Kraft war Ferraris letzte Frontmotor-Berlinetta bis zum 1992 vorgestellten 456 GT.

1969 - SIGMA GRAND PRIX

Equipement mis à notre disposition:
- Double circuit indépendant de freinage, (Ate-Teves, Frankfurt)
- Système anti-incendie automatique, (Graviner, Colnbrook)
- Reservoirs de carburant de sécurité, (Pirelli, Milan)
- Ceintures de sécurité, (Repa, Berlin)
- Conseils techniques de Fiat, de Mercedes-Benz et de Ferrari

Parts supplied by:
- Ate-Teves, for the braking system
- Graviner Ltd., for the fire-extinguishing system
- Pirelli, for the fuel tanks
- Repa, for the safety belts
- Technical advice of the Fiat, Mercedes-Benz Co. and Ferrari

pininfarina

Pininfarina dankt seinen Partnern bei der Entwicklung der Sigma Grand Prix-Studie.

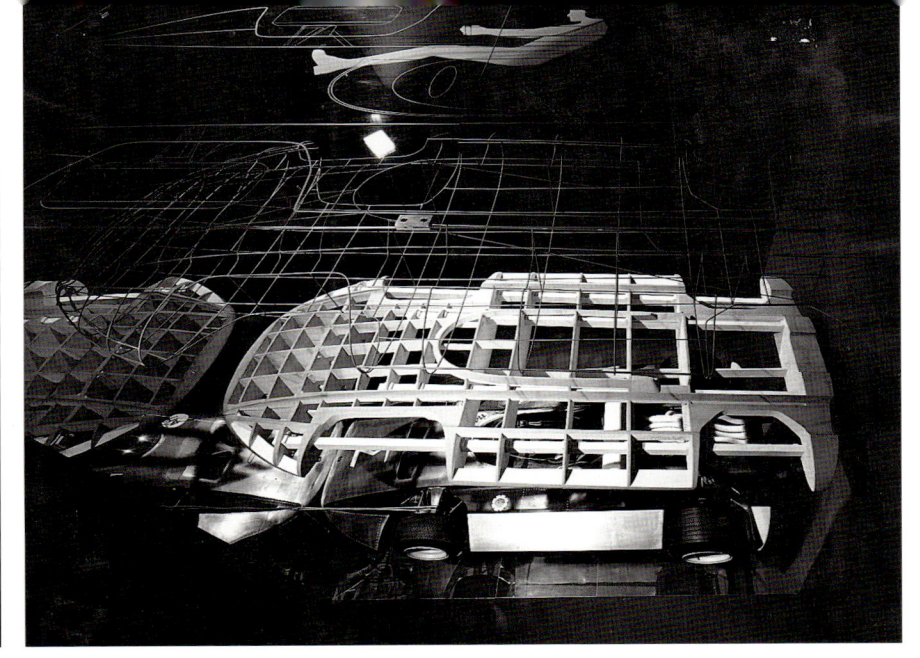

Auf der Pariser Ausstellung „Bolide Design" im Jahre 1970 zeigte Pininfarina die Holzform des Sigma sowie den Alfa Romeo P 33 und den Fiat Abarth 750.

Mitte
Der Sigma Grand Prix, Prototyp eines Formel 1-Sicherheitsautos, wurde zusammen mit der Schweizer Automobil Revue entwickelt und 1969 in Genf gezeigt.

Gruppenbild der Sigma Grand Prix-Väter bei dessen Vorstellung. Von links: Robert Braunschweig von der Automobil Revue, Sergio Pininfarina, Ernst Fiala, Paul Frère und Renzo Carli; im Auto Michael Henderson.

Der Prototyp Fiat Abarth 2000 auf dem Brüsseler Salon 1969.

Prototyp auf Basis des Alfa Romeo 33, Pariser Salon 1969.

Sergio Pininfarina zeigt Gianni Agnelli den Ferrari 512 S beim Turiner Salon im Oktober 1969.

Das selbe Auto, heute im Besitz eines Sammlers in der Provence, auf der New York Auto Show im April 1970.

Der Ferrari 512 S mit ungewöhnlichem Zugang zum Innenraum, Montreal 1971.

Sergio Pininfarina, Renzo Carli, Franco Martinengo vom Centro Stile und Gio Ponti diskutieren den Modulo.

Rechts
Der Modulo war epochal. Die extreme Berlinetta war Endprodukt einer Phase der Suche nach der Idealform und wurde 1970 in Genf präsentiert.

Unten
Der Modulo 1979 auf einer Ausstellung italienischer Autotechnik in Russland.

Der Modulo als Botschafter italienischen Designs in Mexico City, 1971.

Eskortiert von zwei Rittern auf einer Ausstellung italienischer Carrozzieri im Rahmen der Expo in Osaka, 1970.

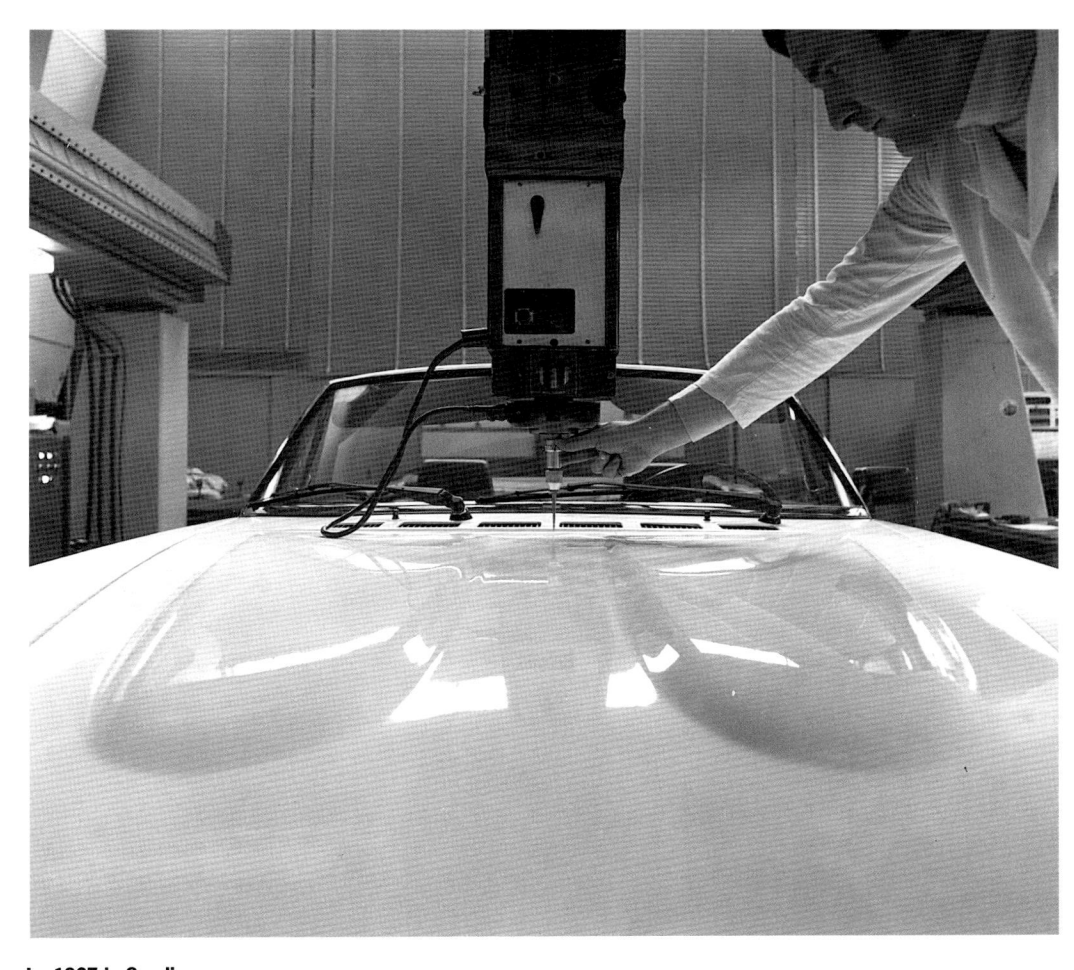

Ab 1971 ergänzte das Automatisierte Designzentrum das Entwicklungszentrum aus dem Jahre 1967.

Das Entwicklungszentrum: Spezialgeräte für die Umsetzung von Entwürfen in Karosserien.

Im 1967 in Grugliasco eröffneten Entwicklungszentrum ließen sich Skizzen exakt in drei Dimensionen umsetzen, was den Karosseriebau wesentlich vereinfachte.

Technologische Entwicklung: zu den neuen Werkzeugen zählte auch diese computergesteuerte Fräse.

Karosseriebau in Grugliasco, 1970.

1970: Rohkarossen von Fiat 124 Spider, Lancia 2000 Coupé 2+2 sowie Peugeot 504 Coupé und Cabriolet in der Lackiererei.

So begann die Herstellung des Fiat 124 Sport Spider.

Die Lackiererei in Grugliasco.

Die neue Montageabteilung war sehr flexibel: auf dem gleichen Band ließen sich Fiat 124 Sport Spider und Peugeot 504 Coupé produzieren.

Dichtheitsprüfung.

London Motor Show, 1970: Ferrari 365 GTB/4 und einer der wenigen Mercedes mit Pininfarina-Karosserie, ein 300 SEL 6.3.

1971 brachte Pininfarina den Prototyp des Ferrari 365 GT BB, der 1973 in Serie ging. Diese Studie eines Hochleistungscoupés mit Mittelmotor bot eine avantgardistische Form mit der charakteristischen umlaufenden Sicke, die den Eindruck erweckte, die Karosserie bestehe aus zwei übereinander liegenden Hälften. Der untere Teil bestand aus schwarzem Kunststoff.

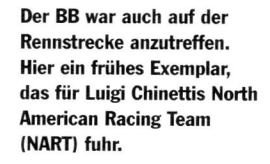

Der BB war auch auf der Rennstrecke anzutreffen. Hier ein frühes Exemplar, das für Luigi Chinettis North American Racing Team (NART) fuhr.

Pariser Salon, Oktober 1971: Die Studie Peugeot Riviera Break, Fiat 130 Coupé, Lancia 2000 Coupé und Alfa Romeo Spider.

Das Lancia 2000 Coupé, entworfen und gebaut bei Pininfarina (1971).

Der Riviera Break, 1971, ein Sportkombi auf Basis des Peugeot 504. Das Konzept wurde später in Gestalt des Fiat 130 Maremma und des Lancia Gamma Olgiata weiter verfolgt.

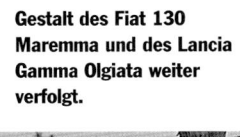

LUCA DI MONTEZEMOLO

„Für mich stand Pininfarina von Kindheit an für eine sehr italienische Art, das Auto als Design zu begreifen und, offen gesagt, vor allem für Ferrari. Ich erinnere mich an meine riesengroße Verwirrung, als ich einen Maserati mit Pininfarina-Karosserie sah. Es wollte mir nicht einleuchten, wie ein Karossier für verschiedene Marken arbeiten konnte. In dieser Verwirrung steckte aber auch ein Denkfehler meinerseits: bei Pininfarina dachte ich zwar zuallererst an die Ferrari, aber auch an die Lancia-Modelle", erinnert sich Luca Cordero di Montezemolo, heute Präsident und Verwaltungschef bei Ferrari und Maserati.

LC Wann lernten Sie die Firma Pininfarina „von innen" kennen?

LdM „Zuerst 1973, als ich mit der Formel 1 zu tun hatte. Das waren keine direkten beruflichen Kontakte (für die Rennabteilung benutzten wir lediglich Pininfarinas Windkanal), aber im Rahmen einiger PR-Termine, vor allem anlässlich von Autosalons, lernte ich Sergio kennen. Er war glühender Ferrari-Fan, sich aber auch in hohem Maße bewusst, dass Ferrari wichtig war, um das Pininfarina-Image in der Welt zu verbreiten. Seit ich im Dezember 1991 zu Ferrari zurückkehrte, haben wir sehr viel zusammengearbeitet. Das waren schwere Jahre, die Absatzkrise, die leeren Kassen, der Hochmut zu glauben, dass der Name Ferrari allein Erfolg garantieren würde. In jenen Augenblicken unterstützte mich Sergio sehr stark in meinem Willen, Ferrari zu erneuern."

LC Diese Erneuerung unter Montezemolo ist von Pininfarina mit geprägt. Dennoch sieht sich Pininfarina von Montezemolo wieder einer Konkurrenzsituation in punkto Design ausgesetzt...

LdM „Diese Konkurrenzsituation bringt das Beste zum Vorschein, nicht nur beim Außendesign, sondern auch beim Design des Innenraumes, das in der langen Partnerschaft Ferrari-Pininfarina immer ein Schattendasein führte. Erst der 456, dann der 355, die Rückkehr zum Frontmotor mit dem 550 Maranello, die innovative Aerodynamik des 360 Modena, das sind alles großartige Ergebnisse, alle aus dem Hause Pininfarina."

LC Wiegt bei den Ferrari des dritten Jahrtausends die Tradition schwerer oder die Innovation?

LdM „Man muss beides kombinieren. Dabei ist Sergios Beitrag grundlegend: er kennt unsere Welt, unsere Kunden, das, was uns ausmacht. Gemeinsam haben wir einen Weg gefunden, Tradition und Innovation zu versöhnen: Zitate vom 250 GTO am 550 Maranello, vom Dino und 250 LM am 360 Modena. Vor allem haben wir die Autos praktischer und bequemer gemacht als alle früheren Ferraris, ohne dabei auch nur den geringsten Abstrich am Design vorzunehmen."

LC Was könnten Sie von Pininfarina mehr verlangen?

LdM „Eigentlich fast nichts. Vielleicht käme es meiner Arbeitsweise entgegen, wenn die Arbeitsgruppen mit Ferrari manchmal etwas weniger elitär abliefen. Vor allem würde ich mir auch junge Designer wünschen, die nicht nur durch Skizzen, sondern auch durch aktive Mitarbeit etwas Frisches, verschiedene Visionen einbringen könnten. Ich sage gerne: es ist viel leichter, einen gewagten Entwurf auf Normalmaß zu reduzieren, als einen traditionellen Entwurf frischer und kühner zu machen."

LC Als Sie ein Kind waren, hat Sie ein Maserati von Pininfarina in Verwirrung gestürzt. Als Präsident von Maserati haben Sie Pininfarina mit dem nächsten Quattroporte betraut. Ein Zufall?

LdM „Wenn es eines Tages einen viertürigen Ferrari geben sollte, würde ich keinesfalls Pininfarina an dem Projekt beteiligen. Da es einen solchen Ferrari also nicht geben wird, gibt es halt einen neuen Maserati Quattroporte mit der ganzen Klasse, dem Stil und der italienischen Eleganz von Pininfarina. Ein über die Maßen glanzvolles Automobil."

LC Die drei schönsten Ferraris aller Zeiten und die drei... am wenigsten gelungenen?

LdM „Daytona, 250 GTO und Dino sind die schönsten. Bertones Dino GT4 hat mich nie restlos überzeugt, er war sicherlich ungewöhnlich, aber ohne die geistige Haltung und die Kultur, die einen Ferrari zum Ferrari macht. Dann der Mondial 8 von 1980, ebenfalls ein Versuch am 2+2, dem das Faszinierende der großen Ferraris fehlte, obwohl er von Pininfarina stammte. Auch den Testarossa von 1984 finde ich nicht so ganz geglückt. Als Endprodukt einer Generation großer Ferraris war er toll zu fahren, aber mit seinen kräftigen, wuchtigen Linien erscheint er heute vielleicht als das Auto mit der geringsten Klasse in unserer Geschichte."

Ferrari 365 GTC/4, vorgestellt auf dem Genfer Salon 1971.

Im März 1972 wurde Pininfarina von der einflussreichen Zeitschrift Style Auto diese Auszeichnung verliehen. Chef des Blattes war Fulvio Ciuti, der später das Magazin Auto e Design aus der Taufe hob.

Das hochelegante Fiat 130 Coupé in Genf (1971).

Das Fiat 130 Coupé teilte sich die Montagelinie mit dem Lancia 2000 Coupé.

style auto
ARCHITETTURA DELLA CARROZZERIA

ALLA PININFARINA PER LA CARROZZERIA DELLA FIAT 130 COUPÈ
MARZO 1972

Vorstellung des Dino 246 GTS in Genf 1972. Der Wagen entstand bis 1974 in über 1200 Exemplaren.

Beim Pariser Salon 1972 stand der 365 BB im Mittelpunkt der Aufmerksamkeit.

Ein Beispiel für Pininfarinas nicht-automobile Arbeiten: Motorboot Intermarine Cigarette 37 S, vorgestellt auf der Bootsmesse in Genua 1972.

Der Ferrari 365 GT 4, lanciert in Paris 1972, blieb mehrfach überarbeitet bis 1989 in Produktion.

Als raffinierte Variation des Themas „Großes Stufenheck-Coupé" blieben der 365 GT 4 und seine Nachfolger fast zwanzig Jahre lang aktuell.

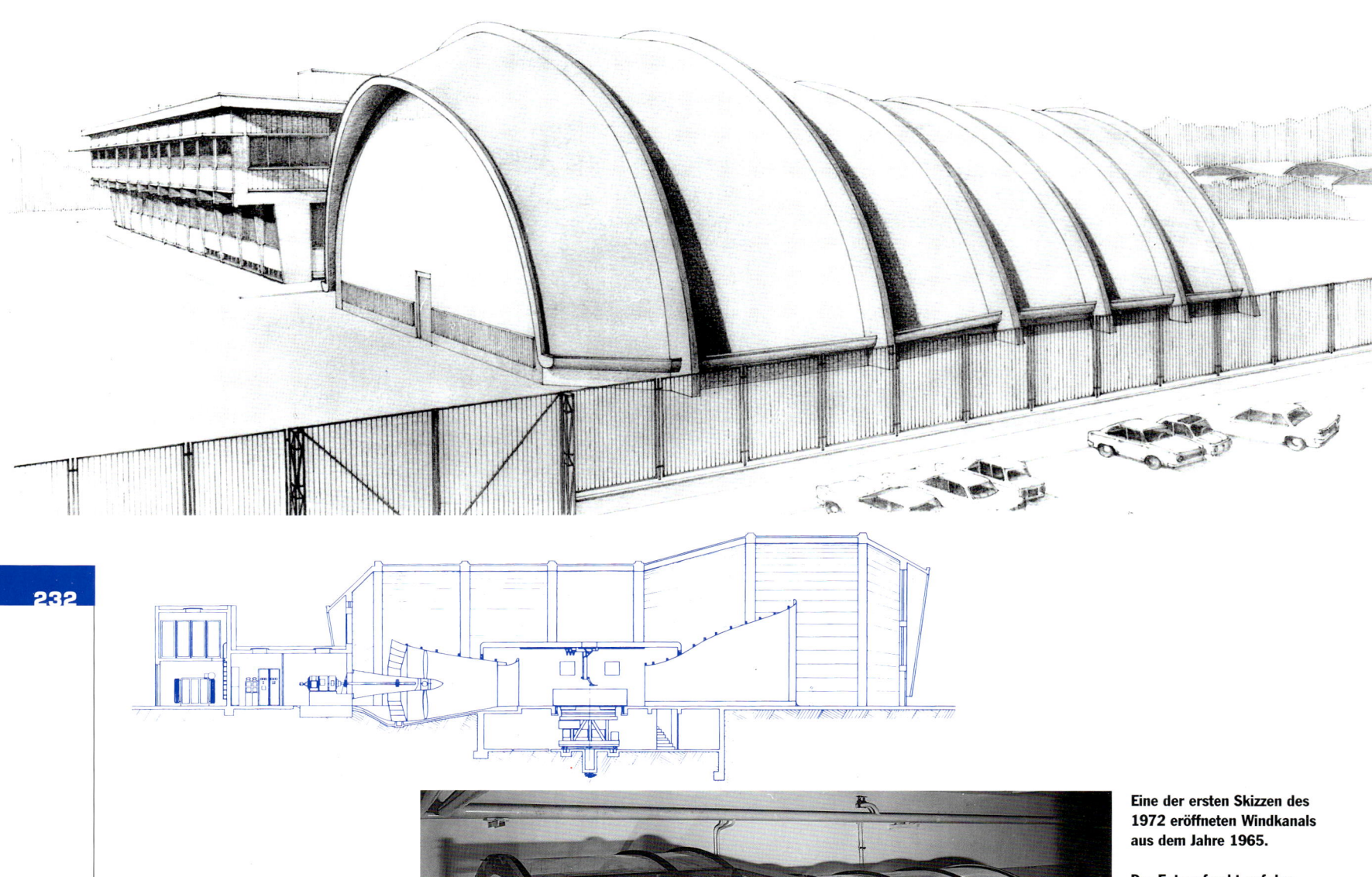

Eine der ersten Skizzen des 1972 eröffneten Windkanals aus dem Jahre 1965.

Der Entwurf geht auf das Jahr 1967 zurück, der Bau begann 1970.

Der Windkanal.

Bei der Einweihung war unter anderem General Motors-Vizepräsident Bill Mitchell anwesend.

Sergio Pininfarina und Renzo Carli mit einem Fiat 130 Coupé vor dem neuen Windkanal.

233

Die Arbeiten am ersten Windkanal Italiens.

Der Rohbau stand 1972.

Aus dem Jahre 1973 stammt dieser sportliche Kleinwagen, der Autobianchi A112 Giovani.

Der Pininfarina-Stand auf der IAA in Frankfurt.

Einen Monat später wurde in Paris der Jaguar XJ 12 PF gezeigt, eine moderne Sportlimousine.

Der zweitürige Peugeot 104 C mit Pininfarina-Kleid war sehr erfolgreich.

Der Ferrari CR 25, ein Forschungs-Prototyp aus dem Jahre 1975.

Auf dem Genfer Salon 1974 zeigte Pininfarina den Abarth 2000 SE 027.

Der Fiat 130 Opéra aus dem Jahre 1974, eine elegante, vom Coupé abgeleitete Limousine.

Ein weiteres Einzelstück auf der Basis des Fiat 130 Coupé war der 130 Maremma, ein hübscher Sportkombi, den zeitweilig Gianni Agnelli fuhr.

Brüssel 1974: Sergio Pininfarina im Gespräch mit dem späteren König Albert, rechts, und Jacques Swaters, Mitte.

Pininfarina mit Präsident Giscard d´Estaing, Pariser Salon 1974.

„Pininfarina ist meine zweite Familie und mein zweites Heim. Das meine ich nicht bildlich, sondern sage es mit der rationalen Analyse des Ingenieurs. In den letzten 30 Jahren habe ich mehr Zeit bei Pininfarina als mit meiner Familie verbracht. Und seit drei Jahren verfolge ich Schritt für Schritt den Aufbau der Abteilung Forschung und Entwicklung, in der ich mich besser auskenne als in meinem eigenen Haus." Lorenzo Ramaciotti, Direktor der Forschungs- und Entwicklungsabteilung bei Pininfarina, hat seinen Ingenieur am Turiner Polytechnikum abgelegt. Mit Colin Chapman als großem Vorbild hätte er, wenn schon nicht Autokonstrukteur, wie es seine Modeneser Landsleute zu fordern schienen, dann doch wenigstens Fahrwerkstechniker werden sollen. Stattdessen beschäftigt er sich mit der ‚frivolsten' Seite des Automobils, dem Design.

„Wir Karossiers sind für das Auto, was die Special Effects für das Kino sind. Wir müssen die Leute zum Träumen bringen, nicht nur mit esoterischen Traumwagen, sondern auch mit nüchternen Entwürfen wie dem Metrocubo, der 5 Passagieren auf zweieinhalb Metern Platz bietet. Dieses Projekt war eine persönliche Herausforderung für mich, eine Hommage an Sir Alec Issigonis: Wie könnte heute ein neuer Mini aussehen? Wir haben ein genau so geräumiges Auto geschaffen, aber einen halben Meter Länge eingespart! Wir Kreativen sind in der Welt des Autos die Entdecker. Immer wenn ein Designer mit einem leeren Blatt zu arbeiten anfängt, beginnt eine Reise ins Unbekannte. Ein kleiner Ein-Mann-Krieg. Gegen das Banale, das Durchschnittliche, das Hässliche."

LC Kann man von einer „Berufung" zum Designer sprechen?

LR *„Das ist vielleicht ein zu großes Wort. Sicher hatte ich schon früh Autos im Blut und zeichnete sie als Kind, mit der Verpackung der Weihnachtsgeschenke als Pauspapier. Dann gibt es aber auch die zufälligen Ereignisse, die Winke des Schicksals sind: mit 12 sah ich zum ersten Mal Pinin Farina. Mit meinem Vater war ich beim Grand Prix in Monte Carlo, wo Farina mit seiner schwarzen Florida II, die er zu seinem persönlichen Gebrauch entworfen hatte und die daher seinen Geschmack und seine Persönlichkeit perfekt wiedergab, die Strecke abfuhr."*

LC Designer pflegen von ihren Erfolgen zu sprechen. Und ihre Misserfolge zu übergehen. Seien Sie ehrlich: Was wurmt Sie noch heute?

LR *„Ein Wettbewerb im Jahr 1967, der Goldene Greif, den die Carrozzeria Bertone organisiert hatte. Im Vorjahr hatte Enrico Fumia gewonnen, der dann lange mit mir bei Pininfarina arbeitete. Im Jahr darauf sollte ihn der Deutsche Neumeister gewinnen, der heute Züge entwirft. Als ich teilnahm, wurde der Preis nicht vergeben, da ‚die Qualität der Entwürfe zu schlecht' war. Ich bin aber noch heute davon überzeugt, dass ich den Preis verdient gehabt hätte."*

LC Die Welt erfährt nur wenig von all den Dingen, die in einem ‚think tank' wie Pininfarinas Forschungs- und Entwicklungsabteilung vor sich gehen. Wenn Sie den Schleier ein wenig lüften könnten, was würden wir sehen?

LR *„Die Wichtigkeit Sergio Pininfarinas für die Arbeit von uns Kreativen. Er ist ein echter Präsident, nicht nur dem Namen nach. Unsere Skizzen und mehr noch unsere Modelle machen ihm Freude. Im Designprozess spielt er eine größere Rolle als die Leute glauben. Er fällt keine Entscheidung alleine, sondern er beeinflusst uns während der Arbeit. Aber er zwingt uns seinen Willen nicht durch seine Autorität auf, sondern versteht es, seinen Beobachtungen den rechten Wert beizumessen. Es ist ein Prozess, geprägt von gegenseitigem Respekt, der sich in einer Kettenreaktion fortpflanzt. Wenn entschieden wurde, einen Ansatz zu verfolgen, dem ich selbst nicht den Vorzug gegeben hätte, dann versuche ich nicht, meine Kreativität zu verbiegen, sondern die ursprüngliche Idee bis zum Ende zu verteidigen. Mir scheint dieser aufrichtige partnerschaftliche Geist eine Pininfarina-Besonderheit zu sein, die man wohl nicht überall findet, denn um in diesem Metier Erfolg zu haben, muss man es lieben und seine ganze Leidenschaft einbringen."*

London Motor Show 1975: im Vordergrund der Alfa Romeo Eagle Spider 1800.

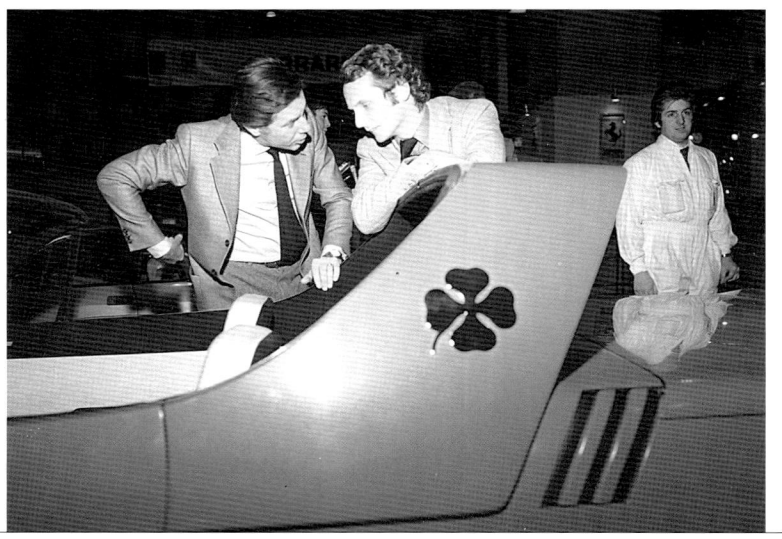

Pininfarina zeigt Niki Lauda den Alfa Romeo Eagle Spider.

In der Zwischenzeit wurden weitere computergesteuerte Geräte zur Oberflächenbearbeitung angeschafft.

Peugeot 604 von 1975 mit typischer Pininfarina-Linie.

1975 kam es zu einer ungewöhnlichen Zusammenarbeit: Rolls-Royce präsentierte den Camargue mit Pininfarina-Karosserie, von dem in zehn Jahren 529 Exemplare in Crewe hergestellt wurden.

1975 kam der Ferrari 308 GTB als Nachfolger des Dino heraus.

Dem Ferrari 308 GTB folgte 1977 der 308 GTS.

Im Falle des Lancia Beta Montecarlo übernahm Pininfarina die komplette Produktion.

Der Beta Montecarlo.

Der Lancia Beta Montecarlo, 1975 vorgestellt.

Das Lancia Gamma Coupé wurde in Grugliasco produziert.

Die Lancia Gamma Limousine bei der Vorstellung in Genf 1976.

Zeitgleich mit der Limousine wurde das Coupé präsentiert.

Genf 1976: Bill Mitchell mit Sergio Pininfarina.

Die Peugette 104, Studie eines günstigen Sportwagens für junge Leute, mit identisch gestalteter Front- und Heckpartie und austauschbaren Türen.

Im Juni 1976 wurde Sergio Pininfarina die prestigeträchtige Auszeichnung „Cavaliere del Lavoro" verliehen.

Pinin hatte im Jahre 1953 die selbe Ehrung erhalten.

Am Rande der IAA 1977 fand die European Motor Conference statt, die von dem Fachblatt Automotive News und der Londoner Tageszeitung Financial Times organisiert wurde.

Der Peugeot 305, 1977.

Auf einer Ausstellung in Tokio im Juli 1977 zeigte Pininfarina einige seiner innovativsten Prototypen.

NABUHIKO KAWAMOTO

„Zu meiner Zeit als Honda-Entwicklungschef, Mitte der siebziger Jahre, beschlossen wir, einen externen Designberater anzuwerben. Nach Gesprächen mit vielen Firmen entschieden wir uns am Ende für Pininfarina, der uns durch seine Beständigkeit und seine fortschrittlichen Entwürfe sehr beeindruckt hatte", erinnert sich Nabuhiko Kawamoto, früher Honda-Präsident, heute im Ruhestand und Berater der Honda Motor Company.

LC Worum ging es bei diesem ersten Treffen mit Pininfarina?

NK „Um den Entwurf für einen Sportwagen. Von seiner Antwort war ich sehr überrascht. Man werde sehr gerne mit uns zusammenarbeiten, aber nicht an Sportwagen, auf diesem Gebiet habe man eine sehr enge Bindung an Ferrari, die man nicht aufs Spiel setzen wolle. Diese Offenheit und die Loyalität zu einem Kunden gefielen mir sehr; zwei Eigenschaften, die auch die Verbindung Honda-Pininfarina zu einer lang andauernden machten."

LC Honda und Pininfarina begannen 1978, im Verborgenen zusammenzuarbeiten. Offenbar wurde die Verbindung erst 1984, als auf dem Turiner Salon der HP-X vorgestellt wurde. Welche Rolle spielte dieser Wagen für Honda?

NK „Zuerst war das ein reines Schaustück ohne Motor. Das topmoderne Design gefiel uns aber so gut, dass wir unbedingt einen fahrtüchtigen Prototypen haben wollten. Also steckten wir unseren damaligen Formel-2-Zweiliter hinein. Das Aus für das Projekt kam dann aber vom Marketing: ein HP-X in Serie sei ein reines Statussymbol in einem Marktsegment, das Honda damals noch nicht bedienen konnte."

LC 11 Jahre nach dem HP-X wurde der Argento Vivo gezeigt. Der kam einer Serienfertigung noch näher...

NK „Wir haben lange überlegt, ob wir ihn bauen sollen. Damals hatten wir zwei Projekte in der Entwicklung: den SSM, aus dem später der S2000 wurde, der in Japan produziert werden sollte und für uns mit Frontmotor und Heckantrieb technisches Neuland darstellte, und den Argento Vivo auf der Basis des Integra, also mit Frontmotor und Frontantrieb, der für Europa gedacht war, nicht als echter Sportwagen, sondern als sportlicher Wagen. Leider zwang uns die Wirtschaftslage in Japan, uns auf ein Auto zu beschränken, und da wir das für uns neue Heckantriebskonzept erproben wollten, musste der Argento Vivo leider unterliegen. Das Problem war einfach dies: es war zweifelhaft, ob wir in Europa auf die nötigen Stückzahlen kommen würden. Wir haben sogar angedacht, den Wagen nach Japan zu importieren, aber die Rechnung wollte nicht aufgehen. Ich habe mich persönlich bei Sergio Pininfarina entschuldigt: „Wir können den nötigen Absatz für dieses schöne Auto nicht garantieren. Wir hoffen auf eine neue Chance in der Zukunft." Mit jetzt zwei Werken in Europa wird unser Absatz dort steigen, daher hoffe ich, dass wir unser Versprechen bald einlösen können."

Das Werk Grugliasco im Jahre 1978: Von den Bändern rollen Fiat 124 Spider, Alfa Romeo Spider und Peugeot 504.

Montageabteilung, 1978.

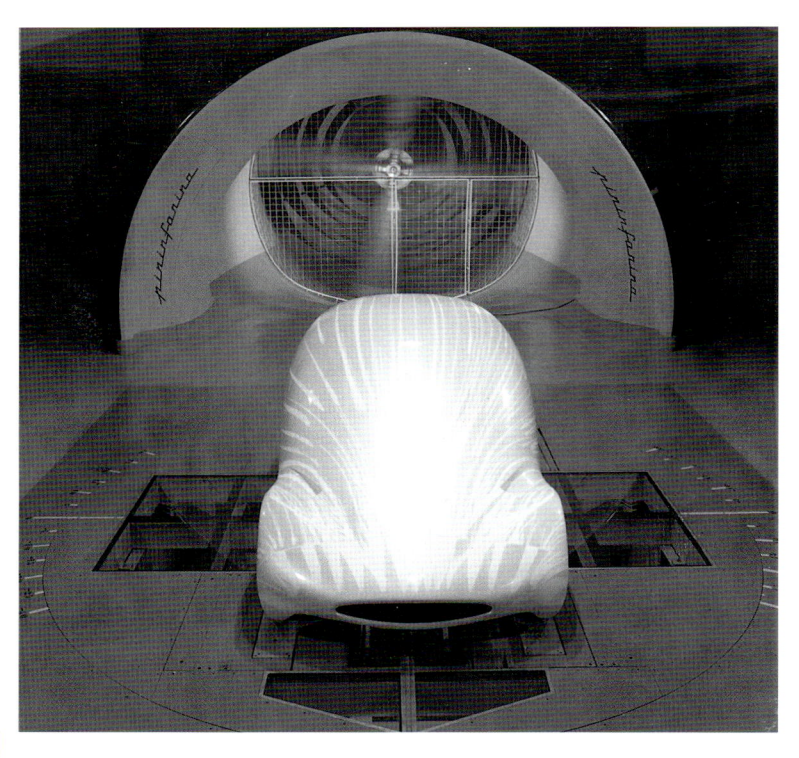

1:1-Modell des Aerodynamik-Prototyps CNR, 1978. Dieses Auto markierte den Beginn einer langen Zusammenarbeit mit dem italienischen Forschungsrat CNR, die sich auf verschiedene Gebiete im Bereich Personentransport erstreckte.

Das Modell des CNR auf der International Energy Exposition, Knoxville 1982.

Salon von Birmingham, Oktober 1978: Der Jaguar XJ Spider in seinem ersten, dunkelgrünen Lack.

1979 wurde das Auto silbern lackiert.

Im Juli 1978 wurde Sergio Pininfarina zum Präsidenten der Turiner Unione Industriale gewählt.

Pininfarina in einer Aufnahme aus den achtziger Jahren vor dem Sitz der Unione Industriale.

Der Ecos.

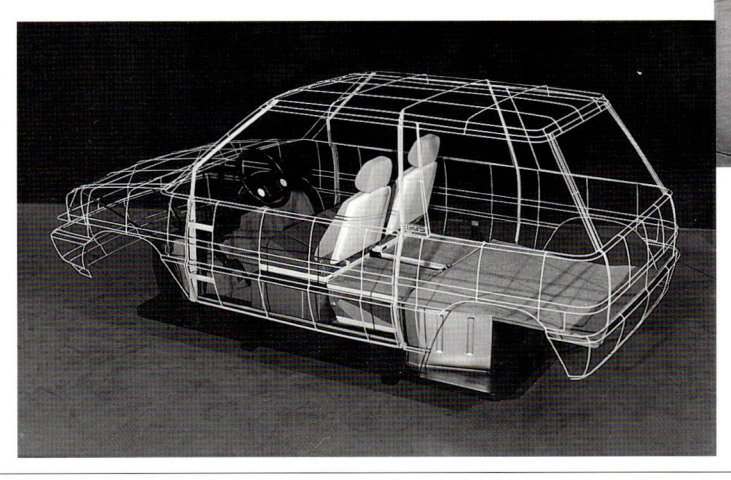

Der Ecos aus dem Jahr 1979, Studie eines elektrisch angetriebenen Kleinwagens, an dessen Entwicklung Fiat beteiligt war.

Beim Salon von Singapur 1978 wurde Pininfarina durch den Abarth 2000 vertreten.

Ebenfalls in Singapur: der Ferrari 512 S.

Schürfbagger Hydromac H 150 im Pininfarina-Design.

Traktor Fiat Agri Serie 80, von Pininfarina entworfen.

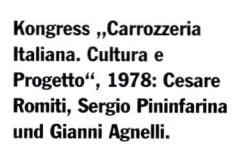

Kongress „Carrozzeria Italiana. Cultura e Progetto", 1978: Cesare Romiti, Sergio Pininfarina und Gianni Agnelli.

Der Peugeot 505, 1979.

1979 wirkte Pininfarina am Autobianchi A112-Facelift mit.

Im Juni 1979 wurde Sergio Pininfarina mit 268.000 Stimmen in das Europäische Parlament gewählt.

1980 im Europäischen Parlament.

Die Lancia Beta Limousine nach dem von Pininfarina besorgten Facelift.

Auf der Schau der italienischen Carrozzieri, Tokio 1979.

Im Oktober 1979 fand in Helsinki die Ausstellung „Italia Presenta" statt: Der CR 25 auf dem Pininfarina-Stand.

Auf der „Autotecnica Italia", Moskau 1979. Pininfarina mit dem Moskauer Bürgermeister, dem italienischen Botschafter und dem Sigma Grand Prix.

Auf dem Belgrader Salon 1979 waren auf dem Pininfarina-Stand der Ferrari 308 GTS, das Lancia Gamma Coupé und der Abarth 2000 zu sehen.

Der Pininfarina-Stand, Genf 1980: Vorstellung des Ferrari Mondial 8.

Der Ferrari Mondial 8.

Am 19. April 1980 wurden bei der Unione Industriale in Turin 50 Jahre Pininfarina gefeiert.

Sergio Pininfarina.

Der Turiner Salon versammelte die wichtigsten Pininfarina-Schöpfungen und den neuen Ferrari Pinin.

Der Ferrari Pinin vor dem Renaissance Center in Detroit.

Aus dem gleichen Jahr stammt die von Agudio gebaute Seilbahn in La Thuile.

Beim Pariser Salon 1980 kam Pininfarina erneut mit Präsident Giscard d´Estaing zusammen.

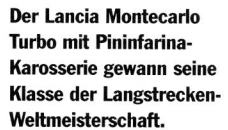

Der Lancia Montecarlo Turbo mit Pininfarina-Karosserie gewann seine Klasse der Langstrecken-Weltmeisterschaft.

Einer der Werks-Montecarlo Turbo in den Boxen. Brands Hatch, Saison 1980.

„Wenn ich an Pininfarina denke, denke ich an einen der berühmtesten Karossiers und Designer der Welt. Der Name ist Inbegriff hervorragenden Designs im Autosektor. Natürlich kommt mir auch Ferrari in den Sinn, da Pininfarina stets mit dieser legendären Marke in einem Atemzug genannt wird", erklärt Jack F. Smith, Präsident der General Motors Corporation.

LC Kein Patriotismus? Es gab doch in der langen und weit verzweigten Geschichte von GM mehr als eine Pininfarina-Episode...

JS „Stimmt, es gibt eine gemeinsame Geschichte. Die bekannteste Zusammenarbeit stellt bestimmt der Cadillac Allanté-Zweisitzer der achtziger Jahre dar: ein eleganter und für damalige Verhältnisse luxuriöser Roadster. GM und Pininfarina haben aber schon Anfang der dreißiger Jahre an einem Cadillac V16 zusammengearbeitet, später gab es den Cadillac Eldorado Brougham, der 1959 und 1960 in Kleinserie hergestellt wurde."

LC Obwohl Pininfarina seit 1986 an der Börse gehandelt wird und über eine ausgefeilte Managementstruktur verfügt, handelt es sich doch immer noch klar erkennbar um ein Familienunternehmen. Ist das in der Zeit der Global Players ein Vor- oder eher ein Nachteil?

JS „Ich hatte mehrfach Gelegenheit, mich mit Sergio zu treffen, vor allem während der gemeinsamen Arbeit am Allanté. Er ist ein herzlicher und faszinierender Mensch, voller Leidenschaft für das Automobil und sehr stolz auf die Zusammenarbeit mit GM, wie wir übrigens auch stolz auf einen solchen Partner sind. Ich bewundere, wie Sergio die von seinem Vater gegründete Designtradition fortführt, wie er die Firma wachsen ließ und ihre Aktivitäten erweitert hat. Jetzt hat er seine Kinder an die Firma herangeführt, die die Tradition fortsetzen werden. Darauf ist er völlig zu Recht sehr stolz."

LC Auch für Sie steht Pininfarina für Ferrari. Welches ist das schönste Auto, das diese Verbindung in einem Museum mustergültig illustrieren würde?

JS „Wenn ich einen einzigen Pininfarina-Entwurf für eine automobile Ruhmeshalle auswählen müsste, käme ich in arge Schwierigkeiten. Viele Zwölfzylinder-Ferrari sind weltberühmt, deren Formgebung Pininfarina allgemein bekannt machte."

LC Wie sieht man in Detroit, der Hochburg der globalisierten Autoindustrie, die Zukunft eines „kleinen Italieners" wie Pininfarina?

JS „Die Welt des Autos hat sich verändert... und ändert sich an der Schwelle zum einundzwanzigsten Jahrhundert weiterhin rasch und in hohem Ausmaß. Für keine Firma ist das, was in der Vergangenheit zum Erfolg führte, die Richtschnur auch für zukünftige Erfolge. Auf einem immer stärker umkämpften weltweiten Automarkt wird nur der Erfolg haben, der es versteht, die Wünsche des Kunden zu verstehen und zu bedienen und innovative, hochwertige Produkte anzubieten. In dieser neuen Welt, die vor uns liegt, wird Pininfarinas Klasse das Haus florieren lassen und auch weiterhin Autos von bemerkenswertem Design hervorbringen."

1981 entwarf Pininfarina auch eine Uhrenserie für Orfina.

Sergio Pininfarina bei einem Ferrari-Treffen in Pasadena in Betrachtung eines 250 Europa GT.

Der Quartz auf Audi Quattro-Basis; eine Studie, an der innovative Materialien Verwendung fanden.

Der Fiat 124 Sport Spider in der Version 2000 E.

Pininfarina und Peugeot-Generaldirektor Jean Boillot, 1982.

Der Peugeot 505 Break, 1982.

1983 errang der Lancia Rally die Weltmeisterschaft.

Das Talbot Samba Cabrio wurde in Grugliasco produziert.

1982 mutierte der Fiat 124 Spider zum Pininfarina Spidereuropa, dem ersten Auto, das unter dem Firmennamen vermarktet wurde.

In der Werbekampagne für den Fiat 124 Spider versuchte man die Vorzüge des sportlichen Cabriolets durch die Verbindung mit der Azzurra – die erste italienische Segelyacht, die am „Coppa America" teilnahm – zu verdeutlichen.

Regisseur Mario Monicelli mit einem Spidereuropa beim Dreh von „Amici miei atto II".

Schauspieler Gastone Moschin und der Spidereuropa.

Rechts
Dieser für Tageszeitungen gedachte Text war nüchtern gehalten und konzentrierte sich auf technische Daten und den Preis.

1982 zieht das 1966 in Grugliasco eröffnete Centro Studi e Ricerche um und heißt jetzt Pininfarina Studi e Ricerche SpA. Neuer Firmensitz ist Cambiano bei Turin, wo die Firma auf einem 51.000 qm großen Grundstück (davon 8796 qm bebaut) residiert. Offizielle Eröffnung am 20. April 1982.

Die Designabteilung in Cambiano.

Eine der für den Modellbau reservierten Flächen.

Die Sammlung Pininfarina in Cambiano in einer Aufnahme aus dem Jahr 1985.

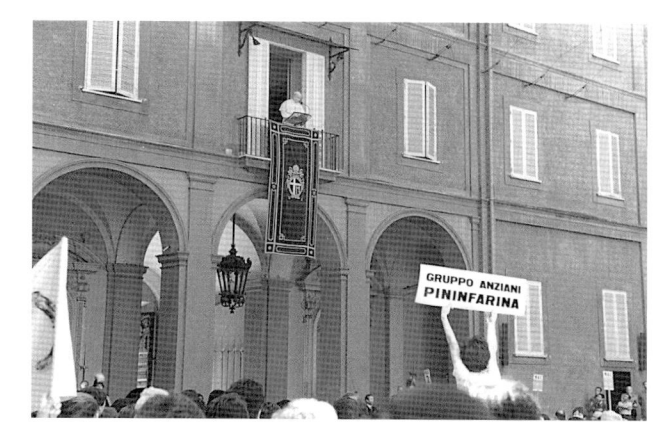

Links
Die Magnum Marine 63, vorgestellt 1982 in Genua.

Oben
Die Pininfarina-Veteranen zu Besuch in Castelgandolfo, September 1982.

Unten
Cambiano 1982: Das Lancia Gamma Coupé und die von ihm abgeleiteten Studien. Von links: Scala Limousine, Spider mit T-Roof und Kombi Olgiata.

Der neue Peugeot 205, präsentiert in Genf 1983.

Die Schauspielerin Eleonora Vallone im Spidereuropa.

Werbung für den neuen Spidereuropa Volumex.

Roger Moore im Gespräch mit Jackie Stewart, ehe er vor dem Start des 41. Grand Prix von Monaco im Spidereuropa eine Ehrenrunde fährt.

Bredabus 5001 im Pininfarina-Design.

Ein Fiat-Gabelstapler, in dem sich Ästhetik und Funktionalität vereinen.

Die Shergar, eine schnelle Yacht mit zwei Motoren, von Pininfarina für Aga Khan Karim entworfen.

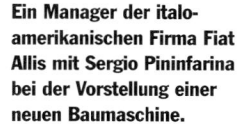

Ein Manager der italo-amerikanischen Firma Fiat Allis mit Sergio Pininfarina bei der Vorstellung einer neuen Baumaschine.

Der Heilige Vater bediente sich anlässlich eines Besuches in Turin des Gamma T-Roof Spiders.

Im November 1983 verlieh die Royal Society of Arts Sergio Pininfarina den Titel eines Royal Designer for Industry.

Die selbe Auszeichnung hatte Pinin 1954 erhalten.

Beim Turiner Salon 1982 zeigte Pininfarina eine Allrad-Plattform für den Alfa 33.

Der Alfa 33 4x4 wurde dann bei Pininfarina in Grugliasco produziert.

Die Serienversion des Alfa 33, präsentiert auf der IAA 1983.

„Es war zu schön, um wahr zu sein. Die Lean Production live (und fast im Verborgenen) Ende der achtziger Jahre zu erleben, noch bevor ‚The Machine that changed the World' zur Bibel wurde, war ein Traum. Ich rieb mir die Augen und sagte mir: Wenn dieses Organisationsmodell in einem großen Werk funktionierte, hieß das, dass auch eine kleine Firma wie Pininfarina eine Zukunft haben konnte." Renato Bertrandi, damals Qualitätsverantwortlicher für den Cadillac Allanté, heute Generaldirektor bei den Industrie Pininfarina, nimmt kein Blatt vor den Mund.

LC Was bedeutete diese Entdeckung?

RB „Ende der achtziger Jahre fragte uns Andrea Pininfarina, wie wir überleben könnten. Nur durch Investitionen in Technologien, so schien es, konnten wir Qualität bieten. Pininfarina hatte schon immer Qualität geboten, aber als Ergebnis spezialisierter Arbeit. Als Kleinserienproduzent fehlten uns die Mittel, um der westlichen Autoindustrie in ihrem frenetischen technologischen Vorwärtsdrang folgen zu können, der sich in jenen Jahren ohne Grenzen und ohne Rücksicht auf die Kosten anzukündigen schien. Steckten wir kleinen Karossiers wirklich in der Sackgasse? Das war meine Befürchtung, bis ich NUMMI besuchte, das kalifornische Joint-Venture-Werk von General Motors und Toyota. Die Amerikaner hatten sich für 10 Jahre das Recht ausbedungen, einen ihrer Männer im Werk zu haben, der Toyotas Produktionssystem aus der Nähe studierte."

LC Welche Anstöße konnte Ihnen eine Fabrik geben, die 200.000 Autos im Jahr produziert, während Pininfarina im Allgemeinen nur ein Zehntel dieses Ausstoßes erreichte?

RB „Die Arbeitsorganisation mit übergreifenden Teams bei wenigen hierarchischen Ebenen. Der geringe Automatisierungsgrad, der überdies von den Arbeitern am Band und nicht vom Management bestimmt wird. Die Sichtüberwachung der Vorräte. Das Vorschlagswesen als Ideenmarketing."

LC Wie und wann wurde die moderne Lean Production bei Pininfarina eingeführt?

RB „Mit dem Fiat Coupé, dessen Produktion 1993 begann. Auf dem Papier schienen das einfach einzuführende Prozesse zu sein, in der Praxis stießen wir auf vielfältigen Widerstand. Im Laufe der Jahre waren die hierarchischen Beziehungen sehr rigide geworden, jetzt versuchten wir, zu den Anfängen zurückzukehren, zum partnerschaftlichen Modell. Das war für alle schwierig. Zum einen für den Arbeiter, der sich nur mehr als Lieferant seiner Arbeitskraft, nicht seiner Ideen verstand. Zum anderen für das Management, welches das partnerschaftliche Modell ständig anpassen muss; das ist sehr schwierig, zumal trotz der Unwägbarkeiten des Marktes Arbeitsplatzgarantien gegeben werden müssen. Begünstigt durch unsere Größe und von der Auftragslage – wir hatten eine Lücke zwischen dem Ende einiger Aufträge und dem Anlauf einiger neuer – haben wir als erste in Italien die moderne Lean Production eingeführt. Und wir waren bemüht, die Umstellung selbst vorzuleben: man kann keine externen Berater anheuern, um ein neues Organisationsmodell durchzusetzen, sondern man muss es selbst machen, um zu beweisen, dass das kein abstruses Denkmodell ist, sondern etwas, an das man selbst glaubt. Dabei kam uns zugute, dass wir ein Familienunternehmen sind, das weniger an kurzfristigen Erfolgen interessiert ist als an mittel- und langfristigen Resultaten."

LC Bevor Sie zu Pininfarina kamen, haben Sie häufig die Arbeitsstelle und das Arbeitsgebiet gewechselt. Was hat Sie denn 14 Jahre lang in derselben Firma gehalten?

RB „Ich hatte mir vorgenommen, alle fünf Jahre den Arbeitgeber zu wechseln, denn nur in dieser Zeit kann man für die Firma wirklich etwas leisten. Und umgekehrt. Bei Pininfarina habe ich de facto mehrfach das Arbeitsfeld gewechselt, sodass mein Fünfjahreszähler immer wieder auf Null sprang."

Auf dem Turiner Salon 1984 wurde der Honda HP-X gezeigt und damit die seit 1979 bestehende Verbindung mit Honda öffentlich gemacht.

Der Peugeot 205 Verve, Prototyp eines kleinen Kombis.

Der kleine Honda City, ein Pininfarina-Entwurf.

Brüsseler Salon, Januar 1983: Audi Quartz, Ferrari Mondial Cabriolet, Spidereuropa Volumex, Alfa 33 4x4 und Talbot Samba.

Reinhold Messner testet seine Ausrüstung an gleicher Stelle.

Francesco Moser im Pininfarina-Windkanal bei der Vorbereitung seiner Rekordfahrt.

Der Alfa 33 4x4 Station Wagon, von Pininfarina entworfen und ab 1984 ebendort gebaut.

März 1984, Genf: Pininfarina mit Alfa-Präsident Massacesi bei der Vorstellung des 33 4x4.

Der Ferrari 288 GTO, 1984.

272

Der Testarossa wurde von Ferrari im Pariser Lido präsentiert. In der Geschichte des Ferrari-Designs stellte der Testarossa einen Wendepunkt dar: ein neuer Stil von hoher Emotionalität. Die von der Front an die Flanken verlegten Kühler führten zu den gewaltigen seitlichen Lufteinlässen, die den Testarossa auszeichneten. Der Wagen gewann prestigeträchtige Designpreise (Auto Expo von Los Angeles und Car Design Award 1985) und stellt mit über 7000 bei Pininfarina karossierten Exemplaren Ferraris Zwölfzylinder-Auflagenkönig.

In Grugliasco entsteht die Testarossa-Karosserie, die dann in Maranello ihre Technik erhält.

Sergio Pininfarina. Membre depuis 1973.

Photo von Annie Leibowitz für eine American Express-Werbekampagne, 1990.

Pininfarina zeigt Präsident Sandro Pertini den neuen Ferrari beim Turiner Salon.

1987 entstand dieses Einzelstück eines Testarossa Spider für Gianni Agnelli.

Pininfarina mit dem französischen Präsidenten Mitterand, Pariser Salon 1984.

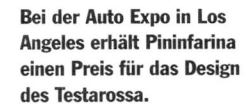

Bei der Auto Expo in Los Angeles erhält Pininfarina einen Preis für das Design des Testarossa.

Auf dem Turiner Salon des selben Jahres: Sergio Pininfarina mit den Söhnen Andrea und Paolo.

Der zweihunderttausendste Fiat 124 Spider, ein Spidereuropa.

Die Breda E 454 mit Pininfarina-Design.

Der Ferrari 412 von 1985, Nachfolger des 400.

Der Griffe 4, eine innovative Stilstudie anlässlich des 30. Geburtstages der Zusammenarbeit Peugeot-Pininfarina.

Der Griffe 4 auf dem Genfer Salon 1985, wo er neben einem 403 von 1955 stand, dem ersten Peugeot mit Pininfarina-Karosserie.

Wayne Cherry

„Pininfarina ist eine der berühmtesten italienischen Designfirmen und als solche in der ganzen Autowelt hoch angesehen. Pininfarina eröffnete die große Zeit der Carrozzieri und wurde berühmt für seine innovativen und charismatischen Entwürfe. Die Designtradition, von Battista (Pinin) Farina begonnen und von seinem Sohn Sergio fortgeführt, hat vor dem Urteil der Geschichte bestanden und sich ihre Spitzenposition bewahrt", erklärt Wayne Cherry, Design- und Entwicklungschef von General Motors.

LC Marken werden immer wichtiger. Wer hat, in Ihren Augen, durch die Zusammenarbeit Ferrari-Pininfarina mehr profitiert?

WC „Die Allianz, die Sergio und Pininfarina mit Ferrari geschmiedet haben, hat der Marke Pininfarina mit Sicherheit enormes Prestige verschafft. Ferrari seinerseits stellt im Bereich der Superautos eine hervorragende Basis dar... und zählt zu den prestigeträchtigsten Sportwagenmarken der Welt. Zwischen Ferrari und Pininfarina herrscht eine echte synergetische Beziehung, ein Musterbeispiel dafür, dass das Ganze mehr als die Summe seiner Teile sein kann."

LC Weltweit sinkt die Zahl unabhängiger Autohersteller, zugleich werden die Großen immer größer und errichten ein über die ganze Welt verstreutes Netzwerk von Designzentren. Bleibt da noch Platz und eine Aufgabe für einen Karossier wie Pininfarina?

WC „In unserer Branche, die sich schnell verändert und auf globaler Ebene von immer mehr Wettbewerb geprägt ist, wächst die Wichtigkeit von Design und Technik: daher glaube ich, dass es Pininfarinas fortdauernde Klasse der Firma erlauben wird, in Stil und Innovation an der Spitze zu bleiben."

Die Ferrari 328 GTS und, unten, 328 GTB, Nachfolger des Ferrari 308.

Sergio Pininfarina mit Cesare Romiti, 1985.

Das Peugeot 205 Cabriolet wurde nach eigenem Entwurf über 70.000 Mal bei Pininfarina gebaut.

Sergio Pininfarina am Lenkrad eines Peugeot 205 Roland Garros.

Genfer Salon 1986: Roland Peugeot mit Sergio Pininfarina und Renzo Carli.

Produktion des Peugeot 205 Cabriolet.

Cambiano, April 1986: Vorstellung des Peugeot 205 Cabriolet nach über zweijähriger Entwicklungszeit. Das Auto wurde ein großer Erfolg.

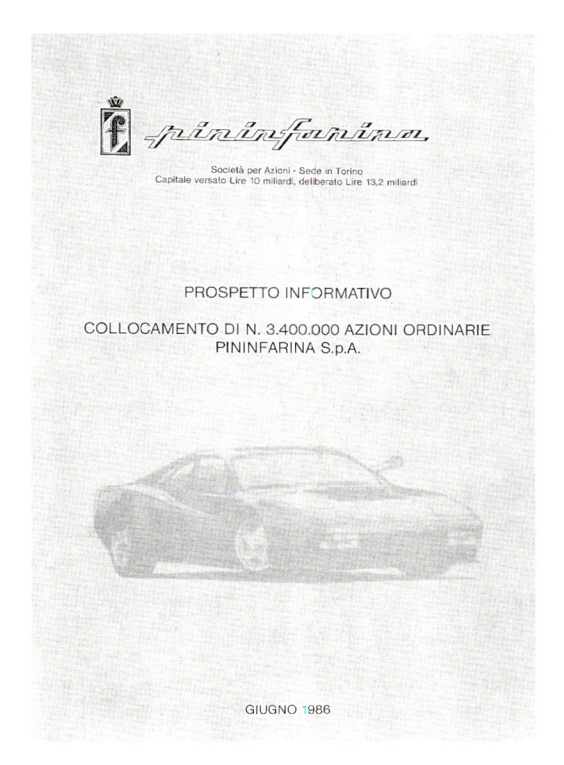

1986 geht Pininfarina mit 25,76% des Stammkapitals an die Börse. Den Börsengang organisierte die Mediobanca, die sich auch gleich eine Beteiligung von 3,41% sicherte.

Der Lancia Thema Station Wagon, von Pininfarina entworfen und produziert.

Werbung im Magazin Fortune, Mai 1986.

Panorama-Zug Breda MOB.

Das Werk der Industrie Pininfarina in San Giorgio Canavese, eingeweiht im September 1986. Die neue Fabrik steht auf einer Fläche von über 200.000 qm (davon 30.000 bebaut) und war ursprünglich für die Produktion des Cadillac Allanté und für Testfahrten gedacht.

Unten links
Der Cadillac Allanté geht in Produktion: Sergio, Andrea und Paolo Pininfarina mit General Motors-Präsident Roger Smith.

Unten rechts
Der Cadillac Allanté, 1986. Für dieses kompakte Luxus-Cabriolet wandte sich Cadillac an Pininfarina. Über eine Luftbrücke der Alitalia wurden die kompletten Karosserien vom Flugplatz Caselle aus nach Detroit verfrachtet. Auf diese Weise gelangten zwischen 1986 und 1993 über 22.000 Allanté nach Amerika, wo der Wagen bei Sammlern und Autoliebhabern heute noch in hohem Ansehen steht. Ein Exemplar befindet sich in der Sammlung Pininfarina.

Sergio Pininfarina mit dem Cadillac Allanté.

Pininfarina und Cadillac-Chef John Grettenberger.

Weltpremiere des Allanté beim Pariser Salon 1986.

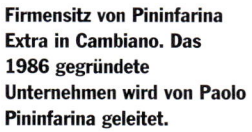

Firmensitz von Pininfarina Extra in Cambiano. Das 1986 gegründete Unternehmen wird von Paolo Pininfarina geleitet.

Designabteilung von Pininfarina Extra.

Pininfarina im Jahre 1990 mit den Stilstudien Vivace Coupé und Spider von 1986 auf Alfa Romeo-Basis.

Sergio Pininfarina mit Lalla Romano und Luigi Firpo beim Premio del Circolo della Stampa, 1986.

GIUSEPPE RANDAZZO

„Es war immer mein Traum, Designer zu sein, im Spannungsfeld zwischen der Leidenschaft für die Kunst, vor allem für die Avantgarde zu Beginn des Jahrhunderts, den italienischen Futuristen und den russischen Suprematisten, und der Kreation der Zukunft, also Design. Mit 14 erlebte ich den ersten Schock: Ich sah die Raumschiffe in „2001 – A Space Odyssey" und von da an ‚musste' ich der Zukunft Form geben. Die Erleuchtung kam Ende der siebziger Jahre auf der Ausstellung ‚Carrozzeria Italiana. Cultura e Progetto'. Wie angewurzelt stand ich vor Bertones Carabo: ein solides Ding aus einem Guss mit ‚versteckten' Scheiben und Lufteinlässen. Ein wunderbares Objekt. Reine Modernität." Für Giuseppe Randazzo, Leiter der Modellierung und Computeranimation der Forschungsabteilung bei Pininfarina, ist das Auto kein Endzweck, sondern ein Mittel, an dem man nicht nur seine Kreativität, sondern auch den Einsatz neuer Technologien beweisen kann.

„Die Entwicklung der Computertechnik im Autodesign habe ich Schritt für Schritt verfolgt, teils bei der Erstellung konservativer Entwürfe, teils auch neuer Lösungen im Sinne des Künstler-Experimentators. Mein großer Vorteil besteht darin, ein Designer zu sein – und zu bleiben. Wenn ich also eine auf Papier gefertigte Skizze digitalisiere, fühle ich mich als Verbindungsgelenk zwischen dem Design und der Technik. Das ist keine unwichtige Rolle, denn es geht darum, die Frische eines Entwurfes nicht zu verlieren und dabei innerhalb der vom Kunden geforderten Parameter in punkto Technik und Produktionskosten zu bleiben."

LC Sie entwerfen Autos und fühlen sich doch nicht als Automensch, als „car guy", wie die Amerikaner sagen würden. Was bedeutet Ihnen das Auto?

GR „Ein verfluchtes, ein schauderhaftes Objekt. Die besten Designer der Welt erschaudern vor dem Automobil. Es ist ein Ding, das wirklich immer in Bewegung ist, nicht nur im wörtlichen Sinne. Auch die Technologie schreitet fort und das hat wiederum Auswirkungen auf das Objekt. In diesem ständigen Veränderungsprozess, der immer hektischer wird, habe ich die Zeit als Maßstab für die Beurteilung eines Entwurfes schätzen gelernt. Ob eine Idee tatsächlich einflussreich war, erkennt man erst nach fünfzig Jahren."

LC Pininfarina wird jetzt 70 Jahre alt. Wenn Sie die ersten zwanzig Jahre der Firma betrachten, was hat da bei Ihnen den größten Eindruck hinterlassen?

GR „Den Cisitalia mag ich sehr gern, seine Reinheit, seine Natürlichkeit. Er erinnert mich an eine Muschel, die man am Strand gefunden hat. Wenn Kraft wohl dosiert wird, überdauert sie in der Zeit, dann gibt es nicht diese Unstimmigkeiten, diese Spannungen, die im Laufe der Jahre wahrgenommen werden. Es bleibt die Frische, das Natürliche, ohne das Zwanghafte: also Eleganz. Ein neueres Auto, das bei mir dieselben Emotionen weckt, ist Giugiaros Medusa: eine Skulptur, eine saubere Form mit einer durchgängigen Linie. Das ist ein Prototyp, der viele Serienmodelle beeinflusst hat. Bei den Experimentalautos möchte ich auch den Eta Beta nennen, ein Projekt, an dem ich selbst mitgearbeitet habe. Ich strebte nach strukturellen Eigenschaften, die dem ‚product design' nahe stehen: funktionale Diskomposition, sichtbare, unlackierte Materialien, hohe Symmetrie, um die Zahl der benötigten Teile gering zu halten."

LC Die Entwicklung des Autodesigns verläuft nicht gleichmäßig, sondern in Sprüngen. Warum?

GR „Fortschritt entsteht vor allem durch mutige Handlungen. Es gibt Zeiten größerer Offenheit, wie die siebziger Jahre, als sich die Zahl der Höhepunkte steigerte. Da es keine Designschulen mehr gab, lernte jeder, auf eigene Kappe Entwürfe abzuliefern und dabei in viel höherem Maße seine Person einzubringen. In solchen Zeiten folgt man viel eher der Mode, echte Innovationen sind selten. Mir gefällt das Klassische, das in der Zeit Bestand hat. Darum verstehe ich das heutige Retrodesign nicht, das keine Innovationen bringt, sondern das Alte konserviert."

LC Wie sehen Sie die Zukunft zwischen reiner Kreativität und virtueller Technik?

GR „Zweifellos ist das Digitale die Seele des neuen Jahrtausends."

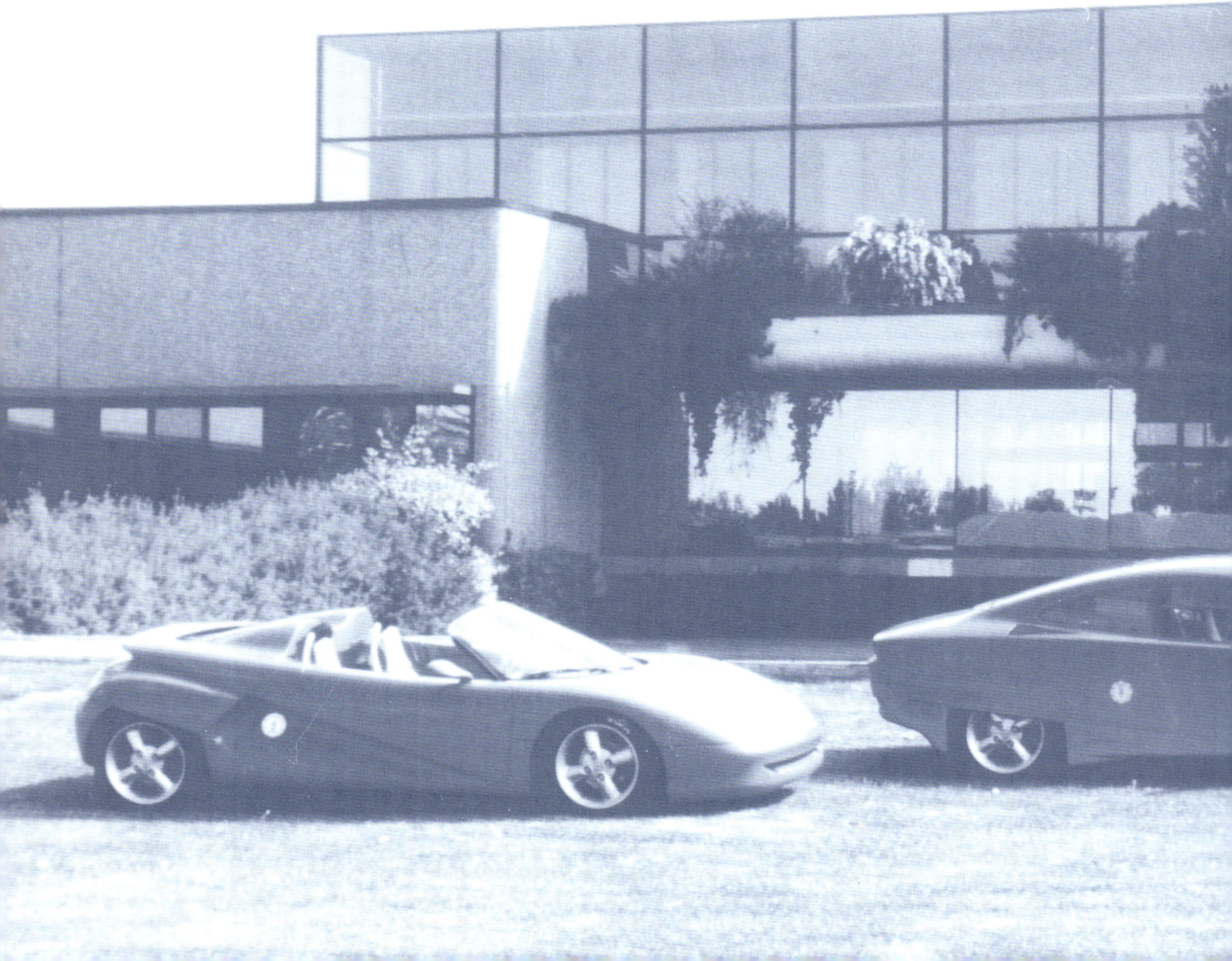

Der Zukunft entgegen

von 1987 bis 2000

Vorstellung des Ferrari F40, IAA 1987.

Vorhergehende Seiten:
Das Projekt Ethos

Der F40 wurde zum 40. Geburtstag der Marke Ferrari konzipiert und war ein Riesenerfolg. Er bot modernste Technik mit einem Chassis aus Stahl und Verbundstoffen, einer Kunststoffkarosserie und aerodynamisch ausgefeiltem Design. Mit einem cw-Wert von 0,34 und einem nahe Null liegenden Auftriebswert brachte er Renntechnik auf die Straße.

Ein schönes Porträt Sergio Pininfarinas von dem Photographen Jean Loup Sieff, geschossen auf der Ausstellung „Hommage à Ferrari" bei der Fondation Cartier in Paris.

Die Blue Ribbon Atlantic Challenger von Azimut versuchte sich am Transatlantik-Rekord. Die Aufbauten stammten von Pininfarina.

Der Gelenkbus Dual Bus Seattle, 1987 von Pininfarina für Breda entworfen.

Der Stadtbus Bredabus 2001, 1986.

Der ETR X 500, ein Hochgeschwindigkeitszug für die Italienische Bahn, dessen Innen- und Außendesign samt Aerodynamik Pininfarina besorgte, wird von den Frecce Tricolori gegrüßt, 1987.

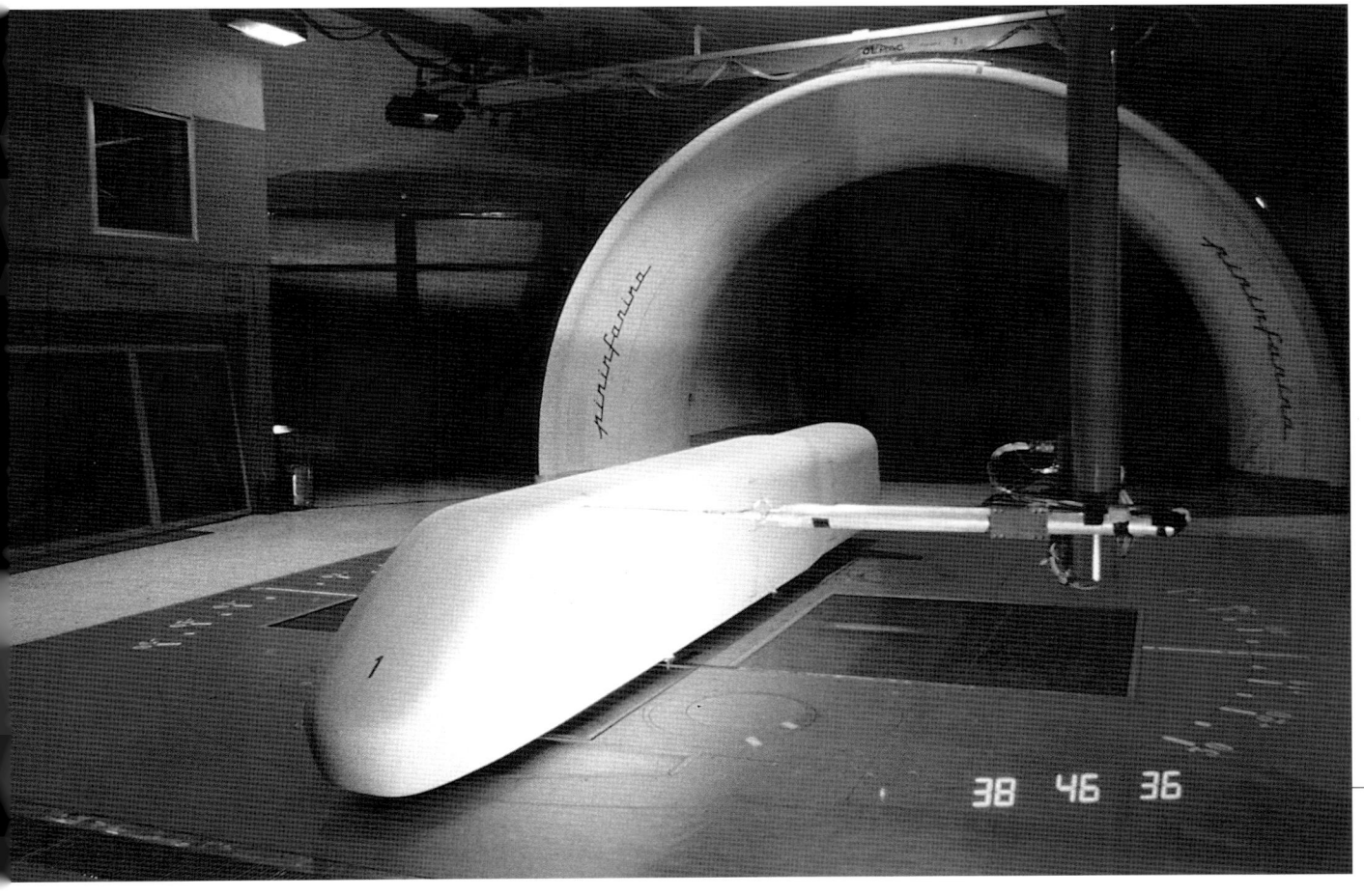

Modell des ETR X 500, am Turiner Bahnhof Porta Nuova im Rahmen der Schau „Vivere il Treno" im Februar 1988 ausgestellt.

Modell des Breda ETR X 500 im Pininfarina-Windkanal.

Der Peugeot 405 mit Pininfarina-Karosserie, 1987.

Ein Modell des Peugeot 405 im Pininfarina-Windkanal.

Der Alfa 164 von 1987 brachte mit seinem Pininfarina-Design die Marke speziell auf den Exportmärkten wieder nach vorn. 1988 gewann der 164 den Car Design Award für das beste Serienauto des Jahres 1987.

Premio Agrodolce 1988. Sergio Pininfarina mit Schauspielerin Sandra Milo und Komiker Walter Chiari.

Der Peugeot 405 Break nach Pininfarina-Design.

FRÉDÉRIC SAINT-GEOURS

„Wenn ich an Pininfarina denke, kommt mir unwillkürlich das 406 Coupé in den Sinn, das ich als Produktverantwortlicher bei Peugeot zusammen mit Pininfarina auf den Weg gebracht habe. Als wir das Entwurfsmodell sahen, gab es keine Diskussionen: das würde unser Coupé werden. Die Wahl war schnell und einstimmig getroffen, auch wenn über einige Details, wie die Scheinwerfer und die Breite des Autos, noch lange zu reden sein sollte", erläutert Peugeot-Manager Frédéric Saint-Geours. „Natürlich war ich in das 406 Coupé verliebt, doch bei längerem Nachdenken wurde ich mir auch der ‚historischen' Partnerschaft unserer Unternehmen bewusst. Es handelt sich dabei um eine Beziehung, die auf gegenseitigem Vertrauen und der Fähigkeit, auch Schwierigkeiten gemeinsam anzupacken, beruht. In einer langen Beziehung gibt es die natürlich auch."

LC Was bietet Pininfarina für Peugeot heute?

FSG „Einen fundamentalen Beitrag zu unserem Unternehmen, die Beratung beim Innen- und Außendesign. Pininfarina als Produzent spielt für uns eine kleinere Rolle, das hängt von vielen Faktoren ab, oft auch von äußeren Einflüssen auf die Beziehung Pininfarina-Peugeot. Allgemein gesagt, haben wir an Pininfarina immer die Offenheit geschätzt, mit der die Firma alle Probleme voll Mut angeht und mit uns gemeinsam nach einer Lösung sucht. Mit der Zeit sind wir über das normale Kunden-Lieferanten-Verhältnis hinausgewachsen, heute herrscht ein Klima gegenseitigen Vertrauens. Unser Teamgeist überträgt sich auch stets auf die nachwachsende Generation: zu Zeiten Boillots gab es diese besondere Beziehung zwischen Peugeot und Pininfarina, jetzt, zu meiner Zeit, ebenso."

LC Bei Designwettbewerben ist es häufig so, dass die hausinterne Abteilung gegenüber externen Konkurrenten bevorzugt wird. Wie ist das bei Peugeot?

FSG „In der Phase 2, wenn es um das Thema des Entwurfes geht, schicken wir allen Beteiligten einen identischen Anforderungskatalog, so herrscht völlige Chancengleichheit. Wir wollen, dass das so bleibt, nicht nur aus Respekt vor der Arbeit der Externen, sondern auch, damit sich die interne Designabteilung nicht im Besitz eines Monopols fühlt. Die Phase 1, in der über die technische Grundarchitektur, das Kundenprofil und die zu verwendende Plattform entschieden wird, ist ein rein interner Prozess, wie übrigens auch Phase 3, die sich darum dreht, das ausgewählte Modell möglichst kostengünstig produzierbar zu machen."

LC Hin und wieder zeigt Pininfarina auf den Autoshows frei interpretierte Prototypen mit Peugeot-Zügen. Sind das nur Überraschungen, die Peugeot animieren sollen, oder manchmal auch unerwünschte Vorschläge?

FSG „Dieses Problem stellt sich nicht. Wir sprechen vorher darüber, denn Pininfarina zeigt uns vorher die Entwürfe und bittet uns auch um die Erlaubnis, unser Markenzeichen an dem Prototyp verwenden zu dürfen. Daher gibt es da gar keine Konflikte. Als sie zum Beispiel den Nautilus machen wollten, haben wir in aller Ruhe zugestimmt, denn das Design des 607 stand bereits fest."

LC Was erwartet sich Peugeot von Pininfarina im dritten Jahrtausend?

FSG „Wir wollen auch Vorschläge für unsere Phase 1, innovative Fahrzeugkonzepte."

LC Also zum Beispiel so etwas wie den Metrocubo?

FSG „Nein. Der Metrocubo ist nur die Interpretation eines bereits existierenden Themas, der urbanen Mobilität. Von Pininfarina wünschen wir uns Ideen für etwas, das es bislang noch nicht gibt."

Unten
Der Prototyp Hit mit Kunststoff-Plattform wurde auf dem Turiner Salon präsentiert und fußte auf der Technik des Lancia Delta Integrale. Auf dem Bild von links nach rechts: Lorenza, Sergio, Paolo und Andrea Pininfarina während der Pressevorstellung im April 1988.

Rechts
Sergio Pininfarina erklärt Gianni Agnelli den Hit auf dem Turiner Salon.

Der Hit auf der Straße.

Am 26. Mai 1988 wird Sergio Pininfarina in Stockholm zum Mitglied der Königlichen Schwedischen Akademie für Technische Wissenschaften ernannt.

Sergio Pininfarina wird zum Präsidenten der Confindustria gewählt, Mai 1988.

Bei gleicher Gelegenheit: Paolo, Lorenza, Sergio, Giorgia und Andrea Pininfarina.

13. Dezember 1988 in Paris: Treffen der 14 Präsidenten der europäischen Industrieverbände.

**Für Breda entworfene
U-Bahn, Lille 1988.**

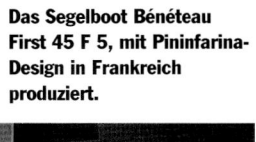

**Das Segelboot Bénéteau
First 45 F 5, mit Pininfarina-
Design in Frankreich
produziert.**

**LKW-Transporter für die
Kanaltunnel-Züge im
Windkanal, 1989.**

**1989 baute Breda nach
Pininfarina-Entwürfen
Panorama-Waggons für die
Schweizer Eisenbahn.**

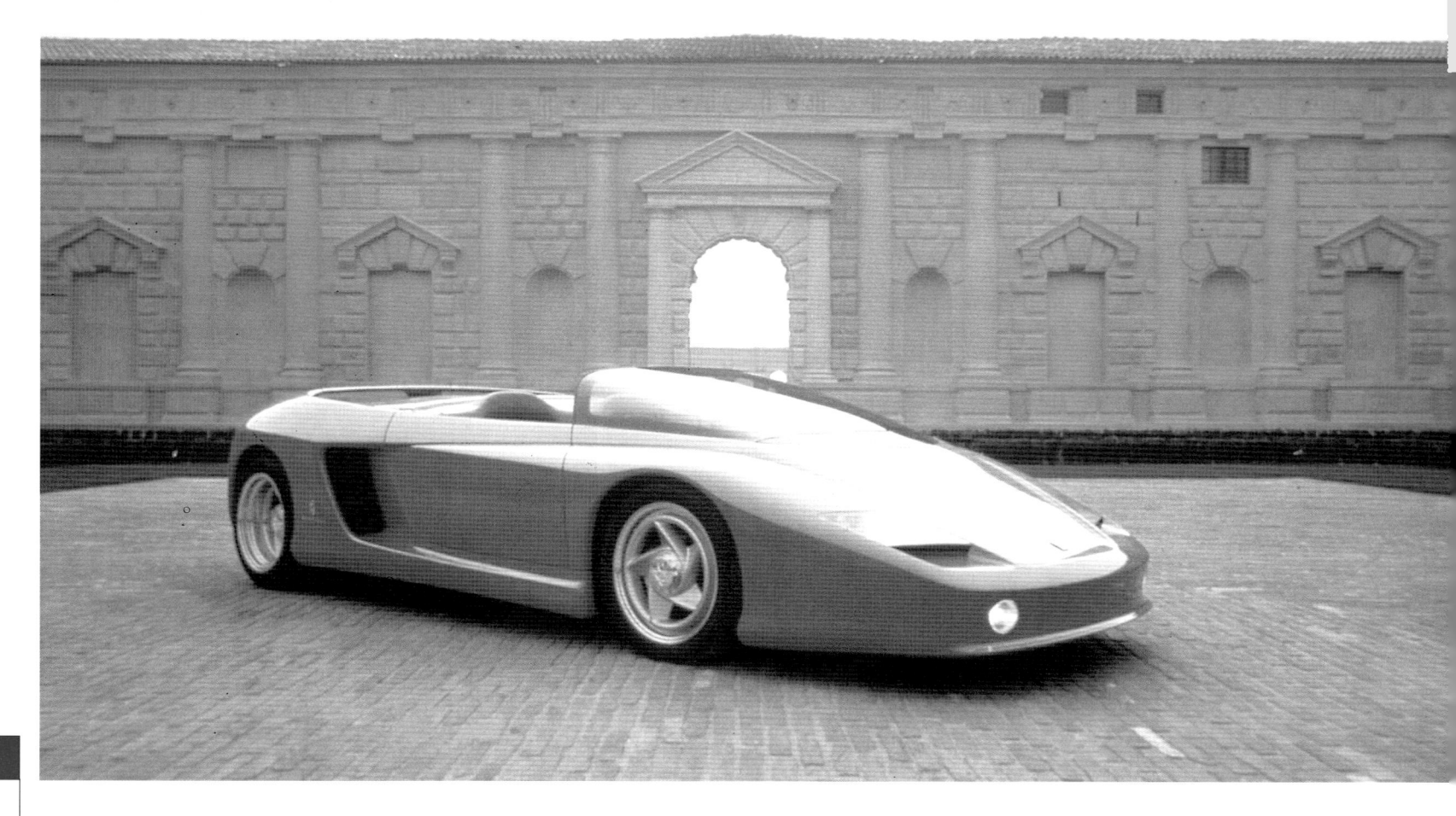

Unten
1989 verlieh die japanische Zeitschrift Car Styling dem Mythos die Golden Marker Trophy.

Oben
Der kompakte und sportliche Ferrari Mythos. Der auf dem Tokioter Salon 1989 vorgestellte Prototyp orientierte sich an den Dream Cars, die Pininfarina in den sechziger Jahren berühmt gemacht hatten. Es handelt sich nicht um eine abstrakte Skulptur, auch wenn die Verteilung der Massen provokativ und durchaus extrem erscheint; vielmehr offenbart der Mythos seine Aggressivität in Bewegung und in der Art, wie er auf der Straße kauert. Die Technik stammt vom Testarossa, die Faszination erinnert an die zweisitzigen Ferrari-Barchetten.

Unten
Der Ferrari Mythos im Palazzo Te in Mantua.

Der Mythos und der Cadillac Allanté auf der Detroit Motor Show im Januar 1990. Im März 1990 erhielt der Mythos den begehrten Car Design Award als weltweit schönster Concept Car des Jahres 1989.

Lorenzo Ramaciotti, Generaldirektor von Pininfarina Studi e Ricerche, mit dem Ferrari Mythos in Tokio.

Lorenza Pininfarina und Alboreto.

Michele Alboreto testet den Mythos.

Pininfarina mit Lorenza und Chuck Jordan, dem Stylingchef von General Motors.

Amintore Fanfani mit Pininfarina auf dem Salon in Tokio.

Michail Gorbatschow im Dezember 1989 auf Staatsbesuch im Castello Sforzesco zu Mailand. Zu seiner Rechten Gianni de Michelis und Sergio Pininfarina; rechts von ihm Giulio Andreotti und Eduard Schewardnadse.

Pininfarina mit dem portugiesischen Präsidenten Mario Soares.

1983 begann General Motors mit der Entwicklung dreier neuer Minivans. Die technische Entwicklung und den Prototypenbau bis zur Vorserie übernahm Pininfarina. Hier das fertige Produkt: Oldsmobile Silhouette, Chevrolet Lumina APV und Pontiac Trans Sport.

Ferrari 348 tb und 348 ts, 1989. Die Modelle, auf der IAA vorgestellt, verfügten über einen längs eingebauten Mittelmotor und ersetzten sehr erfolgreich den in die Jahre gekommenen Ferrari 328.

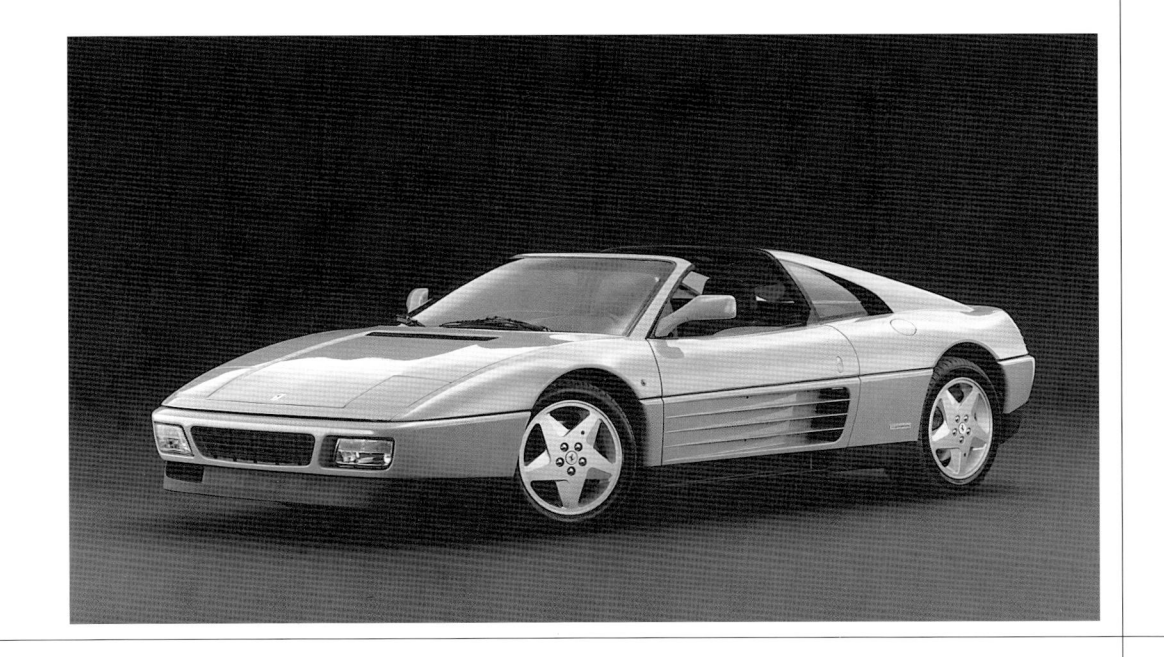

PAOLA MENSA

„Eine Fabrik zu übernehmen ist etwas anderes, als eine Fabrik neu zu schaffen. Den gesamten Produktionsablauf von Null an zu planen, das ist eine faszinierende Aufgabe. Mit drei anderen zusammen hatte ich das Glück, Bairo Canavese ‚erschaffen' zu können. Wir hatten wenig Spielraum, denn wir mussten ein schon bestehendes Gebäude ohne größere Anbaumöglichkeiten benutzen, daher die ‚schlangenförmige' Montagelinie", erklärt Paola Mensa, auf den Autosektor spezialisierte Ingenieurin, die als Karosserie-Designerin bei Pininfarina anfing und heute das Werk Bairo Canavese leitet, in dem der Mitsubishi Pajero Pinin gebaut wird.

LC Wie funktioniert das Just-in-time bei einem Auto, dessen Mechanik aus Japan geliefert wird?

PM „Am einfachsten wäre ein Teile- und Komponentenlager, doch das ist heutzutage nicht mehr denkbar. Wir müssen also mit einer sehr fein abgestimmten Logistik arbeiten, und drei Monate im Voraus in Japan bestellen, da der Transport per Schiff 45 Tage dauert. Technisch ausgedrückt: der Materialfluss muss gerade groß genug sein, um die Produktion nicht lahm zu legen."

LC Was bedeutet es für einen japanischen Kunden, in Italien Autos herzustellen?

PM „Man muss sich daran gewöhnen, mit den Japanern zu arbeiten, aber es ist wesentlich weniger traumatisch, als die Leute denken. Von den über 350 Menschen in unserem Werk sind derzeit acht Japaner."

LC Im Werk Bairo hat Pininfarina 120 Kräfte entlassen und durch neue Leute ersetzt. Wie kam das?

PM „Nun, 30% Fluktuation sind hier in der Gegend absolut normal, das haben wir schon im Werk San Giorgio erlebt. Im Unterschied etwa zu Turin herrscht hier im Canavesischen ein großes Angebot an Arbeitsplätzen, daher ist die, lassen Sie mich sagen, geistige Flexibilität eher gering. Viele junge Leute suchen eine Arbeit, aber wenn man sie eingestellt hat, erweisen sie sich als stur: sie wollen nicht irgendeine Tätigkeit, sondern genau die, die ihnen vorschwebt."

LC Wollten Sie schon immer eine Autofabrik leiten?

PM „Ganz und gar nicht. Ich bin der Typ ‚wildes Tier', träume von absoluter Freiheit. Wenn man sich aber entschließt, einer Arbeit nachzugehen, muss man das Beste geben. Dass mein Bestes von einer Firma begriffen und gewürdigt wird, hätte ich nie gedacht. Im Karosserieentwurf gefiel es mir sehr, das ist eine schwierige, aber unterhaltsame Sache, die Produktion dagegen hat mich nicht besonders angezogen. Nach den Erfahrungen, die ich bis heute gemacht habe, muss ich jetzt aber sagen, dass mich die Produktion begeistert. Als Chef steht man allein, aber gute Dinge entstehen im Team. In Bairo haben wir bei Null angefangen und die Teamarbeit als Quelle täglicher Freude entdeckt."

LC Sie lassen Autos bauen, doch Ihre heimliche Liebe gilt dem Motorrad. Oft fahren Sie die 112 Kilometer von Ihrem Heim zum Werk mit einem Ihrer drei Motorräder. Wie sollte ein Zweirad „made by Pininfarina" aussehen?

PM „Es sollte high-tech sein, mit einem sehr guten Rahmen. Der Rahmen ist das Herz des Motorrades. Und da es von Pininfarina käme, müsste es auch ein tolles Design haben."

LC Und würden Sie sich bei diesem Motorrad lieber um das Design oder die Produktion kümmern?

PM „Weder noch. Ich wäre gerne Testfahrerin, um den ganzen Tag damit herumzufahren."

LC Pläne für die Zukunft?

PM „In der Karibik Yachten restaurieren oder in den Hügeln der Toskana Bäuerin sein. Oder auch weiterhin Autos bauen."

Breda-Tram nach Pininfarina-Entwurf, 1990 in San Francisco in Dienst gestellt.

1990 wurde Pininfarina Deutschland mit Sitz in Renningen gegründet. Die Firma arbeitet im Bereich Modellbau und Protoypenherstellung für die deutsche Automobilindustrie.

Jean Boillot, Generaldirektor von Peugeot, Sergio Pininfarina und Jacques Calvet, Peugeot-Präsident, beim Genfer Salon 1990.

Paolo und Sergio Pininfarina in Genf, 1990.

Giorgia und Sergio
Pininfarina auf Audienz bei
Papst Johannes Paul II.,
Dezember 1990.

Rechts
San Giorgio Canavese:
Produktion von Verdecken
für Rover und MG.

Unten
Auf der Terrasse des Forte
Belvedere über Florenz fand
die grandiose Ausstellung
„L´Idea Ferrari" statt, die
den im August 1988
verstorbenen Modeneser
Sportwagenkonstrukteur
feierte und auch
Pininfarinas Anteil an
Technik und Ästhetik des
Mythos Ferrari konkret
dokumentierte.

60 Jahre Pininfarina: Turiner Salon, April 1990.

Die letzte Version des als Duetto 1966 vorgestellten Alfa Romeo Spider, präsentiert in Detroit 1990.

Der CNR E2, ein mit dem Nationalen Forschungszentrum gemeinsam entwickelter Prototyp. 11 Jahre nach dem CNR erforschte diese Studie Möglichkeiten des Energiesparens in Gestalt einer fünfsitzigen Mittelklasselimousine mit Fiat-Technik. Ziel war es, Geräumigkeit und Sicherheit mit einem cw-Wert von 0,19 zu verbinden. Ein ehrgeiziges Ziel, das ohne Abstriche an der Ästhetik erreicht wurde.

Rechts
Der Cisitalia 202 auf der Ausstellung „Grafie Pininfarina", Mai 1990 in Spoleto.

Oben
Bei gleicher Gelegenheit Cesare Romiti mit Lorenzo Pininfarina, Franco Moschini, dem Präsidenten der Firma Frau, und Fredi Valentini.

Pininfarina im Gespräch mit Agnelli bei einer Konferenz der Associazione dei Cavalieri del Lavoro im Automobilmuseum zu Turin, Mai 1991.

Im Sommer 1991 fand auf Initiative der Architektonischen Fakultät des Turiner Polytechnikums und Pininfarinas unter der Schirmherrschaft der Stadt Mailand die Ausstellung „Pininfarina, Progetto e Prodotto" statt, die Pininfarinas Projektmethoden umfassend illustrierte und den gesamten kreativen und technischen Weg von der Idee zum Produkt, ob Prototyp oder Serienmodell, aufzeigte.

Auf der Detroit Motor Show im Januar 1991 präsentierten Sergio Pininfarina und Lorenzo Ramaciotti den Prototyp General Motors Chronos mit der Technik des Opel Lotus Omega, einer der schnellsten Limousinen der Welt. Der Chronos sollte die langjährige Zusammenarbeit mit GM feiern und als Coupé-Roadster überragende Fahrleistungen mit hervorragendem Design verbinden, eine Herausforderung in der Pininfarina-Tradition, die schon oft Oberklasse-Sportwagen für die verschiedensten Großserienhersteller gebar.

Andrea Pininfarina in Detroit mit Mr. Macdonald, dem General Motors-Präsidenten.

Sergio Pininfarina und der GM Chronos, photographiert von Peter Vann.

Im Juni 1991 fand in Detroit „Eyes on the Classics" statt, eine Ausstellung mit dem Thema Pininfarina. Sergio Pininfarina erhielt als erster Italiener den 1988 von Chrysler, Ford und General Motors erstmals gestifteten Lifetime Achievement Award. Chuck Jordan von General Motors überreichte den Preis.

Im Rahmen der Ausstellung wurde eine Retrospektive organisiert.

Im Oktober 1991 nahm Pininfarina an einer von der Confindustria organisierten Reise nach China teil. Im Rahmen dieser Reise begegnete er Ministerpräsident Li Peng.

Im Dezember nahm Boris Jelzin an einer Konferenz der Confindustria teil.

„Für mich stellt Pininfarina die gelungene Vereinigung von Emotion und Ästhetik im Automobilbau dar. Und es gibt nur sehr wenige Autodesigner in der Welt, denen das in ihrer Arbeit gelungen ist. Es ist klar, dass man mit dem Namen Pininfarina in erster Linie Autos verbindet, weil er auf diesem Gebiet interessante ‚concept cars' und gelungene Serienmodelle schaffen konnte. Die jüngsten Designarbeiten sind auf jeden Fall eine logische Konsequenz aus früheren Erfahrungen. Pinin Farina hat zu seiner Zeit erkannt, wie wichtig es ist, seiner persönlichen Linie treu zu bleiben und das ist auch für die heutigen Designer ein fundamentaler Wert", so Ferdinand Piëch, Präsident des Volkswagen-Konzerns.

LC Welches Pininfarina-Auto bewundern Sie am meisten und warum?

FP „Es wäre nicht fair, nur ein Auto zu nennen. Aber gewiss besaßen Pininfarinas Sportwagenentwürfe der sechziger und frühen siebziger Jahre eine besondere Großartigkeit."

LC Sehen Sie in Pininfarina mehr den Designer oder den Kleinserienproduzenten?

FP „Pininfarina ist beides und genau darum ist er so erfolgreich. Es gibt manche Modelle mit kleinen Stückzahlen, die die großen Hersteller nicht immer in ihren eigenen Werken herstellen können. Wenn der große Hersteller dann für diese Nischenfahrzeuge auch eine helfende Hand beim Design braucht, dann kommt Pininfarina als einer der Ersten ins Spiel."

LC Der Volkswagen-Konzern verfügt heute über mehr Marken denn je. Wie kommt es, dass Pininfarina für keine von ihnen tätig ist?

FP „Was Pininfarina für andere Hersteller leistet, ist wirklich bemerkenswert. Wir bei Volkswagen haben aber beschlossen, einen anderen Weg zu gehen. Das Design ist innerhalb jeder einzelnen unserer neun Marken angesiedelt und wird dort entwickelt. Da es ein fundamentales Kompetenzfeld ist, halten wir es für besser, es im Hause zu haben. Die Reaktion unserer Kunden bestärkt uns, dass wir auf dem richtigen Weg sind."

LC Gibt es von Pininfarina für andere Hersteller entworfene Autos, die sie gerne für eine Ihrer Marken hätten?

FP „Zweifellos hat Pininfarina Autos geschaffen, die Schule machten. Die neun Marken der Volkswagen-Gruppe haben natürlich noch Raum für Verbesserungen. Ich glaube aber, dass, die Modelle betreffend, die einzelnen Marken gut ausgestattet sind, so dass ich mir kein Auto vorstellen kann, das der Gruppe im Moment fehlt. Natürlich gibt es Details an den Pininfarina-Autos, die mir gefallen und ich bin sicher, dass sie sich allgemein durchsetzen und die gemeinsame Welt des Automobils bereichern werden."

1992 entwarf Pininfarina Extra Golfschläger für die japanische Firma Mizuno, die sich durch hervorragende, im Windkanal erprobte und entwickelte Aerodynamik auszeichneten.

„Egomeeting", eine Serie von Sesseln für Poltrona Frau.

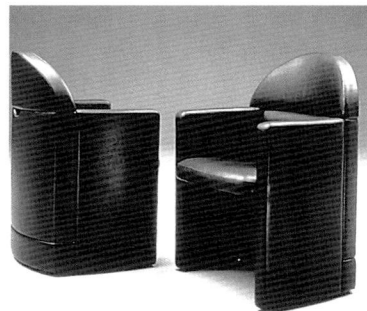

Ein Modell der Schweizer Lokomotive Schindler LOK 2000 im Windkanal, Ende der achtziger Jahre.

Schindler produzierte ab 1991 20 Exemplare der Lokomotive.

Lorenzo Ramaciotti mit einem Modell der Azimut 65 auf der Bootsausstellung in Genua 1992.

Der Peugeot 106 von 1991.

Rechts oben
Der Fiat 500 Pick Up, eine auf dem Turiner Salon 1992 vorgestellte Stilstudie.

Der Ethos von 1992. Als erster einer Reihe von öko-kompatiblen Concept Cars war der Ethos ein ökologisch korrekter Spider, ultraleicht und zur Gänze recyclebar und steckte voller Innovationen, angefangen bei dem Dreizylinder-Zweitaktmotor der australischen Firma Orbital, der 95 PS leistete und sich dem zero-emission-Status näherte. Interessant auch die Aluminium-Plattform und die gänzlich aus thermoplastischen Materialien bestehende Karosserie.

Grugliasco 1992: Produktion des 512 TR, eine Weiterentwicklung des Ferrari Testarossa von 1984.

Unten
Sergio Pininfarina im Jahre 1992 im Club Europe Argentine zu Brüssel mit dem argentinischen Präsidenten Carlos Menem.

1992 in Genf mit Peugeot-Präsident Jacques Calvet.

Im selben Jahr mit dem spanischen Königshaus.

Links
Ferrari-Präsident Luca di Montezemolo mit Sergio Pininfarina bei der Vorstellung des 456 GT im September 1992 in Brüssel.

Rechts
Pressevorstellung des Ferrari 456 GT im September 1992 in Brüssel. Vorne von links: Lorenzo Ramaciotti, Andrea Pininfarina, Piero Ferrari, Sergio Pininfarina und Luca di Montezemolo.

Der 456 GT 2+2, Erbe einer großen Tradition, war der erste Frontmotor-Ferrari seit dem Daytona. Das zeitlos schöne Auto erhielt den Titel „Schönstes Auto der Welt 1993". Der 456 GT verbindet den von Ferrari gewohnten Biss mit einer eleganten Coupé-Karosserie und berlinettatypische kompakte Außenmaße mit großem Innen- und Gepäckraum.

Sergio Pininfarina mit dem 456 GT vor dem Turiner Automobilmuseum, 1993.

Giorgio Astesano

„Manchmal fühlte ich mich wie der letzte Mohikaner im Fort, das von den Cowboys, die drum herum reiten, belagert wird. Wenn ich dann aber durchs Fenster den Schnee fallen sah, war ich wieder in der Wirklichkeit: nicht im Wilden Westen, sondern in Sochaux, wo ich im Peugeot-Entwicklungszentrum als Pininfarina-Verbindungsmann für das 406 Coupé arbeitete", erinnert sich Giorgio Astesano, heute Chef der Experimental- und Prototypenabteilung bei den Industrie Pininfarina.

„Allerdings hatte ich selbst darauf bestanden, hier in die Höhle des Löwen zu steigen. Gleich nachdem ich meinen Ingenieur am Polytechnikum in Turin gemacht hatte, bekam ich fünf Stellenangebote: von Cartiere Burgo, dem Fiat-Forschungszentrum, von FATA Automation, Prima Industrie und von Pininfarina. Dieses Angebot nahm ich an, eben deshalb, weil sich mir die Möglichkeit bot, umgehend im Ausland zu arbeiten. Zu Beginn musste ich manche Tiefschläge einstecken, doch dann wurde ich smarter und lernte, nur die wirklich wichtigen Fragen zu stellen. Ich muss sagen, dass das nach den anfänglichen Schwierigkeiten eine hochinteressante Sache war: von Montag bis Mittwoch kamen die Peugeot-Leute mit ihren Problemen, am Donnerstag ging´s nach Turin zurück, wo wir in echtem Teamwork darangingen, die Probleme zu lösen. Das waren drei harte, aber lohnende Jahre: dass wir bei der Entwicklung des 406 Coupé in jeder Phase innerhalb des Zeitlimits lagen, beweist, dass wir alle hervorragende Arbeit leisteten."

LC Und als Sie wieder in Turin waren?

GA *„Bin ich sofort wieder aufgebrochen, diesmal in Richtung Polynesien, um dort als Jungverheirateter meine Flitterwochen zu verbringen. Als ich von da meine Mutter anrief, stellte sich heraus, dass Ing. Bertrandi sich bei mir Zuhause gemeldet hatte: ich sei zwischenzeitlich Chef von irgendetwas bei Pininfarina geworden. Wovon genau, daran konnte sich meine Mutter nicht mehr erinnern. Einerseits wollte ich natürlich sofort in der Firma anrufen und erfahren, wovon ich Chef geworden war, andererseits war ich so weit weg und auf Hochzeitsreise. Also ließ ich die Sache ruhen und rief nicht in der Firma an."*

LC Und worauf ist es dann herausgelaufen?

GA *„Auf eine interne Reorganisation. Die frühere Abteilung Normen und Tests wurde aufgeteilt: Die Normen wurden selbstständig, die Tests wurden mit der Prototypenabteilung vereinigt. Mit 29 Jahren war ich also plötzlich Chef der neuen Experimental- und Prototypenabteilung und hatte 30 bis 35 Leute unter mir."*

LC Nach der Kooperation mit Peugeot arbeiteten Sie mit Honda. Worin liegen die Unterschiede zwischen französischen und japanischen Ingenieuren?

GA *„Die sind eigentlich gar nicht so groß. In beiden Fällen hatte ich es mit technisch höchst gebildeten Menschen zu tun, von denen sich viel lernen ließ; das macht mich sehr zufrieden. Wie man mit einer Aufgabe umgeht, entscheidet sich nicht an der Volkszugehörigkeit, sondern an der Art und Weise, wie man sich der Aufgabe stellt. Man muss die Grenzen der Organisation, in der man arbeitet, und die Grenzen seiner selbst erkennen. Realistisch und offen zu sein, das zahlt sich am Ende immer aus. In den übrigen Dingen sollte man sich flexibel zeigen, denn die Mentalität des Kunden, der methodische Ansatz, die konstruktiven Ziele eines Modells, alles das ist immer verschieden."*

LC Was bedeutet Pininfarina für Sie?

GA *„Ein Unternehmen mit Realitätssinn, das nicht nur wunderschöne Designs entwirft, sondern auch wunderschöne Autos baut, oft bis zur Serienreife entwickelt. Genau das wollte ich schon seit der Uni, nicht bloße Theorie, sondern immer auch engen Kontakt mit der täglichen Wirklichkeit."*

Im Januar 1993 erhielt Sergio Pininfarina in Rom den Ehrendoktor in Ökonomie und Wirtschaft von der Libera Università Internazionale degli Studi Sociali.

Unten
Am 29. Oktober 1993 wurde im Turiner Automobilmuseum des 100. Geburtstages von Pinin Farina gedacht. Von links nach rechts: Amedeo Peyron, Direktor des Automobilmuseums, der Architekt Vittorio Gregotti, der Journalist Paul Frère, Gianni Agnelli, Sergio Pininfarina, Alessandro Colombo, Präsident der Italienischen Vereinigung für Automobilgeschichte, der Journalist Gino Rancati und Ernesto Caballo, Autor des Buches „Pinin Farina, nato con l´automobile".

Präsident Scalfaro bei der Verleihung der Ehrendoktorwürde.

Im Publikum Nuccio Bertone, Cesare Romiti und Luca di Montezemolo.

Produktion (links) und Montage (unten) des Peugeot 306 in Grugliasco, 1993.

Am 31. August lief das fünfzigtausendste Peugeot 306 Cabriolet vom Band.

Das 306 Cabriolet wird
„Cabrio des Jahres",
Genfer Salon 1998.

Lorenza Pininfarina, Vater
Sergio und Roland Peugeot.

Genfer Salon 1995: die
dritte Generation, Lorenza,
Andrea und Paolo.

Das Peugeot 306 Cabrio,
präsentiert auf der IAA
1993, gewann 1994 den
Titel „Schönstes Cabriolet
des Jahres".

Ethos und Ethos 2 auf dem Genfer Salon 1993.

Das Aerodynamik-Coupé Ethos 2, zweiter Prototyp der Ethos-Reihe, erreichte den hervorragenden cw-Wert von 0,19.

Das Coupé Fiat bei seiner Vorstellung auf der Motor Show in Bologna 1993. Pininfarinas Anteil an diesem Modell umfasste die Gestaltung des Innenraumes, die technische Entwicklung und die Montage.

Oben und Mitte
Innenraum des Coupé Fiat, von Pininfarina entworfen.

Das Werk San Giorgio Canavese erreichte 1999 einen Ausstoß von 70.000 Autos. Das Coupé Fiat wurde dank seiner hohen Fahrleistungen, der großen Geräumigkeit, den hohen Sicherheitsstandards, der fortschrittlichen Technik und seiner ästhetischen Persönlichkeit zum „Sportwagen des Jahres 1994" und zum „Best Car 1996" gewählt.

1994 wurden Ethos und Ethos 2 durch den Ethos 3 ergänzt, eine vollständig recyclebare Limousine mit abgasarmem Orbital-Motor. Mit sechs Sitzen auf nur 3,24 Metern Länge ideal für die Stadt, aber auch für Fernreisen geeignet.

Auf dem Pininfarina-Stand bei der Los Angeles Motor Show 1995 feierte das jüngste Kind der Ethos-Familie Premiere, der Ethos 3 EV. Diese Elektrovariante des Ethos 3 für Stadt- und Fernfahrten kam aufgrund der kalifornischen Umweltgesetze zustande, die die Hersteller ursprünglich zwingen sollten, ab 1998 emissionsfreie Autos (zero emission vehicles oder ZEV) zu vermarkten.

Der Ethos 3 beendete die erste Phase des Projektes Ethos, das eine Modellfamilie mit optimiertem Verbrennungsmotor hervorgebracht hatte.

Vorstellung von Alfa Romeo Spider und GTV mit Pininfarina-Karosserie auf dem Pariser Salon 1994.

Der Journalist Paolo Frajese im Alfa Romeo Spider.

Der Fiat Spunto, Turiner Salon 1994. Pininfarinas Beitrag zum Thema Fiat Punto war dieses Freizeitauto mit großer Heckklappe.

Jean Martin Folz

„Schon seit fast fünfzig Jahren besteht diese besondere Beziehung zwischen Pininfarina und Peugeot. 1955 kam der 403 heraus, die erste Frucht einer mustergültigen Zusammenarbeit, die bis heute fortbesteht", sagt Jean Martin Folz, Präsident von PSA Peugeot-Citroën.

LC Wie entwickelte sich nach dem herausragenden Erfolg der 403-Limousine, von der über 1,2 Millionen Stück verkauft wurden – für damals eine sehr hohe Zahl –, das Verhältnis Pininfarina-Peugeot, insbesondere nach der Einrichtung Ihres eigenen Designzentrums?

MF „Nach diesem ersten Höhepunkt war die Peugeot-Geschichte durch die Cabriolet- und Coupé-Modelle geprägt, die bei Pininfarina hervorragend in Form gebracht wurden. Jüngste Frucht auf diesem Gebiet ist das Peugeot 406 Coupé, das ganz zweifellos ein automobiles Meisterwerk ist."

LC Also eine Geschichte, die beide Seiten zufrieden stellte. Was kann man im neuen Jahrtausend erwarten?

MF „Pininfarina kann stolz auf seinen Beitrag zum Erfolg unseres Hauses sein. Und wir wissen wohl, in welchem Maße wir unseren Freunden in Turin verpflichtet sind. Wir werden auch in Zukunft das Talent und die Schöpferkraft der Pininfarina-Designer bemühen, in der Hoffnung, dass auch die nächsten Projekte so erfolgreich sein werden."

Auf der Ferrari-eigenen Rennstrecke Fiorano wurde 1994 der F355 vorgestellt, einer der besten Ferraris aller Zeiten und jüngster Spross der mit dem Dino begonnenen Modellfamilie. Der F355 fährt noch schneller als er aussieht: die extreme Aerodynamik bezieht erstmalig auch die Gestaltung des Unterbodens mit ein.

Der Gabelstapler Cesab Drago errang 1994 den Compasso d'Oro.

Pininfarina Extra arbeitete an einem Projekt für die touristische Erschließung und den Wohnungsbau auf der Insel Malta.

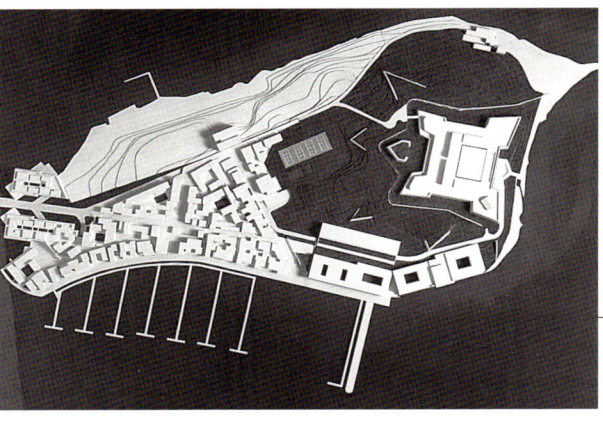

Niki Lauda, Luca di Montezemolo, Sergio Pininfarina und Antonio Ghini bei der Vorstellung des F355.

Im Mai 1995 starb Renzo Carli, der gemeinsam mit seinem Schwager Sergio Pininfarina Pinins Erbe angetreten und die Firma von einem Handwerksbetrieb zu einem kreativen, technologieorientierten Industriekonzern und Automobilhersteller umgewandelt hatte.

1994: Sergio Pininfarina erhält von einer italienischen Marketingvereinigung einen Preis für seinen Beitrag zur Förderung des Ansehens der italienischen Industrie und Kreativität in der Welt. Die Preisverleihung fand im Mailänder Palazzo dei Giureconsulti statt.

Skizze des Ferrari F50 von Sergio Pininfarina.

Maranello im Frühjahr 1995: Vorstellung des Ferrari F50, Nachfolger des F40. Ein Formel 1-Auto für die Straße, in 349 Exemplaren produziert.

Sergio Pininfarina mit dem F50 auf dem Genfer Salon. Der F50 war radikal innovativ und stand technisch an der Spitze des Fortschritts. Sein Design unterstrich die hochwertige Technik und betonte Ferraris Sportwagentradition, ohne an dem bewährten stilistischen Kanon der Ferrari-Pininfarina-Geschichte Verrat zu üben.

XVII
Premio Compasso d'Oro
ADI

Sergio Pininfarina

**Premio Compasso d'Oro
ADI 1994 alla Carriera**

Comitato Direttivo ADI
Il Presidente:
Augusto Morello

premio *la*Rinascente compasso d'oro

per l'estetica del prodotto

Villa d'Este, 28 Settembre 1957

milano via san raffaele 2 telefono 8852

ASSEGNAZIONE GRAN PREMIO NAZIONALE
LA RINASCENTE COMPASSO D'ORO

La Commissione costituita per l'assegnazione del Gran Premio Nazionale La Rinascente Compasso d'oro, ha esaminato e discusso le proposte dei singoli Commissari e, tenuto presente i concetti informatori e le finalità del premio, ha deciso all'unanimità :

Gran Premio Nazionale La Rinascente Compasso d'oro da attribuirsi a quella persona o Ente tecnico-industriale le cui benemerenze nel campo dell'Industrial design sono particolarmente riconosciute

assegnato a :

Cavaliere del Lavoro PININ FARINA

LA COMMISSIONE

Aldo Borletti
Giulio Carlo Argan
Misha Black
Tommaso Gallarati Scotti
Johannes Itten
Mario Labò
Ivan Matteo Lombardo

Der Compasso d'Oro, eine weitere Auszeichnung, die sowohl Pinin als auch Sergio erhielten.

Fast vierzig Jahre liegen zwischen den beiden Preisverleihungen. Pinin war auf den Compasso besonders stolz.

Der Bentley Azure, vorgestellt auf dem Genfer Salon im März 1995, war das Ergebnis gemeinsamer Anstrengungen von Rolls-Royce Motor Cars und Pininfarina, der für das Design und die Entwicklung und Produktion des Verdecks zuständig war. Das automatische Verdeck, das unter einer bündig abschließenden Klappe verschwindet, ist ein ästhetisches und technisches Meisterwerk. Pininfarina besorgt darüberhinaus Bau und Lackierung der Karosserie und die Installation des ebenfalls im Hause gefertigten Verdecks.

Auf der Tokyo Motor Show standen das Coupé Fiat, Bentley Azure, Ferrari F50 und die Weltneuheit Honda Argento Vivo.

Der Innenraum der Stil- und Technologiestudie Argento Vivo. Pininfarina setzte in diesem Fall auf Holz, das den Innenraum üppig ziert. Das Holz wird hiermit als grundlegendes Element in Architektur und Design anerkannt; es wird eine Brücke zu den raffinierten Inneneinrichtungen von Luxusyachten geschlagen. Ein warmes, lebhaftes Material, das sehr gut mit anderen natürlichen Materialien, wie etwa Leder, harmoniert.

Der Argento Vivo wurde im Rahmen der Tokyo Motor Show 1995 von Sergio Pininfarina und dem Honda-Präsidenten Nabuhiko Kawamoto der Presse vorgestellt. Der Wagen konnte an den Erfolg des Ferrari Mythos anschließen und gewann die Golden Marker Trophy der japanischen Zeitschrift Car Styling sowie den Titel „Best in Show" der amerikanischen Auto Week.

Unten
Auch in Turin erregte der Argento Vivo großes Interesse.

Der Argento Vivo, eine Cabriostudie, stellte einen wichtigen Fortschritt innerhalb der Pininfarina-Kultur dar. In 12 Monaten entwickelt (die ersten Studien stammen aus dem September 1994), war der Argento Vivo eine raffinierte Stilstudie mit imposantem Auftritt und innovativen Detaillösungen wie etwa dem Hardtop, das sich automatisch in einen Raum hinter den Sitzen zusammenklappt und so den Kofferraum nicht beeinträchtigt. Der Argento Vivo vereinigte die heiße Leidenschaft Italiens für Sportwagen mit der kühlen Rationalität einer technikorientierten Marke wie Honda. Dies alles in einem Auto der Mittelklasse, mit (geplanten) Motoren zwischen zwei und drei Litern Hubraum - die extensive Verwendung von Aluminium senkte das Gewicht und machte die Verwendung noch größerer Motoren überflüssig - und von geringen Außenmaßen (die Länge betrug knapp über 4,20 Meter).

Der Argento Vivo verströmt eine Aura von sportlicher Eleganz und High-Tech. Einige Punkte fallen sofort ins Auge, etwa die Wiederentdeckung der Zweifarbigkeit durch die clevere Verwendung edler Avantgarde-Materialien. Aluminium, das als Material für die Bodenplatte das Rückgrat des Spiders stellte, trug auch entscheidend zum Spiel der Farben und der lebhaften Gestaltung der Oberflächen bei. Motor- und Kofferraumhaube, die Dachstruktur, die Lufteinlässe und der Auspuff bestanden aus dem gleichen Material, das man mit hochklassigen Sport- und Rennwagen assoziiert und das zugleich ein Gefühl von Solidität, Schutz und raffinierter Funktionalität vermittelt. Der Rest der Karosserie bestand aus blau gefärbtem Kunststoff und diente als Stützrahmen für die Aluteile.

ROBERTO TESTORE

„Das Fiat 1500 Cabriolet von Pininfarina, ein selten schönes Auto, war mein Kindheitstraum. Mein erstes Auto war dann aber nur eine 1500-Limousine aus zweiter Hand. Auch wenn ich damals den Pininfarina-Autos nicht näher gekommen bin, so doch der Familie: Sergio war ein Freund meines Vaters, später auch mein Freund, ebenso wie Andrea und Lorenzo, die etwa in meinem Alter sind. Unsere Lebensläufe haben uns dann auch beruflich zusammengebracht", so Roberto Testore, Chef von Fiat Auto.

LC Ist Pininfarina für Sie mehr Designer oder mehr Autoproduzent?

RT „Vor allem Designer. Wenn ich an Pininfarina denke, kommt mir fast von selbst der Lancia Beta Montecarlo in den Sinn, eine Ikone meiner Generation. Dann auch der Fiat 124 Spider. Natürlich alle Ferraris, eine große Familie mit einer starken stilistischen Identität. Von ganz früher der Fiat 525, Pinins erster Entwurf als Selbstständiger auf einem Fiat-Chassis, ein auffälliges zweifarbiges Sportcoupé, das 1931 den Concours d' Elégance in Rom gewann. Erst in zweiter Linie denke ich an Pininfarina als Hersteller, ein Gebiet, auf dem die Firma auch eine führende Rolle spielt. Für mich ist Pininfarina aber vor allem Designer. In siebzig Jahren hat man dort so viel geschaffen, dass es heute ein Name ist, der Italien in der Welt repräsentiert, wie Gucci, wie Ferrari."

LC Viele sprechen von einem „Pininfarina-Stil", der die Zeit überdauert und die Autos prägt, egal, für welchen Hersteller der Entwurf angefertigt wurde.

RT „Stimmt. Pininfarina steht für einen bestimmten Geschmack, ein ästhetisches Ebenmaß, sehr piemontesisch. Im stilistischen Schaffen des Hauses gibt es einen deutlichen roten Faden. Natürlich handelt es sich um Autos aus verschiedenen Epochen, aber diese maßvolle Eleganz voller Zurückhaltung finden Sie immer."

LC Wenn Sie Pininfarina ein Designprojekt anvertrauen, was erwarten Sie dann?

RT „Dass er die Vorgabe mit einer Ästhetik interpretiert, die nicht banal ist. Wenn man einen externen Designer engagiert, muss man genau wissen, was man will. In gewisser Weise sind die Designer, ob extern oder intern, für die Autoindustrie von heute wie ein Computerprogramm: ihr Output hängt vom Input ab, den man ihnen liefert. Pininfarinas Vorteil gegenüber den anderen unabhängigen Designhäusern ist, dass er selbst auch Produzent ist und daher immer die Machbarkeit und die Produktionskosten im Auge hat. Die guten Designer sind diejenigen, die herstellbare Autos entwerfen, nicht nur schöne, aber schwer in Serie zu bringende Ideen präsentieren. Außerdem wird es in einem Markt mit immer weniger unbesetzten Nischen laufend schwieriger, etwas ganz Neues zu erfinden, und oft zeigt ein Entwurf in seiner Serienform nur wenig Neues, denn er ist das Produkt eines langen Ringens zwischen verschiedenen Abteilungen und Firmenkulturen."

LC Wir steigen auf einen hohen Turm, um von dort zwei Pininfarina-Entwürfe aus der jüngeren Zeit hinabzuwerfen, einen aus dem Fiat-Konzern, einen von der Konkurrenz...

RT „Schöne Autos von einem Turm hinabzuwerfen wäre ein Verbrechen. Ich sage Ihnen, welche Autos ich auf gar keinen Fall runterwerfen würde. Von uns den Ferrari 360 Modena, denn er ist anders, aber doch Frucht einer evolutionären Entwicklung: je mehr ich ihn anschaue, umso mehr überzeugt er mich. Von der Konkurrenz das Peugeot 406 Coupé, das mir fast genauso gut gefällt wie das Coupé Fiat."

Die Schindler-Tram nach Pininfarina-Entwurf, die 1995 in Zürich in Dienst gestellt wurde.

Breda-Tram in Boston, 1995 von Pininfarina entworfen.

Unten
Der traditionelle Besuch von Schauspieler Peter Ustinov auf dem Genfer Salon.

Ebenfalls in Genf: Rennfahrer und Journalist Paul Frère mit Lorenzo Ramaciotti und dem belgischen Journalisten Christian Philippsen.

Die Zusammenarbeit zwischen Pininfarina und Breda dauert an: der Bus BMB 321 aus dem Jahre 1996.

Lokomotive E402 der Italienischen Staatsbahn, 1996 von Pininfarina für Breda entworfen.

Aktentasche „Modulo", limitierte Produktion durch Ruspa Leather Goods, Entwurf von Pininfarina Extra.

Im April 1996 erhielt Gianni Agnelli von Präsident Scalfaro den Leonardo-Preis überreicht, der von Leonardo, dem Italienischen Qualitäts-Komittee, vergeben wird. Sergio Pininfarina stand dem Komittee von 1993 bis 1996 vor.

Die Auszeichnung „Schönstes Auto der Welt" ging an Bentley Azure und Alfa GTV. Piero Dorazio überreichte die von ihm selbst entworfene Trophäe an Sergio Pininfarina während der Mailänder Triennale 1996.

1996 fand in Korea eine große, Pininfarina gewidmete Ausstellung statt. Die Schau „Civilization, City and Car. Pininfarina: from Leonardo to the Future" war auf zwei Gebäude aufgeteilt, das Seoul Art Center und das Sung-kok Kunstmuseum. Die Ausstellung zeigte fünf mit Pininfarina verknüpfte Themenbereiche - Die Geschichte, Das Heute, Die Forschung, Die Diversifikation und Der Mythos, passenderweise mit dem Hauptbezug auf die Pininfarina-Ferraris - und wollte die Besucher mit Pininfarinas Werk, Methoden und Produkten vertraut machen; zugleich sollte der bekannte Gegensatz zwischen Kunst und Industrieproduktion überwunden und die Komplexität des „Projekts Auto" sowie dessen Verhältnis zu den übrigen Sektoren des Industriedesigns verdeutlicht werden. Das Sung-kok Kunstmuseum reservierte 1200 qm für die Werke des englischen Malers Dexter Brown (Photo), der die wichtigsten Pininfarina-Autos gemalt hat und für seine besondere Mal-Technik berühmt ist, die den Sujets Licht, Farbe und Dynamik verleiht.

Einer der fünf Themenbereiche der Ausstellung: Die Forschung.

Unten
Nachbildungen der von Leonardo da Vinci entworfenen Vehikel, vom Fahrrad zum Hubschrauber, das Getriebe, die Antriebskette, das Kugellager... Die Ausstellung im Art Center breitete sich auf ca. 5000 qm aus und brachte das Publikum in Kontakt mit der weit zurück reichenden italienischen Techniktradition, demonstriert am Modell einer Renaissance-Werkstatt und an der ästhetischen und wissenschaftlichen Forschung Leonardos.

Leonardos „Mann", Symbol der Ausstellung.

Links
Modell des Eta Beta auf der Ausstellung „Pininfarina: from Leonardo to the Future".

Unten
Die Studie Eta Beta, wieder in Zusammenarbeit mit dem CNR entwickelt, wurde per Computer Aided Styling entworfen.

Folgende Seite, oben
Lorenzo Ramaciotti präsentiert den Eta Beta im Lingotto-Kongresszentrum während der Pressetage des Turiner Salons 1996.

Giorgetto Giugiaro betrachtet die Studie Eta Beta auf dem Pininfarina-Stand des Turiner Salons.

Unten
Der Eta Beta wurde nach einer Ausschreibung des CNR, des Nationalen Forschungsrates, entworfen, die einen Prototyp mit flexiblem Innenraum, Dual Power-Antrieb mit geringen Emissionen, vollständiger Recyclebarkeit, geringem Gewicht und Tauglichkeit für Stadt- und Mittelstreckenverkehr verlangte. Die Forderung nach einem flexibel nutzbaren Innenraum führte zur atypischen Architektur des Eta Beta. Das Heck lässt sich 20 cm teleskopartig ein- und ausfahren, was drei Konfigurationen erlaubt: Stadtauto (2+2 Sitze, kurzes Heck), Überlandauto (4 Sitze, langes Heck) sowie Reisewagen mit Gepäckraum (2 Sitze, langes Heck). Der Eta Beta bricht mit dem monolithischen Konzept des Autos: Man „liest" den Wagen anhand seiner veränderlichen Form und der Behandlung der Oberflächen seiner Teile, des Aluminiums der Türen und des Daches, der Kunststoffe, die in der Farbe der anderen Karosserieflächen eingefärbt sind.

Im Sommer 1996 wurde am Nürburgring Ferraris neuer zweisitziger Zwölfzylinder-GT vorgestellt, der 550 Maranello. Der technische Fortschritt machte die Mittelmotor-Auslegung überflüssig. Folglich hat der 550 Maranello wieder einen Frontmotor, eine bewusste Rückkehr Ferraris zu einer Auslegung, die heutzutage unbestreitbare Vorteile im Alltagsbetrieb mit sich bringt, ohne zu Einbußen an den Fahrleistungen zu führen.

Innenraumentwurf für den 550 Maranello in einem der Präsentationssäle von Pininfarina Studi e Ricerche in Cambiano.

Ein noch nicht endgültiger Prototyp bei Aerodynamik-Tests im Pininfarina-Windkanal.

Einer der ersten Entwürfe zum Maranello. Der 550 verfügt über einen geräumigen, bequemen Innenraum und einen ansehnlichen Kofferraum, was den Wagen voll alltagstauglich macht. Auch Ein- und Ausstieg vollziehen sich wesentlich einfacher als bei den Vorgängern. Der große Erfolg, den der Maranello auf den internationalen Märkten erzielte, verdankt sich zweifellos dem Mix aus Innovation, Funktionalität, Komfort und Kraft: ein großer Fortschritt.

Sergio Pininfarina beim Genfer Salon 1997 mit dem Ferrari 550 Maranello.

Mit großem Interesse griff Pininfarina die Themen auf, die Fiat für den Turiner Salon 1996 als Aufgabe für die Carrozzieri in den Raum gestellt hatte: nach den Studien zum Thema Cinquecento (1992) und zum Punto (1994) drehten sich diesmal die Entwürfe der italienischen Karosseriebauer um die neuen Brava und Bravo. Um das Thema auf einer breiteren Basis behandeln zu können, baute Pininfarina zwei Varianten eines kompakten Minivans (einer Wagenklasse, die bald darauf populär werden sollte), den Sing, auf dem Pininfarina-Stand zu sehen, und den geländegängigen Song, der auf dem gemeinsamen Stand der Karosseriebauervereinigung ANFIA ausgestellt war.

Auf Basis des Lancia k erarbeiteten Pininfarina und das Centro Stile Lancia die Kombiversion Station Wagon, den Pininfarina in der Folge serienreif machte und selbst produzierte. Ein elegantes und dynamisches Automobil an der Spitze der Luxuskombi-Klasse, mit hochkarätiger Technik und Motoren, bestens ausgestattetem Innen- und Gepäckraum und dem Lancia-typischen niedrigen Geräuschniveau.

Folgende Seite:
Entwürfe zum Peugeot 406 Coupé.

Die Karosserie eines Peugeot 406 Coupé-Prototyps wird im Labor der Industrie Pininfarina Tests unterzogen.

Die Thermo-Kammer erlaubt in den Testlabors die Simulation extremer Klimata, um das Verhalten des Wagens analysieren und optimieren zu können. Möglich sind Temperaturen von -40 bis +100 Grad und Luftfeuchtigkeiten von 30 bis 95%.

Bei der Eröffnung des Turiner Salons 1996 wurde der Lancia k SW in Anwesenheit von Ratspräsident Lamberto Dini vorgestellt.

339

Das Peugeot 406 Coupé von 1996: reine Eleganz. Das jüngste Produkt der bewährten Zusammenarbeit zwischen Pininfarina und Peugeot zeichnet sich durch die Klasse eines Spitzenmodells und stilistische Innovation, ästhetische Kraft und durchdachte Konstruktion aus. Von Pininfarina entworfen, entwickelt und produziert, bietet das 406 Coupé hohe Fahrleistungen, Sicherheit, Komfort und echtes Fahrvergnügen. Sein hochwertiges Design wurde mehrfach ausgezeichnet: „Schönstes Coupé der Welt 1997", Mailänder Triennale; „Car Design Award 1997", Turin; „Schönstes Auto des Jahres 1998", Festival von Chamonix.

Sergio Pininfarina und das 406 Coupé während der von Peugeot organisierten Testfahrten in Akkaba, Jordanien, 1997.

Pininfarina im Oktober 1997 mit dem 406 Coupé.

Beim 406 zeichnete Pininfarina erstmals während der Zusammenarbeit mit Peugeot für die komplette Produktion des Autos verantwortlich. Nach den abschließenden Tests gelangt das Auto direkt zu den Peugeot-Händlern.

Andrea und Sergio Pininfarina mit PSA-Präsident Jacques Calvet auf dem Pariser Salon.

1998 erhielt Pininfarina den „Car Design Award" für das Peugeot 406 Coupé. Neben ihm Fulvio Cinti, Chef des Magazins Auto e Design, das den Preis international ausschreibt.

November 1999: PSA-Generaldirektor Frédéric Saint-Geours feiert mit Sergio Pininfarina das fünfzigtausendste 406 Coupé.

NAUTILUS

Der Nautilus, Genf 1997. Eine begeisternde Stilstudie, die nicht in Serie gehen wird, sondern lediglich unter rein stilistischen Gesichtspunkten das Thema der großen Sportlimousine ausloten soll.

Die Auslegung des Innenraumes folgt den beiden grundlegenden Konzepten: Sportlimousine für den Selbstfahrer oder Repräsentationswagen mit Chauffeur. Aus diesem Grund ist das Ambiente für die Vorsitzenden anders ausgeprägt als das der Fondpassagiere. Vorne findet sich eine sportlich geprägte, hinten eine salonartige Atmosphäre. Auch die Armaturen folgen einer zwiefachen Auslegung: digitale Anzeigen für zurückhaltendes, analoge für sportliches Fahren.

Vorhergehende Seite:
Zur Feier der Zusammenarbeit mit Peugeot zeigte Pininfarina auf dem Genfer Salon 1997 die Stilstudie Nautilus mit Peugeot-Technik. Der Nautilus ist eine große, knapp fünf Meter lange Stufenhecklimousine, die auf die Steifheit mancher Konkurrenten in dieser Klasse zugunsten schlanker, dynamischer Linien verzichtet. Sportlichkeit, Luxus und Innovation prägen dieses Automobil von lebhafter Persönlichkeit, das GT-Eigenschaften mit der Wucht eines Statussymbols vermählt. Sehr bewegte Formen und stumpfe Flächen mit betonten Ecken und Kanten verleihen dem Ganzen Kraft und Charakter. Die lange Motorhaube erweckt den Eindruck von Kraft, die Front mit sehr niedrigem Lufteinlass signalisiert Sportlichkeit, welcher Eindruck durch das Design der Kotflügel, das relativ kurze Dach, die lang gestreckten Fensterflächen und den insgesamt niedrigen Aufbau (knapp 1,35 m) weiter betont wird.

Am 28. Januar 1997 wurde in Tokio der Vertrag zwischen Pininfarina und Mitsubishi Motors über die Fertigung des Pajero Pinin unterzeichnet. Sergio Pininfarina und Hirokazu Nakamura sowie Andrea Pininfarina, Katsuhisha Sato, Mario Trinchieri und Takemune Kimura reichen sich die Hand.

Am 18. Dezember 1997 erhält Sergio Pininfarina in Paris den Preis „France-Italie" der Italienischen Handelskammer für Frankreich. Grund der Ehrung sind die langjährige Zusammenarbeit zwischen Pininfarina und der französischen Autoindustrie und auch Pininfarinas Einsatz für die Hochgeschwindigkeits-Bahnstrecke Paris-Lyon-Turin-Mailand-Venedig-Triest. Auf dem Photo Sergio Pininfarina mit dem italienischen Botschafter Sergio Vento und dem Präsidenten der Italienischen Handelskammer für Frankreich, Antonio La Gumina.

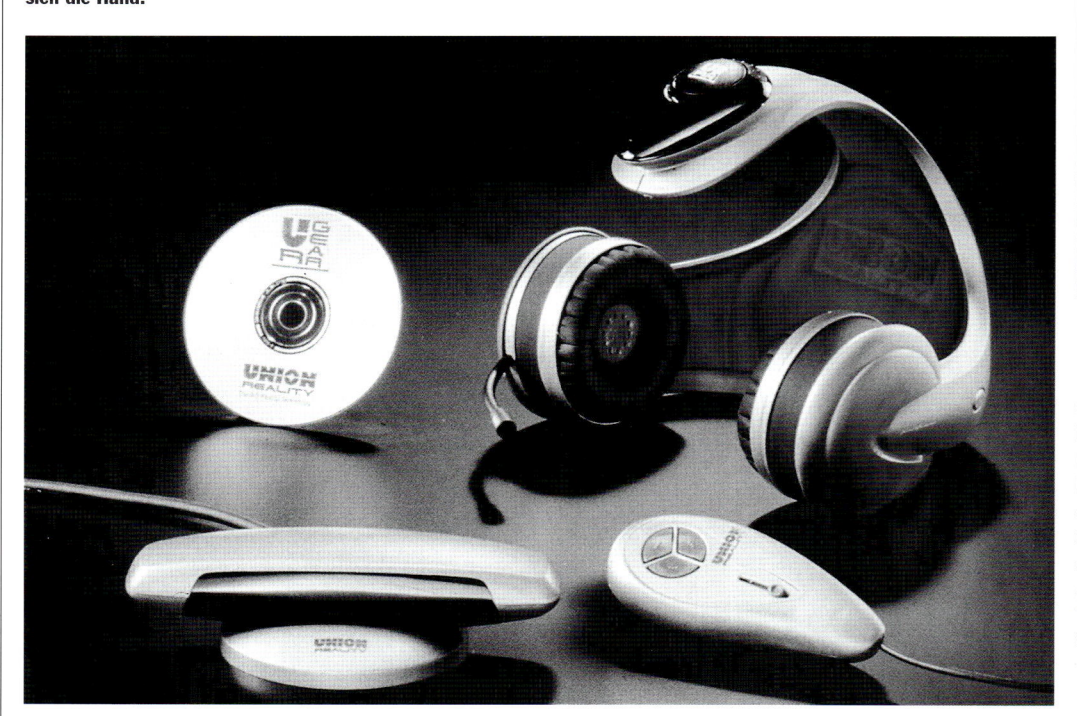

Links
Der Urgear, 1997 von Pininfarina Extra für Computer Union entworfen, ist ein revolutionäres Produkt. Absolut neu ist die Möglichkeit, einen Punkt im dreidimensionalen Raum mit vier Achsen absolut exakt darzustellen; die erste Anwendung dieser Technologie findet auf dem Gebiet der Videospiele statt.

Oben
Für Lavazza entworfene Espressomaschine.

Paolo Pininfarina (1997) mit dem 1992 für Mizuno entworfenen Golfschläger.

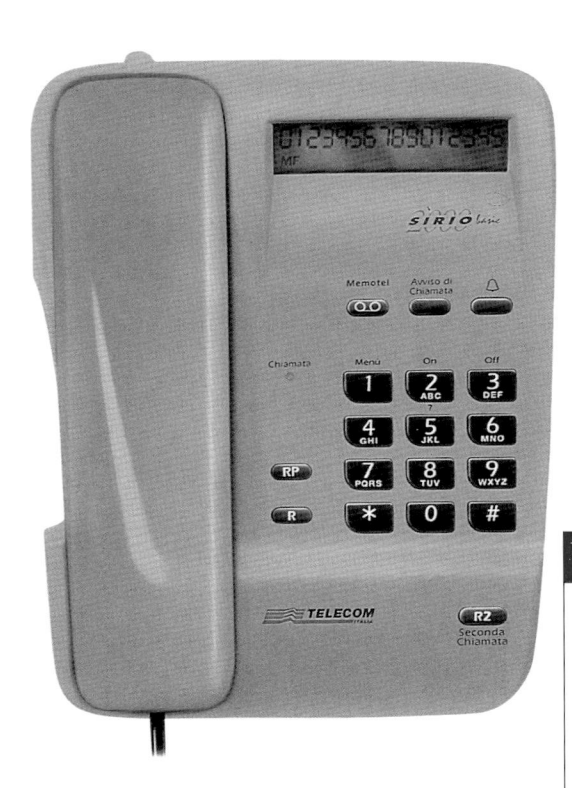

Ein weiteres Pininfarina Extra-Produkt: Telephon Sirio 2000 für die Telecom Italia.

Die Küche Ola, 1997 für Snaidero entworfen.

Die Magnum Marine 71, 1997 entworfen.

Pinins Ehrenlegion-Urkunde, 1966.

Sergio Pininfarina, „Chevalier de la Légion d'Honneur", 1978.

Sergio Pininfarina, „Officier de la Légion d'Honneur", 1997.

Der Zeremonie in der französischen Botschaft. Sergio Pininfarina mit Romano Prodi und Guido Carli.

Pinin Farina wird am 7. März 1966 Mitglied der Ehrenlegion. Auf dem Photo von links: Botschafter Armand Max Berard, Ernesto Carbonato, Franco Martinengo, Pinin, Giorgio Guillaume und Sergio Pininfarina.

„Wenn ich eine Schraube ruinierte, war das Geschrei groß, denn alle Teile für die Nullserie des Mitsubishi Pajero Pinin waren abgezählt. Auch die Fabrik in Bairo Canavese war noch nicht fertig. Wir waren acht frisch eingestellte junge Leute mit drei Teamführern und bauten alle 7 bis 10 Tage einen Pinin zusammen. Wir machten das mit Photokopien von Explosionszeichnungen aus Japan, Montageplänen aus unserer Entwicklungsabteilung, wenig Erfahrung, weil keiner von uns das Auto kannte, ein wenig Intuition und viel Glück", erinnert sich nicht ungern Mauro Barbierato, Jahrgang 1975 und heute Teamführer in Bairo Canavese.

LC Was bedeutet es, im Jahr 2000 Arbeiter zu sein und mit 25 Chef?

MB „Wenn ich meine acht Stunden täglich nur abreißen würde, um das Geld nach Hause zu tragen, dann wäre ich sicher nicht motiviert und die Arbeit wäre langweilig, immer dasselbe. Wenn man aber, wie ich, den Willen und die Leidenschaft hat, nicht nur zu arbeiten, sondern seine Sache gut zu machen, dann sucht man auch nach Lösungen, seine Aufgabe einfacher und weniger öde zu erfüllen. Dadurch ist man entspannter, man arbeitet besser und die Zeit geht schneller vorbei. Chef sein heißt, nicht nur einer Aufgabe nachzugehen, sondern eine umfassendere Rolle zu spielen, die auch mit Organisation und Kontrolle zu tun hat. Ich bleibe aber gerne in Kontakt mit der Montage. Wenn ich nichts zu tun habe, löse ich einen Kollegen ab und stelle mich für 6 bis 8 Minuten ans Montageband, um meine Hände zu üben und meinen Arbeitstag reicher zu machen."

LC Wie sind Sie zu Pininfarina gekommen?

MB „Da muss ich beinahe lachen: weil meine Mutter es wollte! 1997 hatte ich eine feste Anstellung in einer Werkstatt 200 Meter von zu Hause entfernt, und die Arbeit gefiel mir. Meine Mutter machte mir jedesmal, wenn ich heimkam, Vorwürfe: ‚Wie du wieder aussiehst! Such dir eine saubere Arbeit, wo du mehr verdienst!' Ich ließ sie reden, bis sie im Lokalfernsehen hörte, dass Pininfarina in Bairo Canavese eine Fabrik aufmachen wollte und mich überredete, mich dort vorzustellen. Ich war nicht überzeugt, aber ich ging hin, um mir keine Vorwürfe mehr machen lassen zu müssen: ‚Hier bin ich also.'"

LC Sie haben eine feste Anstellung für einen Achtmonatsvertrag aufgegeben...

MB „Stimmt, da hatte ich schon Befürchtungen. Einerseits sagte ich mir: Ich hänge mich rein, dann werden sie mich behalten, andererseits fragte ich mich, ob es nicht verrückt war, eine sichere Stelle, die mir freilich nicht so gut gefiel, für eine Stelle aufzugeben, die zwar interessanter, aber auch riskanter war. Als der zweite Achtmonatsvertrag ablief, haben wir zusammen mit Ivan Dettore, der am gleichen Tag angefangen hatte wie ich, im Werk eine kleine Feier abgehalten. Wir hatten gehofft, unsere ständige Übernahme feiern zu können, aber auch nach 16 schönen, befristeten Monaten haben wir gefeiert. Es ist für uns beide gut gegangen und auch für die sechs anderen Jungen, die mit uns in Bairo angefangen haben. Wir fühlen uns heute eng verbunden."

LC Die Mama hat also gut daran getan, Sie zu Pininfarina zu scheuchen. Was sagt sie heute?

MB „Ich bin immer noch der ‚Kleine' in der Familie. Aber als ich einmal die Motorhaube eines Pinin aufgemacht und ihr alle diese Teile, Dinger und Schläuche gezeigt habe, die ich damals jeden Tag montierte, da hat sie einen typisch piemontesischen Satz gesagt: ‚Te nen propi pastisun cume che la pensu mi' – ‚Du bist doch nicht so ein Dummkopf, wie ich dachte.'"

Sergio Pininfarina mit
Walter Veltroni bei der Feier
zum fünfzigsten Ferrari-
Geburtstag.

Im Mai 1997 wurde in Rom
der fünfzigste Geburtstag
der Marke Ferrari gefeiert.
Sergio Pininfarina mit
Staatspräsident Scalfaro,
Luca di Montezemolo und
Paolo Cantarella.

Im Juli 1997 wurde
Andrea Pininfarina
zum Präsidenten der
Federmeccanica gewählt.
Im Juli 2000 wurde er
Präsident der Unione
Industriale in Turin.

Die „Grand Princess" von
1998, von Pininfarina für
Fincantieri entworfen.

Der Katamaran Derecktor
Shipyards, 1998 von
Pininfarina entworfen.

Genf 1998: Bernard Cahier, Lorenza Pininfarina, Peter Ustinov und Andrea Pininfarina.

Im Juli 1998 wurde in Paris in den Räumlichkeiten der Italienischen Handelskammer für Frankreich die Ausstellung „Extradesign. Pininfarina-Design an 20 Objekten des täglichen Gebrauchs" eröffnet. Auf dem Photo von links nach rechts der Präsident der Handelskammer, Antonio La Gumina, Sergio und Paolo Pininfarina, Chef von Pininfarina Extra.

Im Juni 1998 wird Andrea Pininfarina zum Präsidenten der ITP gewählt, der Agentur für Investitionen in Turin und dem Piemont.

Turiner Salon 1998: Sergio Pininfarina und Michael Schumacher.

Andrea und Sergio Pininfarina mit Rosario Alessi, Präsident des Italienischen Automobilclubs.

Sergio Pininfarina mit Norberto Bobbio bei der Eröffnung des Staatsarchives in Turin im Mai 1998.

Turiner Salon 1998. Der Bürgermeister von Turin, Castellani, Wirtschaftsminister Pier Luigi Bersani, der Präsident der Region Piemont, Ghigo, und Paolo Cantarella bei der Premiere des Dardo.

Der Alfa Romeo Dardo wird bestaunt.

Das offizielle Werbemotiv von Pininfarina 1998.

Andrea, Lorenza, Paolo und Sergio Pininfarina mit dem Prototypen Alfa Romeo Dardo.

Der Alfa Romeo Dardo auf der Lingotto-Rennstrecke. Der Dardo ist ein aufregend gestylter Spider, eine reine Stilstudie ohne Aussicht auf eine Serienproduktion. Seine Inspirationsquelle ist der Alfa 156, Auto des Jahres 1998 und ein Verkaufserfolg von hohem Imagewert. Der Dardo beweist einmal mehr Pininfarinas Leidenschaft für das Auto und sein Streben nach innovativen Formen. Vorgestellt auf dem 67. Internationalen Automobilsalon von Turin, ist der Dardo eine Hommage an die Marke Alfa Romeo, die die besten Eigenschaften italienischer Autos repräsentiert: Sportlichkeit, Phantasie, High-Tech, hohe Fahrleistungen. In Anerkennung des Geistes der Marke Alfa Romeo, die für Sportlichkeit und High-Tech steht, wurde das Interieur des Dardo entsprechend gestaltet. Armaturenbrett und Sitze tragen spezielle Stoffe und Verkleidungen in „metallisiertem" Leder, das eine technologische Aura verströmt.

Die „Schneekatze" Everest, von Pininfarina für Prinoth entworfen.

Der Eisenbahn-Sektor wurde im Laufe der Jahre für Pininfarina immer wichtiger. Hier ein Produkt für Adtranz.

Pininfarina Extra entwarf 1999 diese Uhr der Linie G-Shock für Casio.

Die Peugeot 406-Limousine, vorgestellt auf dem Genfer Salon 1999: Pininfarina führte das Restyling durch, das in einigen Retuschen bestand, welche das ursprüngliche Design noch verbesserten.

Ivan Gotti im Pininfarina-Windkanal.

Links
Sergio Pininfarina als Ehrengast beim Car Graphic Day in Tokio, der von der gleichnamigen Zeitschrift veranstaltet wurde, Februar 1999.

Sergio Pininfarina mit den Fiat-Chefs Paolo Cantarella und Paolo Fresco beim Genfer Salon 1999.

März 1999: Der „Leonardo", überreicht von Präsident Scalfaro.

Paolo Pininfarina auf dem Titelblatt eines wichtigen japanischen Magazins.

Rechts
Im März 1999 nahmen Sergio und Lorenza Pininfarina den „Leonardo" entgegen, der ihnen von Präsident Scalfaro überreicht wurde. Das Leonardo-Komittee sah in Sergio Pininfarina ein Symbol für alle guten Eigenschaften des Made in Italy, die harmonische Verbindung von Kreativität, Beharrlichkeit und Qualitätsbewusstsein.

Entwürfe für den Ferrari 360 Modena. Der Modena bedeutet einen weiteren Schritt nach vorne in Technik und Formgebung. Die beiden Kühler sind vor den Vorderrädern platziert und erhalten ihre Frischluft durch die beiden getrennten Lufteinlässe an den Seiten der Frontpartie.

Hinten findet sich die innovative, geneigte Heckscheibe, die bündig mit der Karosserie abschließt, um die Aerodynamik nicht zu stören. Durch die Scheibe ist der Motor von außen zu sehen, ein Detail, das sehr gut zum Charakter dieses extremen Sportwagens passt.

Neben der verbesserten Aerodynamik und dem größeren Kofferraum (für ein Mittelmotor-Coupé bemerkenswert) führte der technische Fortschritt in einem Punkt zu einer Abweichung vom klassischen Ferrari-Styling mit zentralem Kühlergrill: die beiden getrennten Lufteinlässe an der Schnauze hatte man seit den Tagen des Anderthalbliter-Formel 1 und einiger Sportwagen vom Anfang der sechziger Jahre nicht mehr gesehen; am Modena fanden sie aus aerodynamischen Gründen Verwendung.

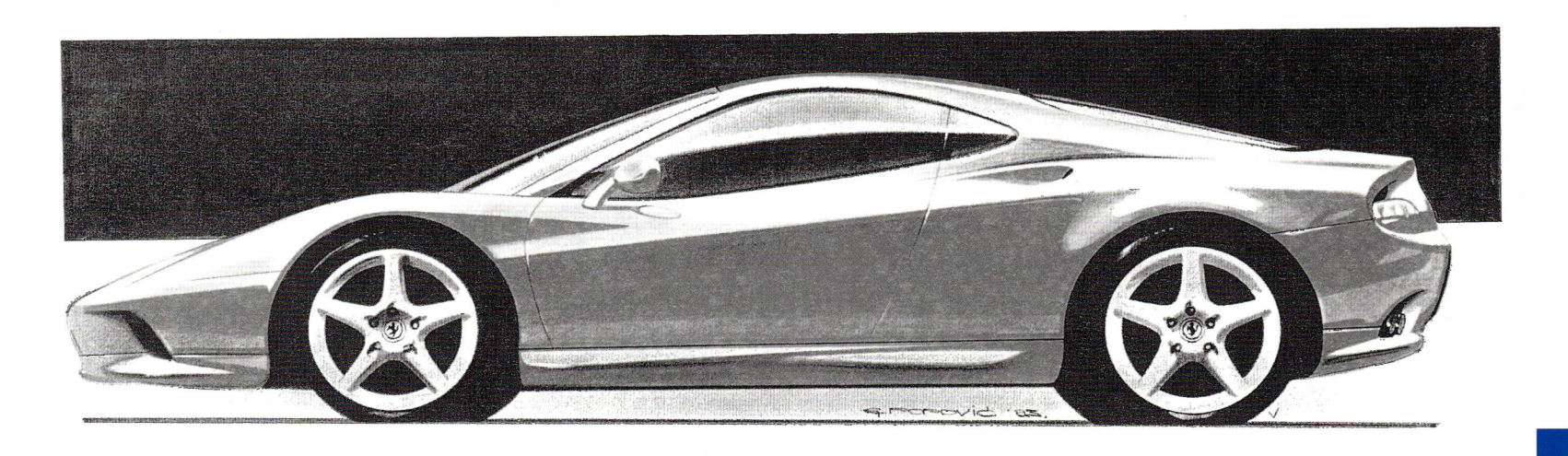

Sergio Pininfarina mit dem Ferrari 360 Modena, Genfer Salon 1999. Seit 1952 stylt Pininfarina Ferraris; der 360 Modena ist das 163. Modell dieser Zusammenarbeit, die mit Einzelstücken und Rennfahrzeugen begann, mit Serienmodellen fortgeführt wurde und seit den sechziger Jahren auch Stilstudien umfasste.

Der Ferrari 360 Modena, auf dem Genfer Salon 1999 vorgestellter Nachfolger des F355. Seine innovative Technik teilt sich dem Betrachter schon über die Karosseriegestaltung mit. Sportlichkeit und Kraft, Leichtigkeit, Kompaktheit und Sicherheit ganz im Geiste der Marke.

Besondere Aufmerksamkeit wurde der Gestaltung des Innenraums zuteil, wo die Ferrari-typische Sportlichkeit sich mit einem bislang unerreichten Maß an Komfort, Geräumigkeit und Ergonomie paart.

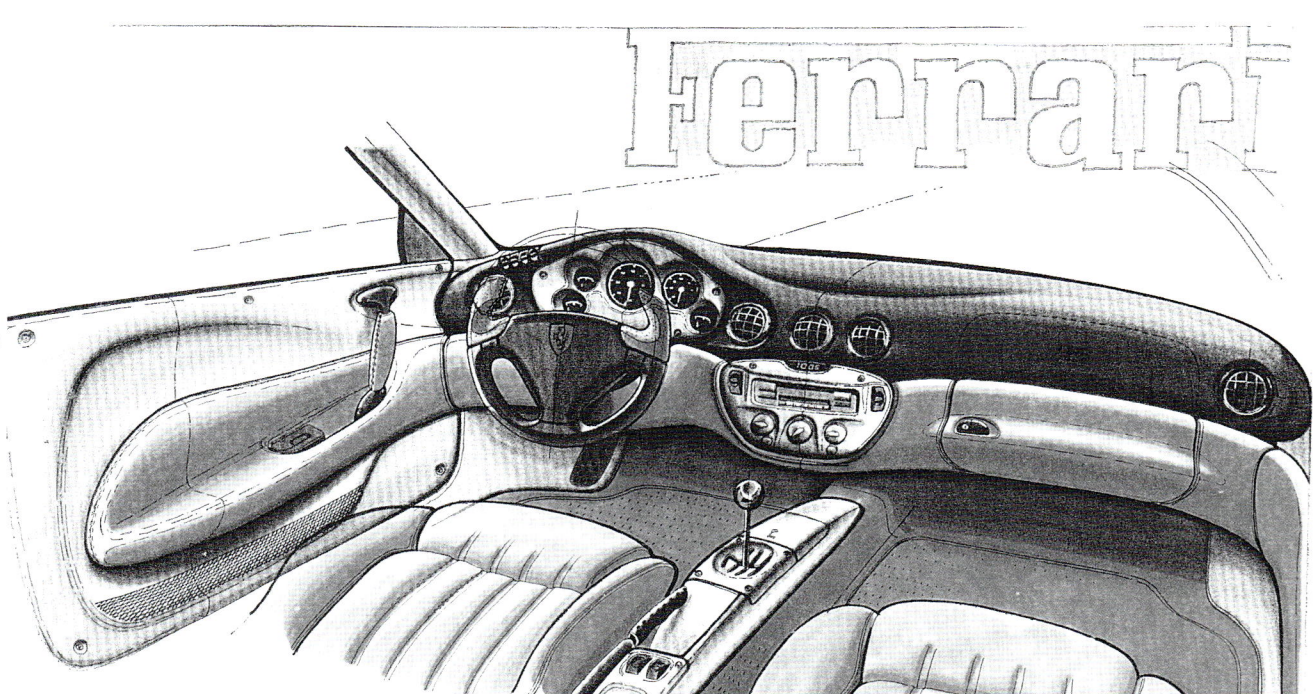

Auf der IAA 1999 stand neben dem Ferrari 360 Modena und dem Pajero Pinin auch die Stilstudie Fiat Wish. Der Wish, der zur Feier des hundertsten Fiat-Geburtstages entstand, war ein 2+2-sitziges Auto, das sich in Sekundenschnelle vom Coupé zum Cabrio und umgekehrt verwandeln ließ. Dank eines raffinierten elektro-hydraulischen Systems ließ sich das Dach im Kofferraum versenken.

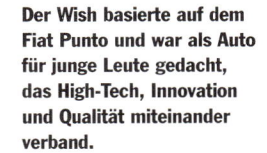

Der Wish basierte auf dem Fiat Punto und war als Auto für junge Leute gedacht, das High-Tech, Innovation und Qualität miteinander verband.

Lorenza Pininfarina drückt auf der IAA den Knopf, mit dem sich über einen elektro-hydraulischen Mechanismus das Coupé in wenigen Sekunden in ein Cabrio verwandeln lässt - und umgekehrt.

KATSUHIKO KAWASOE

„Für uns wäre es einfacher gewesen, die japanische Version des Pajero Pinin nach Europa zu exportieren. Stattdessen entschieden wir uns jedoch für die Zusammenarbeit mit Pininfarina, nachdem wir Fähigkeit und Kompetenz der Firma bei Entwurf und Produktion kennengelernt hatten. Das Ergebnis ist ein innovatives Produkt, das den guten Namen des Pajero mit dem Pininfarina-Touch in Design und Herstellung kombiniert", so Katsuhiko Kawasoe, Präsident der Mitsubishi Motors Corporation im 1999.

LC Was bewog Sie, Pininfarina als Partner für die Herstellung zu wählen?

KK „Das ist, wie wenn Sie einen Ehemann fragen, warum er seine Frau geheiratet hat: einfach aus Liebe. Genauer gesagt beeindruckte uns Pininfarinas Art, über Business zu reden: nicht im Rahmen eines typischen Lieferanten-Kunden-Verhältnisses, sondern auf der Basis einer echten Partnerschaft, was beiden Seiten zuträglich ist. Das ‚win-win', wie es die Amerikaner nennen."

LC Was bedeutet es für Mitsubishi, in Italien zu produzieren?

KK „Die neue Fabrik in Bairo Canavese, neben der Carisma- und Space-Star-Produktion in Holland, stärkt unsere Position in Europa. Mit dem Pajero Pinin führen wir die direkte Benzineinspritzung in Europa auch bei den Geländewagen ein, das dritte First nach der Einführung bei den Pkw im Carisma und bei den Minivans im Space Star. Mit der Produktion des Pinin in Italien bereichern wir nicht nur unsere Produktpalette, sondern verbreitern auch unsere Zulieferer-Basis; 60 europäische Komponentenlieferanten stellen drei Viertel des Pinin her. Und geradeheraus gesagt hoffen wir, dass der Name Pinin, der in Italien einen so guten Klang hat, uns hilft, auch in anderen europäischen Ländern erfolgreicher zu werden."

LC Pininfarina ist in der ganzen Welt für seine Designkünste bekannt. Sie hingegen scheinen ausschließlich von Pininfarina als Produzent angezogen zu sein...

KK „Mit der Beziehung zu Pininfarina bin ich hoch zufrieden. Sergio-san ist voller Tatendrang und von der Zusammenarbeit mit Mitsubishi begeistert. Dieser Produktionsauftrag ist ein Anfang, andere Dinge, auch Designarbeiten, werden folgen. Derzeit gibt es keine konkreten Pläne, aber wir überlegen und diskutieren, welche Art von Design uns in Europa dienlich sein kann. Vor allem denken wir an ganz neue Produktkategorien, die gängige Limousinenkonzepte hinter sich lassen. Wir sind überzeugt, dass Pininfarinas Erfahrung und Rat uns immer auf dem richtigen Weg begleiten werden."

Die drei auf dem Genfer Salon ausgestellten Mitsubishi Pajero Pinin - zwei auf dem Mitsubishi-Stand (rechts), einer auf dem Pininfarina-Stand (unten) - stellten Pininfarinas Interpretation von Mitsubishis kleinem Geländewagen dar und betonten Sportlichkeit und Komfort. Die drei Wagen waren das Ergebnis des im Januar 1997 zwischen Mitsubishi und Pininfarina geschlossenen Vertrages, demzufolge Pininfarina das kompakte Sport Utility Vehicle für die europäischen Märkte adaptieren und produzieren sollte. Ab Herbst 1999 war der Wagen in Europa erhältlich.

Sergio Pininfarina und Tatsuhiko Yokoyama, Präsident der Mitsubishi Sales Europe, bei der Pressevorstellung am Mitsubishi-Stand, Genfer Salon 1999.

Pininfarina mit dem Präsidenten der Mitsubishi Motors Corporation, Katsuhiko Kawasoe, und Tatsuhiko Yokoyama, dem Chef der Mitsubishi Sales Europe, bei der Einweihung des Werkes Bairo im Juli 1999.

Oben und rechts
Das Werk in Bairo, wo der Mitsubishi Pajero Pinin entsteht. Die Karosserie wird im Werk Grugliasco gebaut und lackiert, während die Montage, Endabnahme und Qualitätskontrolle in Bairo Canavese in dem eigens errichteten Werk stattfinden. Von da gehen die Fahrzeuge direkt zu den Mitsubishi-Händlern. Motor und Antrieb werden aus Japan herbeigebracht, die Karosserie besteht zur Gänze aus Teilen von italienischen oder anderen europäischen Zulieferern.

Mit der Wahl zum Ausrichter der Europa-Produktion des kleinen Mitsubishi Pajero werden Pininfarinas Leistungen belohnt, sei es als umfassend tätiger Partner der Autoindustrie, sei es als Dienstleister in einzelnen Bereichen, bei Produktentwicklung, Design, Technologie und Entwicklung zur Serienreife, bis hin zur Produktion. Die Rolle, die Pininfarina durch die Übereinkunft mit Mitsubishi zukommt, unterstreicht das ausgezeichnete Verhältnis zwischen Qualität, Service und Kosten, das Pininfarina in den Bereichen Produktion und Design erreicht hat.

Das Showgirl Ellen Hidding, Patronin des ersten Mitsubishi Pajero Pinin, der in Bairo Canavese von den Bändern rollte. Mit dabei, von links nach rechts: Hirokazu Nakamura, Katsuhiko Kawasoe, Sergio und Andrea Pininfarina.

Das Pininfarina-Werk in Renningen bei Stuttgart.

Das Kapitel Smart: Pininfarina Deutschland, seit 1990 auf den Sektoren Modellbau und Prototypenbau tätig, baute 1994 die Smart-Prototypen (rechts) und 1999 die Vorserie des Smart Cabriolet (links).

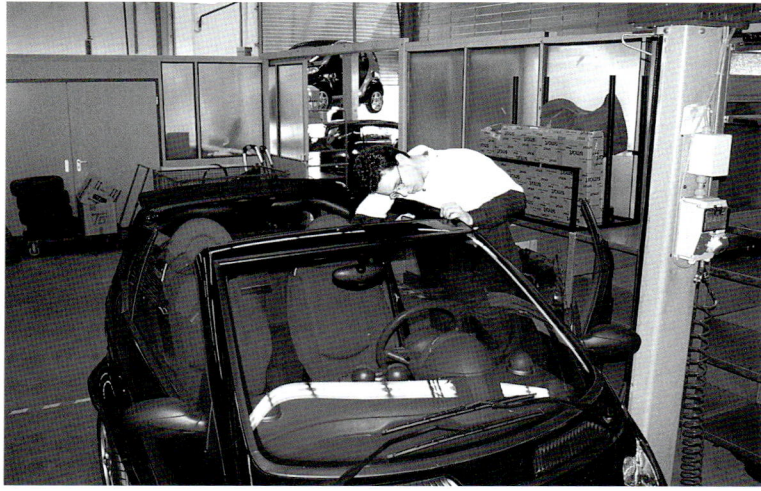

Zu Besuch in Peking, mit dem Vizepremier Wu Bang Guo, Juni 1999. Der Besuch in China stand im Zusammenhang mit dem Minivan-Projekt.

Songhuajiang Zhongyi, der von Pininfarina für die chinesische Hafei Industrial Group Corporation gestylt und entwickelt wurde.

Das Management der chinesischen Hafei Industrial Group Corporation mit Giorgia und Sergio Pininfarina.

Die italo-chinesische Zusammenarbeit, die als erste Frucht den neuen Minivan Songhuajiang Zhongyi hervorbrachte, brachte eine Arbeitsgruppe von Pininfarina-Ingenieuren und -Technikern nach China, wo sie die Serienfertigung des Vans vorbereiteten. Die Vorstellung des Autos fand am 3. Juni 1999 auf dem Hafei-Stand des Autosalons von Peking im Rahmen einer Pressekonferenz statt. Der Minivan mit Suzuki-Technik ist mit zwei Vierzylinder-Benzinmotoren lieferbar (970 oder 1051 ccm), die unter den Vordersitzen untergebracht sind. Ab August 1999 soll das Auto in etwa 100.000 Einheiten jährlich entstehen. Pininfarina brachte sein ganzes Know-How in Design, Entwurf, Urmodell- und Prototypenbau und Serienfertigung ein.

Anlässlich des 100. Fiat-Geburtstages organisierte der Karosseriebauerverband ANFIA die Ausstellung „70 Fiat-Meisterwerke" an zwei der schönsten Plätze Turins, der Piazza Carignano (rechts) und der Piazza Carlo Alberto. Bei der Eröffnung am 10. Juli 1999 (oben) zu sehen: Piero Fusaro, ANFIA-Präsident, Franco Mantegazza, Präsident der Gruppo Carrozzieri, und Lorenza Pininfarina, Vizepräsidentin und Koordinatorin der Arbeitsgruppe, welche die Ausstellung organisierte. Neben den Fiat-Spitzen - von Gianni Agnelli über Paolo Cantarella bis zu Roberto Testore - waren auch regionale Größen anwesend (oben, von rechts): der Turiner Bürgermeister Castellani, Vizebürgermeister Carpanini, der Präsident der Region Piemont, Ghigo, Präfekt Moscatelli, Quästor Izzo und Carabinieri-Kommandant del Sette.

Unten

Sergio Pininfarina mit Cadillac-Generaldirektor John Smith beim „Concorso Italiano" im Kalifornischen Carmel, wo im August 1999 die Partnerschaft Cadillac-Pininfarina gefeiert wurde.

Beim „Concorso Italiano" waren zahlreiche Studien und Serienmodelle seit 1931 zu sehen, darunter der Cadillac Jacqueline von 1961.

Eines der für das „Projekt Antarktis" von Pininfarina Extra entwickelten Modelle im Windkanal. Das Architektur-Modul wird im Laufe des Jahres 2000 nach Livingstone in der Antarktis verfrachtet, wo es Teil der spanischen Forschungsstation sein wird.

Auf dem 69. Genfer Salon wurde der EUROC (European Roadster Championship) vorgestellt, ein Rennwagenprojekt der gleichnamigen Firma. Die einsitzige Barchetta sollte es im Rahmen einer Rennserie für Roadster mit Achtzylinder-Frontmotor ambitionierten Privatfahrern ermöglichen, sich zu messen. In Genf stand ein Wagen mit „neutraler" Frontpartie, die sich je nach dem vom Besitzer gewählten Motor modifizieren ließ. Pininfarina besorgte das Außendesign und arbeitete dabei mit mehreren Partnern zusammen: BBS (Räder), Bosch (Elektronik), Dallara (Entwurf und Produktion), Dekra (Abnahme), Karmann - an dessen Stand das Fahrzeug ausgestellt war - (Fahrgestell) und Michelin (Reifen).

Der Metrocubo stellte im Vergleich mit den Ethos-Modellen und dem Eta Beta einen anderen, neuartigen Lösungsansatz zum Thema umweltverträgliches Stadtauto dar. Die Aufgabe bestand darin, ein kompaktes und intelligentes Vehikel zu entwerfen, das über geringe Außenmaße und einen geräumigen Innenraum verfügt. Der Knackpunkt des Designs ist eine Erfindung der Firma Michelin, das Pax System, das es ermöglichte, die Architektur des Automobils zu revolutionieren.

Die Freiheit, auf das Ersatzrad zu verzichten und vorne und hinten je unterschiedlich große Räder zu verwenden (um durch den Raumgewinn technische Komponenten unterzubringen) ermöglichte die Konstruktion einer vollständig flachen Bodenplatte, was der Raumausnutzung zugute kommt. Der Zutritt zum Innenraum vollzieht sich auf zwei Weisen: auf der Fahrerseite durch eine raumsparende Schiebetür, rechts über eine Schwenktür; am Heck befindet sich eine große, durch einen raffinierten Mechanismus auf geringem Raum sich öffnende Klappe, die sich dank des extrem niedrigen Wagenbodens auch als dritte Tür nutzen lässt.

Die Skizze des Metrocubo verdeutlicht, wie sich auf nur 2,58 Metern Länge und 1,78 Metern Breite Geräumigkeit und Flexibilität realisieren lassen. Vorne befinden sich drei Sitze, der Fahrersitz und die beiden etwas nach hinten versetzten Beifahrersitze; ein vierter und fünfter Sitz lassen sich im Fond quer zur Fahrtrichtung installieren, was das Fahrzeug sehr flexibel nutzbar macht.

Sergio Pininfarina stellt der internationalen Presse den Metrocubo vor; 7. Oktober 1999 bei Pininfarina Studi e Ricerche. Das Fahrzeug war mit Hybridantrieb ausgestattet und fahrbar.

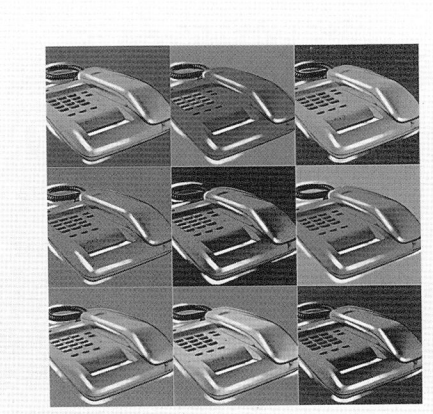

Die neue Werbekampagne zeigt erstmals auch Produkte aus dem nichtautomobilen Bereich.

Der Prototyp Metrocubo und die neue Werbekampagne.

Unten
Auf dem Tokioter Salon wurde der Metrocubo nicht nur von Pininfarina, sondern auch am Michelin-Stand präsentiert.

Der auf der IAA erstmals gezeigte Metrocubo ist das Ergebnis der gemeinsamen Arbeit mehrerer Firmen: von Michelin bis Lombardini, das die kompakte, vorn liegende und mit einem Vickers-Alternator verblockte Antriebseinheit stellte. Die Energie wird in einer Gruppe von Bleibatterien gespeichert, die Exide Europe zulieferte, die sich auch um das Packaging kümmerten.

Der längs in der Mitte des Fahrzeugs montierte Elektroantrieb stammte von der Siemens AG. Der Innenraum verfügte über große Fensterflächen - die Kunststoffscheiben kamen von Isoclima Aerospace -, das fast komplett durchsichtige Lamellendach ebenso wie die Heizungsanlage von Webasto. Die Leichtmetallfelgen lieferte BBS. Valeos Beitrag bestand in den Elliptik-Scheinwerfern; Technogel schließlich kümmerte sich bei der Konstruktion der Sitze um größtmöglichen Komfort.

Am 27. Januar 2000 wurde die Via Lesno in Grugliasco (wo sich der Sitz der Industrie Pininfarina, das Technikzentrum, Montagebänder und Lackiererei für alle Produkte des Hauses befinden) unter Anwesenheit der Bürgermeister von Turin und Grugliasco, Valentino Castellani und Mariano Turigliatto, feierlich in Via Battista Pininfarina umbenannt, 42 Jahre nach der Verlegung des Firmensitzes von Turin nach Grugliasco.

Folgende Seite, Mitte und unten
Der Ferrari 360 Spider auf dem Pininfarina-Stand; dieser Spider verbindet Komfort, Ergonomie, Sportlichkeit, Kraft und modernsten Leichtbau im unverbildeten Ferrari-Geist mit einem raffinierten Verdeckmechanismus. Das Design mit seinen sanften Linien wird durch eine seitliche Sicke zusammengehalten. Die beiden Höcker mit integriertem Überrollbügel hinter den Sitzen laufen in kleinen Flossen aus (auf die sich das geschlossene Verdeck stützt), die wiederum sanft auf den Heckkotflügeln auslaufen und der Seitenansicht weitere Dynamik verleihen. Der Innenraum zeigt sich mit einigen durch die Überrollbügel bedingten Veränderungen. Die Verwendung gleicher Farben und Materialien an Motorhaube und Innenraum soll an die frühen Barchetten des Hauses erinnern.

Niki Lauda, Sergio Pininfarina und Luca di Montezemolo am Ferrari-Stand mit dem Ferrari 360 Spider, Genfer Salon.

Der 360 Spider am Genfer Pininfarina-Stand.

Der 360 Spider wurde genau ein Jahr nach der 360 Modena Berlinetta vorgestellt, die bei Presse und Publikum dank ihrer hervorragenden Technik und des exzellenten Designs großen Zuspruch fand. Der 360 Spider ist das schnellste, je bei Ferrari gebaute offene Auto, ein zweisitziger GT mit begeisternder Technik. Das Aluminium-Auto ist zugleich das erste Mittelmotor-Cabriolet mit automatischem und vollständig versenkbarem Verdeck, was die Reinheit der Linie unterstreicht. Auch im Spider ist der Motor von außen sichtbar, ein Detail, das die Freude an der Form erhöht und mit dem Charakter des Wagens völlig übereinstimmt.

Beim 70. Genfer Salon feierte Pininfarina seinen siebzigsten Geburtstag und zeigte verschiedene Autos, die von der hohen Kompetenz der Firma Zeugnis ablegten. Von links: Der Songhuajiang Zhongyi der chinesischen Hafei Industrial Group Corporation; der Van wird derzeit in ca. 100.000 Exemplaren pro Jahr gebaut. Daneben der Daewoo Tacuma, von Pininfarina entworfen, und schließlich ein besonderes Peugeot 406 Coupé, ein zum Jubiläum angefertigtes Einzelstück.

Sergio und Andrea Pininfarina mit Fiat-Chef Roberto Testore beim Genfer Salon 2000.

Die Verbindung mit Breda-Menarinibus führte im Jahr 2000 zum Zeus-M2000E, der am 3. Februar 2000 vorgestellt wurde. Es handelt sich um den ersten kleineren Bus mit Elektroantrieb. Sein Name ist ein Akronym der Projektbezeichnung: Zero Emissions Urban System.

Eine weitere Aufnahme vom Pininfarina-Stand in Genf. Mitsubishi Pajero Pinin, Coupé Fiat und Peugeot 306 Cabriolet belegen die verschiedenen Weisen, in denen Pininfarina bei Design und Produktion mit den Autofirmen zusammenarbeitet, der Metrocubo steht für Pininfarinas Forschungsinteressen.

Genf 2000: Sergio Pininfarina mit Hafei-Präsident Xuewen Cui vor dem Songhuajiang Zhongyi.

Der Tacuma, von Pininfarina für den koreanischen Hersteller Daewoo entworfen.

Auf dem Turiner Salon 2000 wurden offiziell 70 Jahre Pininfarina gefeiert. Für die Vergangenheit standen sieben grafische Elemente, je eines für jedes Jahrzehnt, und sieben historische Fahrzeuge. Gegenwart und Zukunft wurden durch Forschungs- und Designprototypen sowie die Weltpremiere des Ferrari Rossa repräsentiert.

Drei Aufnahmen von der Pininfarina-Pressekonferenz im Kongresszentrum Lingotto: Sergio und Andrea Pininfarina präsentieren gemeinsam mit Lorenzo Ramaciotti den Rossa.

Die Front des Rossa vereint die klassische Ferrari-Kühlerform des abgerundeten Trapezes mit wuchtigen seitlichen Lufteinlässen, die den Bremsen und dem Motorraum Luft zuführen. Es handelt sich hierbei um Elemente, wie sie auch an den jüngsten Serien-Ferrari zu finden sind, wenn auch mit gänzlich anderer Funktion und Ausformung. Am Rossa zeigen die Flächen, welche diese Öffnungen tragen, starke Ausprägung: der Mittelteil der Front ist nach vorne verlängert, die Lufteinlässe zeigen sich einwärts versetzt.

Oben
Sergio Pininfarina und Luca di Montezemolo enthüllen den Rossa im Angesicht der internationalen Presse. Der Rossa interpretiert einige der stärksten stilistischen Themen aus der Geschichte der Ehe Ferrari-Pininfarina neu und beweist, dass die alte Idee eines innovativ und zugleich organisch aus einem Guss geformten Frontmotor-Spider auch für das dritte Jahrtausend taugt.

Rechts
Lorenzo Ramaciotti, Generaldirektor von Pininfarina Studi e Ricerche, im Rossa.

Die Presse umringt den Rossa.

Bei der Eröffnung des Turiner Salons bekommen Arbeitsminister Nerio Nesi, der Turiner Bürgermeister Valentino Castellani und die Präsidenten der Provinz Turin, Mercedes Bresso, den Rossa von Sergio Pininfarina erklärt.

Rechts und unten links
Der Rossa lässt das Oberteil des Motors den Blicken ausgesetzt, um zu verhindern, dass eine allzu lange Motorhaube die Spannung des Designs zerstört. Der sichtbare Motor ist nicht nur Zier: so lässt sich die Linie der Motorhaube niedrig halten, was wiederum sportliche Dynamik signalisiert und auf das klassische Sportwagendesign anspielt, bei dem eine flache Haube durch hochgezogene Kotflügel quasi eingerahmt wird.

Unten rechts
Das Interieur des Rossa nimmt die Linien des Außendesigns auf und verleiht ihm weitere Dynamik. Die Motorhaube senkt sich hinab und wird Armaturenbrett, steigt in Gestalt der Rückenlehnen wieder auf und wandelt sich zur Kofferraumhaube. Auch die Türverkleidungen sind überwiegend in Wagenfarbe gehalten, gepolstert nur im Bereich der Passagiere. In farblichem Kontrast zum dominierenden Rot ist die Schalthebelbox auf der Mittelkonsole gehalten.

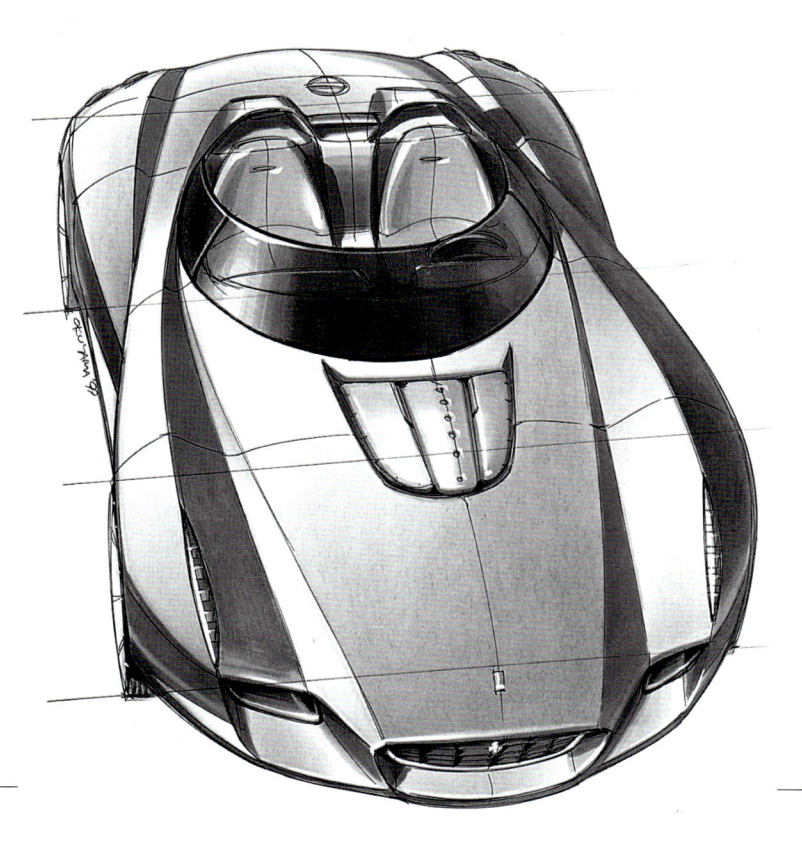

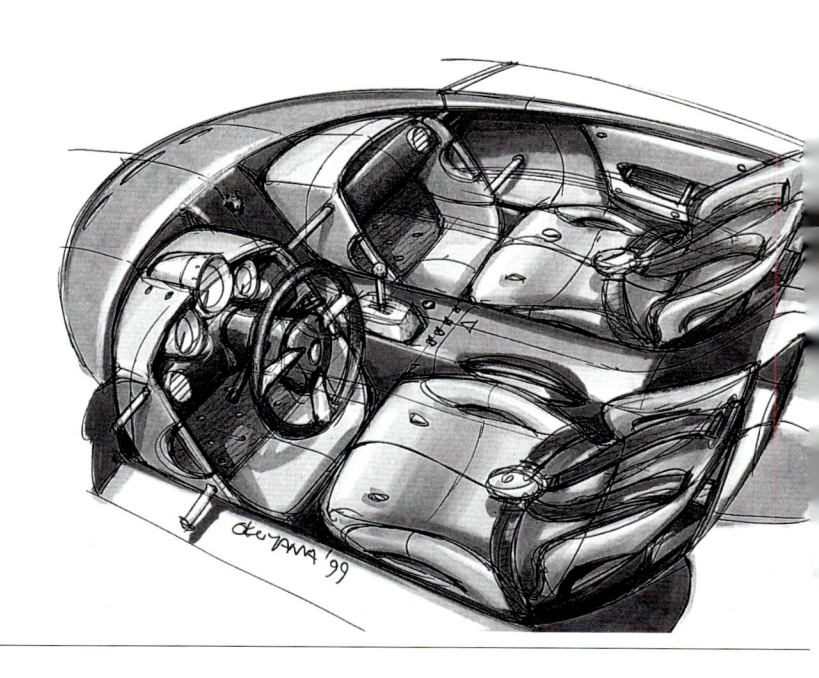

Die schwungvolle Linie der Kotflügel steigt zum Cockpit hin an, wo sie in hauchzarte Scheiben übergeht. Mit diesem Stilmittel der Fülle kontrastiert die konkave Ausformung der Kotflügel; eine moderne Interpretation der Formen am Ferrari Testarossa des Jahres 1958. An den Flanken des Rossa finden sich ferner weiche Oberflächen, die durch harte Ecken und Kanten begrenzt werden. Abgerundet wird das Design durch die subtil geformten Scheiben; zwei Überrollbügel lockern die Form auf.

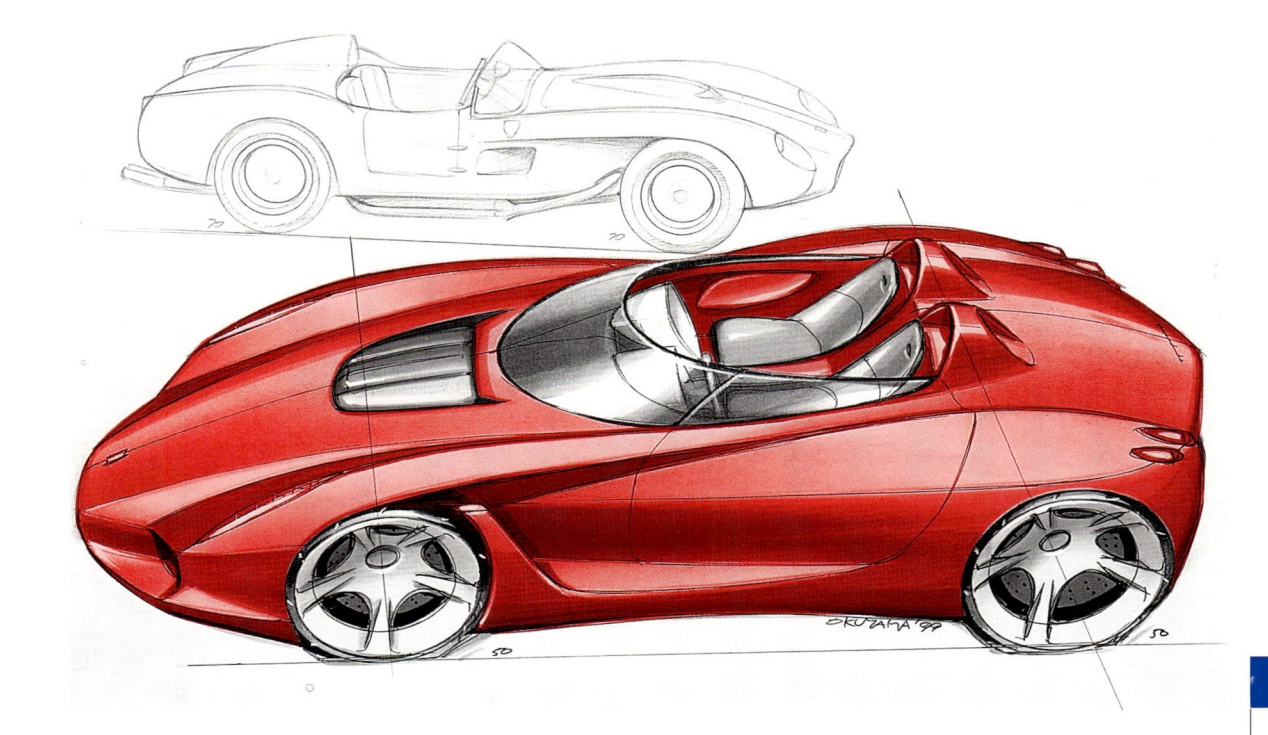

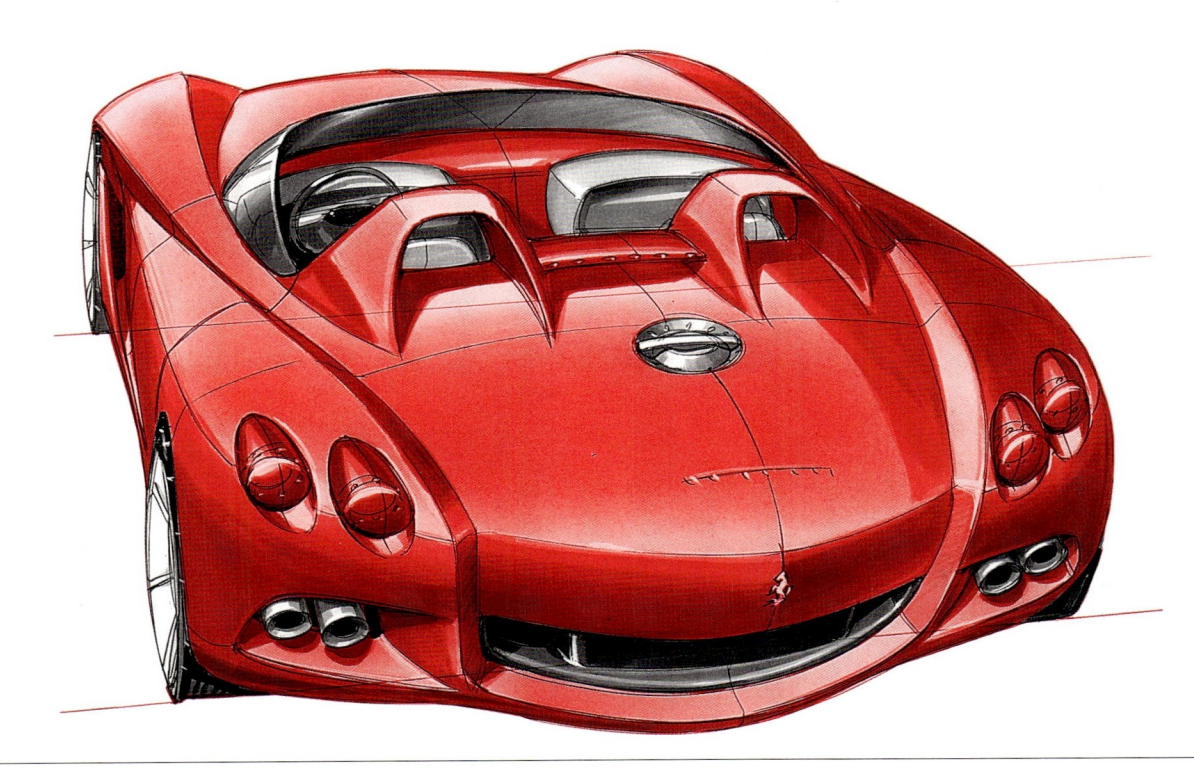

Das Heck des Rossa im Wechselspiel von Fülle und Verzicht. Die Themen, die die Schnauze beherrschen, finden sich hier wieder. Der Kühlergrill wandelt sich zum Träger des Nummernschildes; auch die Lufteinlässe kehren wieder und beherbergen hier die Auspuff-Endrohre. In krassem Gegensatz steht aber die Ausgestaltung der Leuchten: vorne ein Strich auf dem Kotflügel, hinten zwei Einbuchtungen. Die stark betonten Überrollbügel sind durch einen Querflügel miteinander verbunden, der als Aufnahme für die Leuchtdioden der dritten Bremsleuchte fungiert und auch zwei Kameras trägt. Die eine ersetzt den Rückspiegel, die andere nimmt den Innenraum ins Visier und filmt den Fahrer.

376

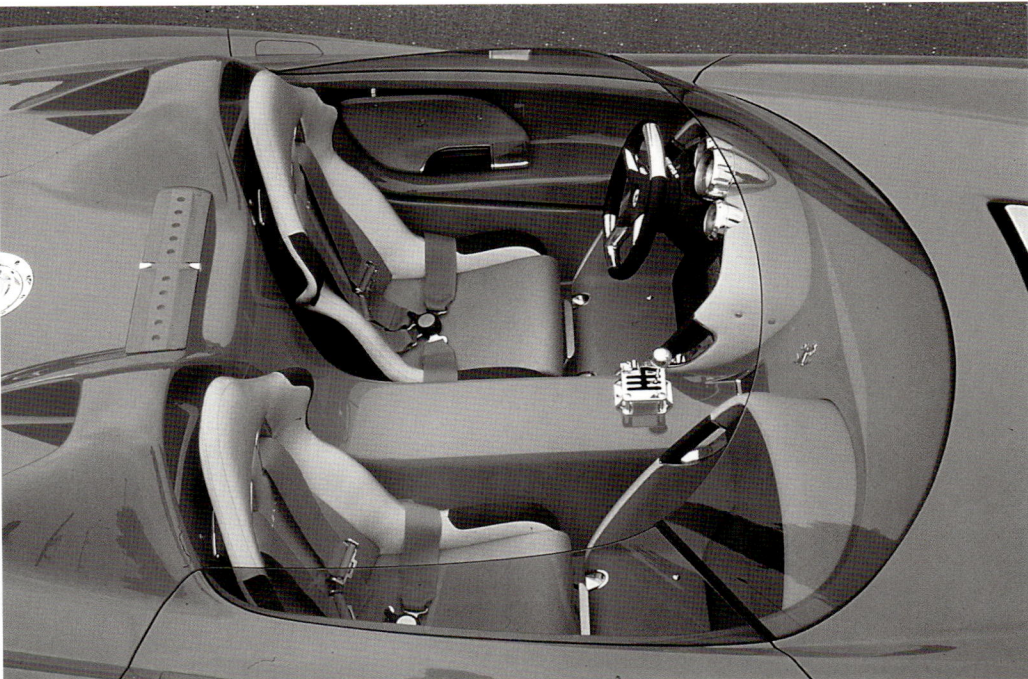

Ein zweisitziger Spider auf Ferrari-Basis ist genau das Richtige, um im Falle Pininfarina Vergangenheit und Zukunft miteinander zu verknüpfen. Der Rossa stellt eine Neuinterpretation von Elementen der langen gemeinsamen Geschichte der beiden Häuser dar. Insbesondere rekurriert er auf die Rennspider der fünfziger Jahre und den Prototypen Mythos aus dem Jahre 1989. Die Technik stammt vom 550 Maranello, auch sind Radstand und Spurweiten mit diesem Typ identisch. Die Form ist dagegen absolut innovativ, in der besten Pininfarina-Tradition, die früher mit Meisterwerken wie dem Dino, der Berlinetta Speciale, den P5 und 512 S, Modulo und Pinin glänzte, um nur fünf Fahrzeuge zu nennen.

Das Peugeot 406 Coupé „70 Jahre Pininfarina", ein auf dem Genfer Salon gezeigtes Sondermodell, wurde auf dem Turiner Salon als Serienmodell angekündigt. Ab Oktober 2000 wird eine limitierte und nummerierte Serie aufgelegt, als Antrieb dient der neue Dreiliter-V6 mit 210 PS.

Besonders gestaltete Außen- und Innendetails verleihen einem Fahrzeug Raffinesse und Exklusivität, dessen zeitlos schöne, harmonische Linien man nicht antasten wollte.

Die Nummer 0001 der Sonderserie „70 anni Pininfarina" wird Sergio Pininfarina persönlich dienen.

Links
Pininfarina feierte seine ersten 70 Jahre mit dem Ferrari Rossa und einem internationalen Forum unter dem Motto „Unterwegs zur Zukunft". Das Forum bot Gelegenheit, Analysen und Strategien führender Persönlichkeiten aus der Welt des Automobils kennen zu lernen, darunter Paolo Cantarella, Chef der Fiat SpA und Präsident der Fiat-Autosparte; Luca di Montezemolo, Präsident von Ferrari; Robert Peugeot, Direktor der Sparte Innovation und Qualität im Konzern PSA Peugeot-Citroën; Max Mosley, Präsident der FIA; Ernesto Auci als Präsentator; Derrick de Kerckhove, ein kanadischer Futurologe; Massimo Ponzellini, Vizepräsident der BEI; Sergio Pininfarina und Alfredo Cazzola, Präsident der Promotor International.

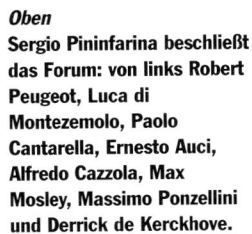

Oben
Sergio Pininfarina beschließt das Forum: von links Robert Peugeot, Luca di Montezemolo, Paolo Cantarella, Ernesto Auci, Alfredo Cazzola, Max Mosley, Massimo Ponzellini und Derrick de Kerckhove.

Eine dem Pininfarina-Design gewidmete Ausstellung im Rahmen der Mailänder Triennale im Juni 2000, die vom Autodesign bis zu den Produkten von Pininfarina Extra reichte.

Anhang

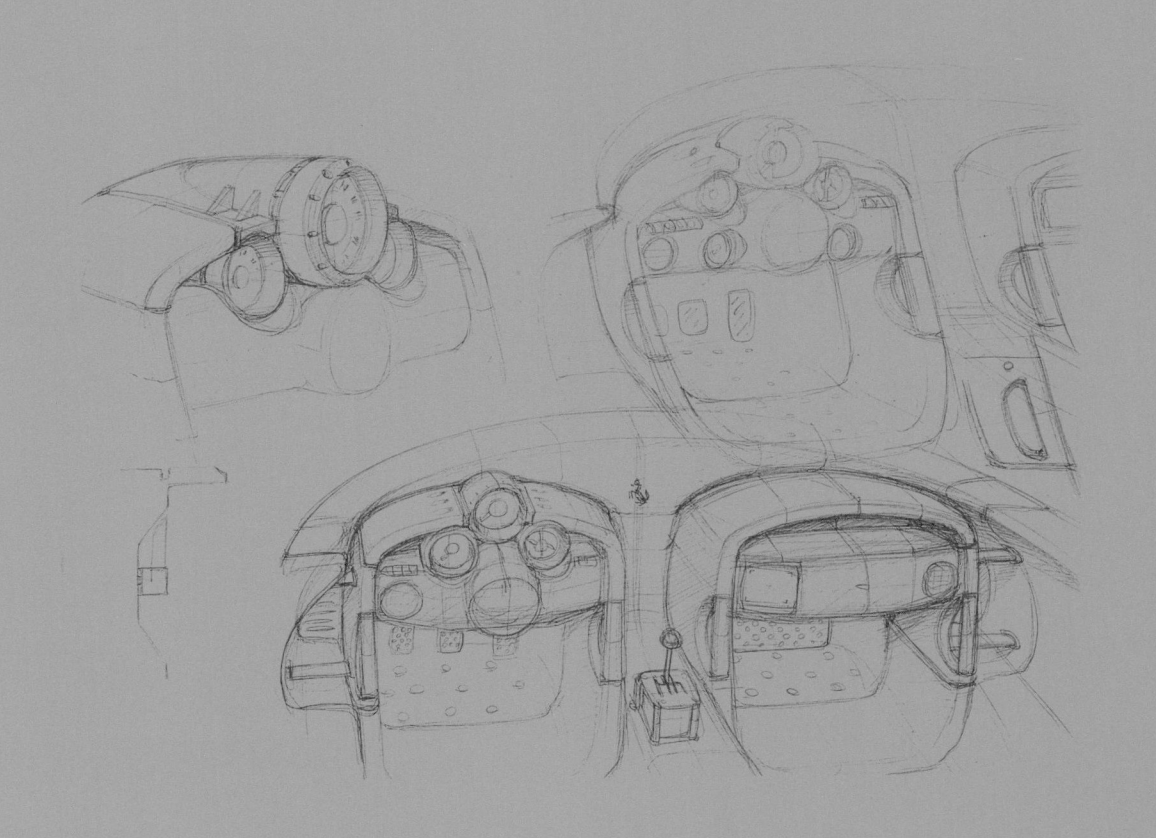

BIBLIOGRAFIE

"L'auto italiana", November 1929, Januar 1930, Juni 1930

Balestra N., *Intensamente Cisitalia*, Associazione italiana per la storia dell'automobile, Museo dell'Automobile Carlo Biscaretti di Ruffia, Torino s.d.

Bellucci A., *L'automobile italiana (1918-1943)*, Laterza, Roma 1984

Bernabò F., Rancati G., in: Alfieri B. (Hg.), *Catalogue Raisonné Pininfarina*, Automobilia, Milano, 1990

Bessi R., in: Morandini M. (Hg.), *L'auto e il cinema*, Edizioni Alfa Romeo, Arese 1985

Bosoni G., Nulli A., *La storia del disegno industriale 1919-1990*, in: Castelnuovo E. (Hg.), *Il dominio del design 1919-1990*, vol. III, Electa, Milano 1991

Bossaglia R., *Il Futurismo e l'automobile*, Associazione italiana per la storia dell'automobile, Museo dell'Automobile Carlo Biscaretti di Ruffia, Torino 1998

Branzi A. (Hg.), *Il design italiano 1964-1990*, Electa, Milano 1996

Caballo E., *Pininfarina. Nato con l'automobile*, Palazzi, Milano 1968

Carugati D., in: "Intervista", n. 14, luglio-agosto 1998

Ciferri L., in: Morello A., *Sergio Pininfarina*, ADI, Milano 1985

De Rosa G., *Alfa Romeo Giulietta Spider*, Giorgio Nada, Milano 1994

Felicioli R.P., *Sergio Pininfarina. Car man*, Automobilia, Milano 1998

Felicioli R.P., Ramaciotti L., *Pininfarina Ferrari 50 Figurini/Renderings/Esquisses*, Automobilia, Milano 1997

Grandori L., *Un sogno su quattro ruote*, Rizzoli, Milano 1990

Madaro G., *Alfa Romeo Duetto*, Giorgio Nada, Milano 1990

Morandini M. (Hg.), *L'auto e il cinema*, Edizioni Alfa Romeo, Arese 1985

Morello A., *Sergio Pininfarina*, ADI, Milano 1995

Pininfarina, Sessant'anni, Edizioni Pininfarina, Torino 1990

Ramaciotti L., *Solitaires*, Automobilia, Milano 1989

Ramaciotti L., Alfieri B., *Mythos*, Automobilia, Milano 1989

Rogliatti G., *Ferrari & Pininfarina*, A.T. Anselmi, Torino 1987

Segoni R., *La carrozzeria Pininfarina vista da...*, Associazione italiana per la storia dell'automobile, Museo dell'Automobile Carlo Biscaretti di Ruffia, Torino 1997

Tambini M., *Il look del secolo*, Mondadori, Milano 1997

Thomas P.-Y., *Armonia innovatrice*, in: Alfieri B. (Hg.) *Catalogue Raisonné Pininfarina*, Automobilia, Milano, 1990.

NAMENSINDEX

Agnelli, Gianni, 24, 39, 49, 56, 136, 141, 145, 154, 156, 182, 208, 221, 236, 248, 275, 295, 306, 315, 332, 364
Agnelli, Giovanni, 12, 14, 49, 54
Albertazzi, Giorgio, 156
Alberto, Prinz von Liegi, 236
Alboreto, Michele, 299
Alessi, Rosario, 349
Alessio, Marcello, 11
Andreotti, Giulio, 215, 300
Angelini, Lillo, 127
Astesano, Giorgio, 314
Auci, Ernesto, 379

Badoglio, Pietro, 83
Baghetti, Giancarlo, 164
Bandini, Lorenzo, 171
Bang Guo, Wu, 362
Barbierato, Mauro, 347
Barker, Ronald 'Steady', 59
Bartali, Gino, 97
Bassi, Aldo, 164
Bassino, Ugo, 82
Baudoin, König von Belgien, 147
Benedetti Michelangeli, Arturo, 168
Berard, Armand Max 346
Bergman, Ingrid, 125
Bernabò, Ferruccio, 179
Bernhard, Prinz von Holland, 183
Bersani, Pier Luigi, 350
Bertone, Nuccio, 22, 30, 33, 88, 315

Bertrandi, Renato, 267, 314
Biscaretti di Ruffia, Carlo, 136, 195
Boano, Felice Mario, 23
Bobbio, Norberto, 349
Bogart, Humphrey, 116
Boillot, Jean, 189, 257, 294, 303
Bonetti, Germano, 65
Bono, Gaudenzio, 154
Braunschweig, Robert, 219
Bressani, Luigi, 112
Bresso, Mercedes, 372
Brosio, Manlio, 158

Caballo, Ernesto, 315
Cacciari, Alberico, 105
Cahier, Bernard, 171, 349
Calvet, Jacques, 303, 312, 341
Canestrini, Giovanni, 124, 158
Cantarella, Paolo, 184, 348, 350, 353, 364, 379
Carbonato, Ernesto, 346
Carli, Elisabetta, 153
Carli, Guido, 346
Carli, Renzo, 20, 23-26, 48, 106, 109, 115, 143, 154, 155, 156, 160, 161, 163, 171, 183, 189, 202, 208, 215, 219, 222, 233, 280 324
Carli, Umberta, 153
Carpanini, 364
Castagna, Karossier, 14
Castellani, Valentino, 350, 364, 368, 372
Castellina, Giancarlo, 164

Cattini, 164
Cazzola, Alfredo, 379
Cherry, Wayne, 278
Chiari, Walter, 293
Chinetti, Luigi, 155, 226
Ciolfi, Luciano, 126, 127
Ciuccioli Tortoli, Giuliana, 86, 89
Coal, 76
Colombo, Alessandro, 315
Conelli, Carlo Alberto, 13
Copasso, Rosa, 12, 13, 55, 87
Cortese, Franco, 80
Cui, Xuewen, 371
Curtice, Harlow, 147

d'Ieteren, Karossier, 14
de Bernardi, Olimpia, 14
de Gaulle, Charles, 25, 171
de Kerckhove, Derrick, 379
de Michelis, Gianni, 300
de Vizcaya, Karossier, 15
del Drago, Prinz, 15
del Frate, Marisa, 143
del Monaco, Mario, 154
Del Sette, Tullio, 364
di Camerana, Oddone, 136
di Montezemolo, Luca, 152, 228, 313, 315, 323, 348, 368, 372, 379
di Réthy, Liliana, 198
Dini, Lamberto, 338
Disney, Walt, 116
Dorazio, Piero, 332
Drexler, Arthur, 18, 92
Dusio, Piero, 16, 18, 72

Earl, Harley, 171
Einaudi, Luigi, 106
Elisabeth von England, Königin, 168
Eltsin, Boris, 308
Embiricos, Perry, 22
Evangelisti, Athos, 179

Fanfani, Amintore, 300
Fangio, Juan Manuel, 162
Farina, Battista, siehe Farina, Pinin
Farina, Carlo, 11, 14, 58
Farina, Giacinta, 58, 52, 211
Farina, Gianna, siehe Pinifarina Carli, Gianna
Farina, Giorgia, siehe Pininfarina Giorgia
Farina, Giovanni, 11, 14, 52, 112
Farina, Margherita, 58
Farina, Nino, 112, 124, 128
Farina, Pinin, 10, 11-25, 32-34, 43, 48, 49, 52-55, 57, 59, 64, 65, 76, 79, 82, 83, 87, 88, 92, 99, 100, 105, 106, 109, 112-117, 119, 124, 127, 130, 136-138, 144, 145, 147, 149, 151-153, 155, 158, 162, 163, 165, 168, 170-172, 176, 177, 179, 181-184, 187, 189, 192, 195, 196, 211, 237, 242, 265, 315, 326, 346, 368
Farina, Sergio, siehe Pininfarina, Sergio
Favia del Core, Michele, 129

Fede, Emilio, 127
Feldmann, Markus, 144
Fermi, Enrico, 35
Ferrari, Enzo, 13, 20, 88, 105, 124, 124, 162, 174, 177, 183, 198
Ferrari, Piero, 174, 313
Fiala, Ernest, 219
Filippinetti, Georges, 118
Firpo, Luigi, 284
Folz, Jean Martin, 322
Ford, Henry, 12
Ford II, Henry, 145
Frajese, Paolo, 321
Frère, Paul, 91, 171, 219, 315, 331
Fresco, Paolo, 353
Frua, Karossier, 100
Fürstenberg, Egon von, Prinz, 157
Fusaro, Piero, 364

Galvani, Luigi, 35
Garschagen, Walter, 348
Gassman, Vittorio, 202
Ghigo, Enzo, 350, 364
Ghini, Antonio, 323
Giovannelli, Alighiero, 60
Giovanni Paolo II, Papst, 304
Giscard d'Estaing, Valéry, 236, 254
Giugiaro, Giorgetto, 88, 152, 285, 334
Gorbatschow, Michail, 300
Gotti, Ivan, 352
Gozzi, Franco, 177,

Gracia von Monaco, Prinzessin, 202
Grantz, Norman, 120,
Gregotti, Vittorio, 315,
Grettenberger, John, 283,
Gronchi, Giovanni, 144, 149, 170
Guidotti, Giovan Battista, 138
Guillaume, Giorgio, 346

Harriman, George, 153
Hawthorn, Mike, 124
Henderson, Michael, 219
Hepburn, Audrey, 116
Hidding, Ellen, 361
Hitler, Adolf, 78
Hoffman, Dustin, 202
Hoffmann, Max, 22
Holden, William, 116

Imperiali, Demetrio, 65
Issigonis, Alec, 167, 179, 237
Izzo, 364

Jordan, Chuck, 123, 300, 308

Karim, Aga Khan, 264
Kawamoto, Nabuhiko, 244, 328
Kawasoe, Katsuhiko, 358, 360, 361
Kellner, Karossier, 15
Kesselring, Albert, 16
Kimura, Takemune, 344
Koscina, Sylva, 148

La Gumina, Antonio, 344, 349

Labourdette, Karossier, 15
Lamborghini, Ferruccio, 88
Lancia, Gianni, 149
Lancia, Vincenzo, 11, 13-15, 59, 149
Lauda, Niki, 238, 323, 368
Leibowitz, Annie, 274
Leone, Giovanni, 144
Leopold von Belgien, König, 116, 140, 198
Leto di Priolo, Carlo, 164
Li Peng, 308
Lollobrigida, Gina, 136
Lord, Leonard, 153
Loren, Sofia, 168
Loudon, GB, 183
Luraghi, Giuseppe, 138
Lurani, Giovannino, 136
Lutz, Robert (Bob), 25, 100

MacDonald, 307
Maglioli, Umberto, 164
Manfredini, 164
Mantegazza, Franco, 364
Maria Beatrice von Savoyen, Prinzessin, 162
Martinengo, Franco, 145, 154, 192, 222, 346
Maserati, Alfieri, 91
Maserati, Bindo, 17
Mason, George, 117
Massacesi, Ettore, 270
Massonis, Ottavio, 77
Mazzocchi, Gianni, 175
Menem, Carlos, 312
Mensa, Paola, 302

Messina, Francesco, 197
Messner, Reinhold, 37, 269
Mies van der Rohe, Ludwig, 28
Milo, Sandra, 293
Minoia, Ferdinando, 13
Minola, Enrico, 136, 233, 241
Mitchell, Bill, 187, 233, 241
Mitterand, François, 275
Monicelli, Mario, 259
Moore, Roger, 263
Moscatelli, Mario, 364
Moschin, Gastone, 259
Moschini, Franco, 306
Moser, Francesco, 37, 269
Mosley, Max, 379
Mulliner, Karossier, 14
Murphy, Karossier, 14
Musso, Federico, 137

Nakamura, Hirokazu, 180, 344, 361
Nasi, Giovanni, 141, 154
Nazzaro, Felice, 11, 13
Nesi, Nerio, 372
Nordhoff, Heinz, 136
Norris, Kate, 115
Nutting, Gurney, Karossier 14

Olivero, Francesco, 137
Onassis, Aristoteles, 109
Orsi, Omer, 18

Paganelli, Alcide, 205
Pampanini, Silvana, 106
Panhard, Paul, 144

Paoli, Gino, 173
Parenti, Luigi, 128
Parkes, Mike, 208
Perona, John, 109
Pertini, Sandro, 274
Peugeot, Jean-Pierre, 21
Peugeot, Robert, 379
Peugeot, Roland, 280, 317
Peyron, Amedeo, 315
Philippsen, Christian, 331
Piëch, Ferdinand, 309
Pignatelli, Fürst, 145
Pininfarina Carli, Gianna, 13, 55, 87, 183, 195
Pininfarina, Andrea, 49, 142, 153, 267, 276, 282, 295, 307, 313, 317, 330, 341, 344, 348-350, 361, 370, 372
Pininfarina, Battista, siehe Farina, Pinin
Pininfarina, Giorgia, 110, 153, 304, 362
Pininfarina, Lorenza, 49, 142, 153, 295, 299, 300, 306, 317, 330, 349, 350, 353, 357, 364
Pininfarina, Paolo, 49, 142, 153, 276, 282, 284, 295, 303, 317, 345, 349, 350, 353
Pininfarina, Sergio, 13, 15, 17, 20, 23, 24, 26, 36, 41, 45, 47-49, 55-57, 65, 77, 79, 82, 83, 87-89, 106, 109, 110, 116, 119, 120, 123, 127, 129, 136, 142-145, 147, 153, 155, 156, 160, 161, 163, 167, 171, 174, 179, 180-183, 187-189, 195, 198, 202, 208, 215, 219, 221, 222, 228, 233, 236-238, 241, 242, 244, 247-250, 252, 254, 255, 257, 265, 270, 274, 275, 276, 278, 279, 280, 282-284, 289, 293, 295, 296, 300, 303, 304, 306-308, 312, 313, 315, 317, 323-326, 328, 330, 332, 337, 340, 341, 344, 346, 348, 349, 350, 353, 355, 359, 360-362, 365, 367, 368, 370-372, 378, 379
Poltronieri, Mario, 164
Ponti, Gio, 28, 222
Ponzellini, Massimo, 379
Proclemer, Anna, 156
Prodi, Romano, 346

Ramaciotti, Lorenzo, 42, 237, 299, 307, 310, 313, 331, 334, 372
Rancati, Gino, 179, 315
Randazzo, Giuseppe, 285
Rainier von Monaco, Fürst, 91
Rascel, Renato, 120,
Rigamonti, 164
Romano, Lalla, 284
Romiti, Cesare, 248, 279, 306, 315
Romney, George, 19
Rossellini, Roberto, 125
Rossi di Montelera, Theo, 68

Sacco, Bruno, 160
Sagan, Françoise, 133

Saint-Geours, Frédéric, 294, 341
Salvi del Pero, Graf, 15, 78
Saragat, Giuseppe, 192
Sato, Katsuhisa, 344
Scaglietti, Sergio, 25, 27, 30, 31, 37, 38, 105
Scalfaro, Oscar Luigi, 315, 348, 353
Schumacher, Michael, 349
Segni, Antonio, 173
Shevarnadze, Eduard, 300
Sieff, Jean Loup, 289
Sivori, Omar, 182
Smith, Jack F., 255
Smith, Roger, 282
Soares, Mario, 300
Somski, Fritz, 147
Stewart, Jackie, 263
Stewart, James, 156
Swaters, Jacques, 236

Taruffi, Piero, 129
Tebaldi, Renata, 162
Testore, Roberto, 330, 364, 370
Thiele, Rennfahrer, 164
Triaca, Jeanine, 15, 66
Trinchieri, Mario, 344
Trossi, Carlo Felice, 15, 62
Turigliatto, Mariano, 368

Ugolini, Nello, 124
Ustinov, Peter, 331, 349

Valentini, Fredi, 306
Valletta, Vittorio, 154

Vallone, Eleonora, 263
Vallone, Raf, 132, 181
Vanden Plas, Karossier, 14
Varzi, Achille, 15, 64
Veltroni, Walter, 348
Vento, Sergio, 344
Verne, Jules, 47
Viotti, Karossier, 14
Voll und Ruhrbeck, Karossier, 14
von Karajan, Herbert, 168
von Thyssen, Maud, 64

Wagner, Louis, 11
Wax, Enrico, 72
Welter, Gérard, 165
Wilfert, Karl, 160

Yokoyama, Tatsuhiko, 359, 360
Young, James, Karossier, 14

Zagato, Elio, 138
Zagato, Ugo, 138
Zanon, Vittorio, 129

DANK, FOTOQUELLEN

Die Herausgeber danken dem Ufficio Storico della Direzione della Comunicazione Pininfarina, Grugliasco.

Archive:
Alfa Romeo, Antoine Prunet, Autocar, Bernard Cahier, Bertone, Breda MenariniBus, Cadillac, Daewoo, Dolci Advertising S.r.l., Fantinel, Favìa Del Core, Fiat, Ferrari, Gianni Rogliatti, Lancia, Mazzonis, M.G., Millanta, Mitsubishi, Peugeot, Pininfarina, Rolls-Royce, Rover, Sergio Pininfarina, Smart.

Fotografen:
Alberto Martinez, Paris; Angelo Guerra; Annie Leibowitz; Antinea Press – Cavassi; Antonia Mulas © 1999, Milano; Bertazzini, Torino; Biondo; Bricarelli; Cappello; Cedomir V. Komljenovic; Chiesa Emilio; Fulvio De Luca; Doumic Philippe; Enzo Isaia, Torino; Foto Attualità; Foto Dori; Foto Italia; Foto R6; Foto RG, Torino; Foto Terreni; Foto Torazza, Torino; Foto Valtorta, Montecatini Terme; Fototecnica Amerio; Fumagalli; G Photographic; Garschagen Walter; Giancolombo, Milano; Giorgio Bellia, Torino; Italfoto; Jean Loup Sieff; Jo Bilbao; Julius Weitmann, Stuttgart; La Fotocinetecnica; Lapresse; Light Photofilm; M. Giuliani Marchion; Mauri; Moisio, Torino; Moncalvo fotografie, Torino; Morreau; New Press Service; Novafoto; Olaf; Oteri; P. Lecrêque, Paris; Paolo Pellion di Persano; Paolo Romani; Peiré; Perini; Peter C. Coltrin; Peter Vann; Publifoto, Torino; Remo Pecorara, Torino; Renzo Muratori, Torino; Riflessi Foto; Rodolfo Mailander, Roma; Rotofoto; Sautelet; Stefano Mu, Torino; Studio cigi 1; Terreni; Torazza; Ugo Mulas © 1999, Milano; Zabban.

Weitere Fotoquellen:
AFE, Archivio Storico del Cinema, Roma; Archivio E. Castruccio, Milano; Farabolafoto, Milano.